改正 発達障害者支援法の解説

正しい理解と支援の拡大を目指して

発達障害の支援を考える議員連盟 ◆編著

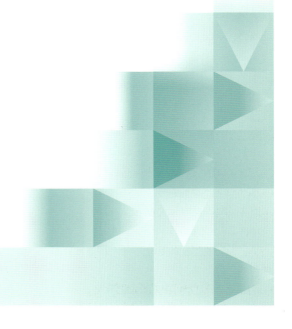

ぎょうせい

巻頭言

　今回改正された発達障害者支援法は、私が厚生労働大臣在任中の平成16年12月に国会で成立したものです。当時、私は、我が国の社会保障制度にはいくつかの「谷間」があり、その一つが発達障害を含む精神障害であると考え、身体障害、知的障害、精神障害のサービス体系を一元化する障害者自立支援法案を国会に提出し、どの障害を持っている方でも同じ法律に基づいて必要な支援が受けられるようにしました。また、大臣在任中、発達障害のある子どもたちが集まっている場に行き、参加していた子どもたちと五目並べをしたり、ご両親とお話しをする機会がありました。その際、ご両親から、学校が発達障害のある子どもということを理解して対応してくれればいいが「変わった子ども」という扱いをされると悪い方向に向かってしまう、というお話しを伺い、各分野でしっかりとした取組が必要だと感じました。そのような声も踏まえ、保健、医療、福祉、教育、雇用などの関係者がチームを組んで課題を解決する発達障害者支援体制整備事業を創設しました。これは、今回の改正法で規定された「発達障害者支援地域協議会」の前身となるものです。

　発達障害者支援法の施行以降も、発達障害のある方に対する支援を広げるために予算編成時などに応援し、また、自閉症をはじめとする発達障害を啓発する東京タワーの点灯式やシンポジウムに参加して普及啓発のお手伝いをさせていただき、発達障害に対する国民の理解も少しずつ広がってきたと感じていました。

　しかし、平成24年7月の裁判員裁判によるある判決は、発達障害への世の中の理解がまだまだ十分ではないと実感するものでした。「社会内でアスペルガー症候群に対応できる受け皿が何ら用意されていないし、その見込みもない」「許される限り長期間刑務所に収容すること（中略）が社会秩序に資する」などの主文を読んだ時、全国の発達障害者への支援活動が知られていないこと、また、閉じ込めることが適当との考えが未だに残っていることに強い危機感を覚えたことを記憶しています。

　実際、発達障害のある方を支える家族や支援者から様々な要望が寄せられており、また、共生社会の実現に向けた新たな取組も進められていましたので、私は、発達障害者支援法を抜本的に見直す必要があると考えるようになったのです。そして、100名を超える超党派の国会議員が参加する「発達障害の支援を考える議員連盟」において平成27年3月より発達障害者支援法の勉強会を開始したので

すが、私はその初回で、発達障害者支援法の改正を目指しましょう、と呼びかけました。

　当初の4か月にわたる全7回の勉強会では、各省庁の発達障害者支援に関する取組、現場の支援者、専門家、当事者団体の皆様から支援の現状や課題などについてお聞きしました。発達障害者支援は、厚生労働省、文部科学省、内閣府、法務省、警察庁、国土交通省など様々な省庁に跨がる問題であり、ややもすると省庁間の「縦割り」の弊害が生じてしまうこともあり、国会議員が主導して法改正を進める必要性を感じました。

　その後の勉強会を踏まえ、さらに法改正の内容を具体化していく実務者ワーキングチームをスタートさせました。ワーキングチームでは、議員連盟事務局長である高木美智代先生、議員連盟副会長の山本博司先生と中根康浩先生にメンバーとなっていただき、4か月で12回という、集中的な検討を経て、改正法案の骨子を作成していただきました。お三方の、発達障害者支援に対する熱意、精緻な議論には大変頭が下がる思いであり、議員連盟会長として改正法案を成立させなくてはと身が引き締まる思いでした。

　また、改正法案の提出にあたっては、議員連盟会長代理の野田聖子先生や古川康先生ら同僚議員が熱心に説明に回ってくれるなど、この法案の成立に向けて多くの国会議員が心から賛同し、力を尽くしてくれました。

　今回の改正法案は、家族や支援者からの声にできる限り応えようという思いでまとめましたが、法律の成立がゴールではありません。今回の改正をきっかけにして、関係省庁、各自治体における発達障害者支援が大きく前進することを強く望んでいます。また、支援が進む中で新たに出てくる課題もあるでしょう。我々、議員連盟は当事者、家族や支援者からの声に真摯に耳を傾け、今後もできる限りの支援を続けていく所存です。今回まとめたこの発達障害者支援法の解説が、全国の発達障害者の支援の活動をより一層広げ、また、国民各層の発達障害の正しい理解のための助けとなることを願っています。

　平成29年1月

発達障害の支援を考える議員連盟会長
尾辻　秀久

目　　次

巻頭言

第1部　発達障害者支援法の改正のねらい

第1章　発達障害者支援法の改正に向けて
1　発達障害の支援を考える議員連盟の活動　2
2　発達障害者支援法の改正の検討　3
3　発達障害者支援法の改正法案の提案と成立　6
★コラム　世界自閉症啓発デー、発達障害啓発週間の取組　8

第2章　平成28年発達障害者支援法改正法の概要　10

第3章　発達障害者支援法の逐条解説　13

第2部　発達障害者支援の今後の展開

第1章　発達障害とは何か
1　発達障害の捉え方　46
2　発達障害の「定義」　47
3　発達障害をめぐるよくある誤解　52
★コラム　近年の震災における発達障害者支援の課題とその対応　54

第2章　医療、保健、福祉、教育、労働の取組
1　医療分野について　57
2　保健分野について　59
3　福祉分野について　61
4　教育分野について　67
5　労働分野について　72
★コラム　発達障害情報・支援センターの取組　77

★コラム　発達障害教育情報センターによる情報発信、理解啓発（国立特別支援教育総合研究所）　80

第3章　切れ目のない支援の構築に向けて
1　国における分野間での連携に係る取組の推進について　83
2　「切れ目ない支援」体制を構築するための取組　84

第4章　地域の取組
1　大阪府における発達障がい児者支援の取組
　　（発達障がい者支援地域協議会を中心として）　89
2　長野県の取組（発達障害者地域支援マネジャーの取組を中心に）　97
3　静岡県発達障害者支援センターの取組　104
4　新潟県三条市の取組　117
5　滋賀県湖南市の取組　130
6　東京都日野市の取組　141
★コラム　アジア太平洋障害者センター（APCD）とアセアン地域における
　　　　発達障害関連活動　151

第3部　座談会
〜発達障害者支援法の改正をめぐって〜　154

第4部　団体等での取組

第1章　一般社団法人日本自閉症協会の取組
　　　　―改正発達障害者支援法を活かそう―
1　はじめに　192
2　旧法以降の成果　193
3　日本自閉症協会の要望書の中心課題　194
4　旧法の問題点　194
5　旧法成立時の懸念事項の評価　195
6　雇用・労働分野の壁　196

    7　付帯決議二項の解釈　　197
    8　津久井やまゆり園の殺傷事件　　197
    9　改正発達障害者支援法を活かそう　　198

  第2章　一般社団法人日本発達障害ネットワークでの取組
    はじめに　　204
    1　日本発達障害ネットワークの概要　　205
    2　日本発達障害ネットワークの活動　　206
    3　認証事業について　　210
    さいごに　　212

第5部　参考資料

    1　発達障害の支援を考える議員連盟　名簿　　214
    2　発達障害者支援法の一部を改正する法律　概要　　215
    3　発達障害者支援法　　216
    4　発達障害者支援法施行令　　225
    5　発達障害者支援法施行規則　　225
    6　発達障害者支援法の一部を改正する法律　　226
    7　発達障害者支援法の一部を改正する法律　新旧対照表　　230
    8　発達障害者支援法の一部を改正する法律案に対する附帯決議　　240
    9　発達障害者支援法の一部を改正する法律の施行について　　241
    10　災害時の発達障害児・者支援について　　247
    11　東南アジア諸国の近年の主要な動き　　249
    12　世界自閉症啓発デーのシンポジウムの歩み　　252

おわりに　　257
あとがき　　260

第1部
発達障害者支援法の改正のねらい

第1章

発達障害者支援法の改正に向けて

1　発達障害の支援を考える議員連盟の活動

　平成16年5月、発達障害者の支援の充実を図るため、超党派の衆・参両院議員は「発達障害の支援を考える議員連盟」（発達議連）を立ち上げた（会長：橋本龍太郎議員、事務局長：福島豊議員）。この発達議連が、発達障害者の支援を総合的に実施するための発達障害者支援法を検討し、その成立に向けて尽力した結果、平成16年12月3日に参議院本会議で同法が可決成立した。

　この法律が平成17年4月に施行された後も、発達議連は発達障害者への支援の充実や発達障害の普及啓発のために積極的に活動している。例えば、毎年度の予算要求時に発達障害をめぐる課題を厚生労働大臣、文部科学大臣などの関係閣僚に説明し、発達障害の当事者、家族、支援者などの関係者の意見を伝え、支援の充実を働きかけている。

　また、毎年4月2日は平成19年に国連が制定した「世界自閉症啓発デー」、4月2日から8日までは「発達障害啓発週間」と位置付けられている。発達議連は、自閉症をはじめとする発達障害への理解促進のため、（一社）日本自閉症協会、（一社）日本発達障害ネットワークや厚生労働省などと連携して啓発活動に取り組んでいる（コラム参照）。

　平成29年1月5日現在で議連のメンバーは190名、議連役員は次のとおりである。

```
会　　　長　　尾辻秀久
会 長 代 理　　野田聖子
副　会　長　　小渕優子　馳浩　中根康浩　松浪健太　山本博司
　　　　　　　川田龍平　高橋千鶴子　阿部知子
事 務 局 長　　高木美智代
事務局次長　　奥野総一郎　中島克仁
```

2 発達障害者支援法の改正の検討

　発達障害者支援法の施行以降、保健、福祉、教育などの現場の取組は年々拡充している（下図参照）。例えば、現在では、発達障害者支援センターは全国すべての都道府県・政令市に設置されており、ペアレント・トレーニングなどの家族支援を実施する市町村も年々増加してきている。

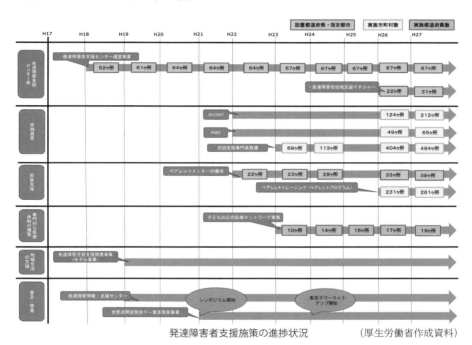

発達障害者支援施策の進捗状況　　　　（厚生労働省作成資料）

　このように、発達障害者支援法の施行後10年が経過し、発達障害者に対する支援は着実に進展してきた。一方で、発達障害者を支える現場からは様々な要望が寄せられており、乳幼児期から高齢期まで切れ目のない、きめ細かな支援が求められていた。また、障害者基本法（昭和45年法律第84号）の改正、障害者の権利に関する条約（平成26年条約第1号。以下「障害者権利条約」という。）の批准など、共生社会の実現に向けた新たな取組が進展していた。

　そこで、発達議連は、平成27年3月、発達障害者支援法の施行からほぼ10年が経過し、現場から様々な課題が寄せられていること、障害者基本法の改正などの新たな取組が進んでいることを踏まえ、発達障害者の支援のより一層の充実

ときめ細かい支援・配慮を図る観点から、発達障害者支援法の改正に向けた検討を開始した。

【発達障害者支援法改正に向けた検討経過】
① 第1回　関係省庁ヒアリング（27年3月12日）
　　厚生労働省、内閣府、文部科学省、法務省、国土交通省
② 第2回　関係団体ヒアリング（3月27日）
　　日本自閉症協会、日本発達障害ネットワーク、アスペ・エルデの会、日本トゥレット協会、エッジ、えじそんくらぶ（5月27日）、発達障害者支援センター全国連絡協議会、全国特別支援教育推進連盟、全国言友会連絡協議会、全国自閉症者施設協議会、全国LD親の会（5月27日）
③ 第3回　乳幼児期の支援について（4月16日）
　　本田秀夫氏（信州大学）
　　市川宏伸氏（日本発達障害ネットワーク）
　　黒田美保氏（福島大学）
④ 第4回　学齢期の支援について（5月15日）
　　教育支援、教育と福祉の相互連携（文科、厚労）
　　柘植雅義氏（筑波大学）
　　高橋知音氏（信州大学）
⑤ 第5回　成人期の支援について（6月2日）
　　※成人期の就労・生活支援、高齢期支援、触法等困難事例対応
　　厚生労働省、法務省（刑事局、矯正局）ヒアリング
　　志賀利一氏（国立のぞみの園）
　　内山登紀夫氏（福島大学）
⑥ 第6回　家族支援、啓発について（6月24日）
　　厚生労働省、文部科学省
　　辻井正次氏（中京大学）
　　堀江まゆみ氏（白梅学園大学）
　　片山泰一氏（大阪大学）
⑦ 第7回　発達障害のある女性支援について（7月16日）
　　佐野隆文氏（神奈川県発達障害者支援センター）
　　西村浩二氏（発達障害者支援センター全国連絡協議会）
　　神尾陽子氏（国立精神・神経医療研究センター）

村上由美氏（言語聴覚士・認定コーチングスペシャリスト）
⑧ 視察　発達障害情報・支援センター（所沢：国立障害者リハビリテーションセンター）（7月27日）

⑨ 発達議連役員会（7月28日、8月6日）
　　改正に向けた実務者ワーキングチーム発足　等
⑩ 関係省庁申入れ
　　8月10日 塩崎厚生労働大臣、8月20日 下村文部科学大臣、8月25日 山谷国家公安委員会委員長
⑪ 改正に向けた実務者ワーキングチームにおける検討
　　全12回（8月20日から12月15日まで）
⑫ 発達議連役員会（12月9日、28年1月12日、1月26日）
　　発達障害者支援法の改正内容について検討
⑬ 発達議連総会（2月25日）
　　発達障害者支援法の改正内容について議論
⑭ 発達議連役員会（4月5日）
　　発達障害者支援法の改正条文について検討
⑮ 発達議連総会（4月14日）
　　発達障害者支援法の改正条文について議論・了承
⑯ 発達議連総会（5月26日）
　　「発達障害者支援法の一部を改正する法律」成立の報告

発達障害者支援法の改正に向けた検討においては、まず、平成27年の春から夏にかけて、関係団体、現場の支援者、有識者などから幅広く意見を聴き、活発に意見交換を行った。

　次に、平成27年の秋から冬にかけて、発達議連のメンバーである高木美智代衆議院議員、中根康浩衆議院議員及び山本博司参議院議員がワーキンググループを構成し、医療、保健、福祉、保育、教育、就労、権利擁護、警察・司法などの様々な分野における支援のあり方、ライフステージごとの支援のあり方、分野やライフステージをまたがる場合の支援のあり方などの視点から、関係団体にも参画していただきつつ、丁寧な論点の整理を行った。

　年末以降は、発達議連の役員会や総会において、ワーキンググループにおける論点整理を基礎として発達障害者支援法の改正内容について議論を行い、平成28年4月14日に発達議連として発達障害者支援法の改正案を了承した。

　その後、発達議連のメンバーが各党各会派において発達障害者支援法の改正案について議論を提起したところ、各党各会派で活発な議論が行われたが、発達障害者の支援の充実の必要性についてはすべての党会派から理解を得られ、4月末にはこの改正法案を議員立法として国会に提出する環境が整った。

3　発達障害者支援法の改正法案の提案と成立

　発達障害者支援法の改正法案（正式名称「発達障害者支援法の一部を改正する法律案」）については、当年夏の参議院議員選挙の日程を考慮すると国会会期が限られていることに加え、平成17年に発達障害者支援法案を審議した内閣委員会の日程がきわめて厳しかったことから、最も日程的に可能性の高い厚生労働委員会において議論を行うこととし、5月11日の衆議院厚生労働委員会において渡辺博通厚生労働委員長より改正法案が提案され、審議がスタートした。その翌日、5月12日には衆議院本会議で全会一致で法案が可決された。

　また、参議院においては、5月24日の厚生労働委員会に（一社）日本発達障害ネットワーク副理事長藤堂栄子氏を参考人に迎えて実質的に改正法案の審議を行った上で全会一致で可決され、また、その際、自由民主党、民進党・新緑風会、公明党、日本共産党、おおさか維新の会、社会民主党・護憲連合及び無所属クラブの各派共同提案による附帯決議案が提出され、全会一致をもって同委員会の決議とされた。そして翌25日の本会議において全会一致で可決・成立し、6月3日に平成28年法律第64号として改正発達障害者支援法が公布された。

第1章　発達障害者支援法の改正に向けて

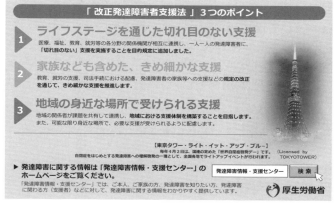

（厚生労働省作成資料）

コラム　世界自閉症啓発デー、発達障害啓発週間の取組

○はじめに

　世界自閉症啓発デーは、平成19年12月に国連総会においてカタール国の提出した議題「4月2日を世界自閉症啓発デーに定める」が採択されたことに始まります。平成20年には、日本自閉症協会と厚生労働省を中心に立ち上がった世界自閉症啓発デー・日本実行委員会において、「わが国では4月2日から8日を発達障害啓発週間とする」ことが決定されました。それ以後、毎年世界自閉症啓発デーと発達障害啓発週間の機関には、国内各地でシンポジウムやブルー・ライトアップ（青が、この啓発活動の国際的に共通のシンボルカラーとなっている）等の開発活動が行われています。

○全国各地の啓発活動

　直近の平成23年4月の全国各地の取組は、厚生労働省に報告があったものだけでも約300件あります。主な内容は、以下の通りです。
- リーフレット等の配布や広報誌への掲載
- 発達障害者を取り上げた映画の上映（例：ぼくはうみがみたくなりました、ちづる、シンプルシモン、僕は写真で世界とつながる　等）
- 当事者や専門家による講演会
- 当事者の絵画作品等の展示
- 啓発のシンボルカラーの青いものを身につけての集団ウォーキング
- 役所や交通機関での幟や垂れ幕等の設置
- 図書館やサッカーのスタジアムに発達障害啓発特設コーナーの設置
- 地域の代表的な建造物のブルー・ライトアップ

○世界自閉症啓発デー・日本実行委員会によるイベント

　東京でも、世界自閉症啓発デー・日本実行委員会による東京タワーのブルー・ライトアップ、シンポジウム（発達障害啓発週間、あるいはその前後）を実施しています。
　ブルー・ライトアップのイベントは、毎年4月2日の世界自閉症啓発デー当日の夕方に開催され、当事者による音楽の演奏や絵画等の作品の展示、発達障害の支援を考える議員連盟からのエールなどのあとライトアップの点灯が行われます。このタイミング（18時30分頃）に合わせて国内各地でライトアップのボタンが押されています。

シンポジウムでは、当事者をはじめ、家族や兄妹、身近な地域で関わっている方（例：八百屋さん、福祉関係の職員、かかりつけ医）、マスコミ関係者、アジア近隣の関係者（例：ベトナム自閉症協会、アジア太平洋障害者センターの方）、市長や町長（柏市、明石市、芽室町、三条市、湖南市、神戸市、総社市、塩尻市、八尾市、習志野市）などがこれまで登壇し、それぞれの立場から発達障害者との関わりについてメッセージを発信しました。また、毎回、国連事務総長からのお祝いと、全国の当事者からのメッセージが紹介されています。さらに、会場内には毎年、発達議連の議員や関係閣僚をはじめ、全国の有志から寄せられた応援メッセージや当事者の絵画作品が掲示されています。

　これらの様子は、世界自閉症啓発デー・日本実行委員会公式ホームページにおいて動画で紹介されています。
http://www.worldautismawarenessday.jp/htdocs/

（Licensed by TOKYOTOWER）

○まとめ

　自閉症をはじめとする発達障害については、どのような配慮や支援を必要としているのか、一見しただけではわかりにくく、また、少し知識を持っていたとしても、支援内容の個別性が非常に高いことから、啓発内容も多様なものとなります。一般的とされる自閉症の配慮や支援が、かえって苦痛となってしまう自閉症の人も決して少なくありません。

　大事なことは、その人にとって必要な配慮や支援を周囲の人がきちんと当事者や家族等に尋ね、当事者や家族が内容を伝えるやりとりが根気よく続けられ、少しずつではあっても、決してお互いが理解し合えないことはないと確認し合っていくことです。このような信頼関係の積み重ねを、年１回確認し合う機会またはきっかけとして、世界自閉症啓発デーや発達障害啓発が活用されています。これまで参加したことがない方は、是非とも次の４月から発達障害啓発デー啓発活動に参加してみませんか。

第2章

平成28年発達障害者支援法改正法の概要

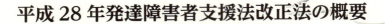

　発達障害者支援法の一部を改正する法律（平成28年法律第64号）は、発達障害者支援法の施行後10年が経過し、発達障害者に対する支援が着実に進展し、発達障害に対する国民の理解も広がってきている一方、発達障害者を支える現場からは様々な要望が寄せられ、乳幼児期から高齢期に至るまで切れ目ないよりきめ細かな支援が求められていることや、障害者基本法の改正、障害者権利条約の批准など、共生社会の実現に向けた新たな取組が進められている状況に鑑み、発達障害者の支援の一層の充実を図るため、所要の措置を講ずるものであり、その改正の概要は次のとおりである。

第1章　総則
(1) 目的（第1条）…切れ目ない支援の重要性や、障害者基本法の理念にのっとり、共生社会の実現に資することを目的に規定
(2) 発達障害者の定義（第2条）…発達障害がある者であって発達障害及び「社会的障壁」により日常生活・社会生活に制限を受ける者を発達障害者と定義
(3) 基本理念（第2条の2）…発達障害者の支援は、①社会参加の機会の確保、地域社会において他の人々と共生することを妨げられないこと、②社会的障壁の除去に資すること、③個々の発達障害者の性別、年齢、障害の状態及び生活の実態に応じて、関係機関等の緊密な連携の下に、意思決定の支援に配慮しつつ、切れ目なく行われなければならないこと等の基本理念を新設
(4) 国及び地方公共団体の責務（第3条）…発達障害者等からの相談に個々の発達障害者の特性に配慮しつつ総合的に応じられるよう、関係機関等との有機的な連携の下に必要な相談体制の整備を行うことを追加
(5) 国民の責務（第4条）…個々の発達障害の特性等に関する理解を深め、発達障害者の自立及び社会参加に協力するよう努めることを追加

第2章　児童の発達障害の早期発見及び発達障害者の支援のための施策
(1) 発達障害の疑いがある場合の支援（第5条）…発達障害の疑いのある児童の保護者への継続的な相談、情報提供及び助言を追加

(2) 教育（第8条）…可能な限り発達障害児が発達障害児でない児童と共に教育を受けられるよう配慮するとともに、個別の教育支援計画・個別の指導計画の作成の推進、いじめの防止等の対策の推進を追加
(3) 情報の共有の促進（第9条の2）…個人情報の保護に十分配慮しつつ、支援に資する情報共有の促進のため必要な措置を講じることを追加
(4) 就労の支援（第10条）…主体に国を規定、就労定着の支援を規定、事業主は雇用の機会の確保、雇用の安定に努めることを追加
(5) 地域での生活支援（第11条）…性別、年齢、障害の状態及び生活の実態に応じた地域での生活支援を進めることを追加
(6) 権利利益の擁護（第12条）…差別の解消、いじめの防止等及び虐待の防止等のための対策の推進、成年後見制度が適切に行われ又は広く利用されるようにすることを追加
(7) 司法手続における配慮（第12条の2）…司法手続における個々の発達障害者の特性に応じた意思疎通の手段の確保等の適切な配慮を追加
(8) 発達障害者の家族等への支援（第13条）…家族その他の関係者に対する情報提供、家族が互いに支え合うための活動の支援等を追加

第3章　発達障害者支援センター等

(1) センター等による支援に関する配慮（第14条）…センター等の業務を行うに当たり可能な限り身近な場所で必要な支援が受けられるよう配慮する旨を追加
(2) 発達障害者支援地域協議会（第19条の2）…支援体制の課題の共有・連携の緊密化・体制整備等について協議するため都道府県・指定都市に設置することができることを新設

第4章　補則

(1) 国民に対する普及及び啓発（第21条）…学校、地域、家庭、職域等を通じた啓発活動を行う旨を追加
(2) 専門的知識を有する人材の確保等（第23条）…専門的知識を有する人材の確保・養成・資質の向上を図るため、個々の発達障害の特性等に関する理解を深めるための研修等を実施する旨を追加
(3) 調査研究（第24条）…性別、年齢等を考慮しつつ、発達障害者の実態の把握に努めるとともに、個々の発達障害の原因の究明等に関する調査研究を行う

第1部 発達障害者支援法の改正のねらい

旨を追加

施行日
　公布の日（平成 28 年 6 月 3 日）から起算して 3 月を超えない範囲内において政令で定める日〔平成 28 年 8 月 1 日〕

第3章

発達障害者支援法の逐条解説

　本章では、平成 28 年 8 月 1 日に施行された「発達障害者支援法の一部を改正する法律」による改正後の発達障害者支援法（以下この章において「本法」という。）の条文について、平成 16 年の制定時や平成 28 年の改正時における議論を踏まえて、そのポイントを解説する。

> 　　第一章　総則
> 　（目的）
> 第一条　この法律は、発達障害者の心理機能の適正な発達及び円滑な社会生活の促進のために発達障害の症状の発現後できるだけ早期に発達支援を行うとともに、切れ目なく発達障害者の支援を行うことが特に重要であることに鑑み、障害者基本法（昭和四十五年法律第八十四号）の基本的な理念にのっとり、発達障害者が基本的人権を享有する個人としての尊厳にふさわしい日常生活又は社会生活を営むことができるよう、発達障害を早期に発見し、発達支援を行うことに関する国及び地方公共団体の責務を明らかにするとともに、学校教育における発達障害者への支援、発達障害者の就労の支援、発達障害者支援センターの指定等について定めることにより、発達障害者の自立及び社会参加のためのその生活全般にわたる支援を図り、もって全ての国民が、障害の有無によって分け隔てられることなく、相互に人格と個性を尊重し合いながら共生する社会の実現に資することを目的とする。

（本条の趣旨）
　本条は、本法の目的を規定しており、本法の趣旨及び内容の概略を示している。
　本法制定前は、発達障害について、①既存の障害福祉施策に関する法制の対象に正面からなっておらず、いわば谷間の障害であったこと、②障害としての認識が一般的になされておらず、その発見や対応が遅れる傾向にあることといった問題が指摘されており、発達障害者やその家族が大きな負担を抱えているといった状況にあった。そこで、発達障害者の支援に関する施策を講ずる必要性が認めら

れ、本法が制定された[1]。発達障害者に早期に適切な支援を行うことにより、その心理機能の適正な発達、日常生活の安定や社会生活への適応が期待できることから、制定時の目的規定では、「発達障害の症状の発現後できるだけ早期に発達支援を行うことが特に重要である」ことが規定された。

平成28年改正では、より視点を広げ、乳幼児期から学童期、成人期、高齢期に至るまでのライフステージに応じて発達障害者に対して必要な支援を行うことが重要であるとの認識の下、その支援は、医療、保健、福祉、教育、労働等の様々な分野にわたり、複数の関係機関や関係者による専門的支援や合理的な配慮が必要とされることも多いことから、「切れ目なく発達障害者の支援を行うことが特に重要である」ことを明記した。

平成28年改正では、さらに、発達障害者の支援のより一層の充実を図るためには、個々の支援に関する規定を見直すだけでなく、本法施行後の約10年の間に発展してきた共生社会の実現に関する理念を本法に明記することが望ましいことから、①障害者基本法の基本的な理念にのっとることを規定するとともに、②発達障害者が基本的人権を享有する個人としての尊厳にふさわしい日常生活又は社会生活を営むことができるようにすることを規定し、あわせて、③障害に基づく差異を否定的な評価の対象としてではなく人間の多様性の一つとして尊重し、全ての国民が、障害の有無によって分け隔てられることなく、相互に人格と個性を尊重し合いながら共生する社会の実現に資することを規定した[2]。

本法の制定時には、発達障害の早期発見や早期の発達支援が、発達障害者にレッテルを貼ることとなり、差別につながるのではないか、との懸念も指摘された。しかし、本法は、発達障害の早期発見や早期の発達支援の重要性を踏まえた上で、発達障害者やその家族その他の関係者が自分自身や我が子等の特性を発達障害という視点から前向きに受け止め、発達障害者がその能力を発揮できるよう支援するとともに、日常生活又は社会生活で発達障害者に接する周囲の者が発達障害の特性を深く知ることによって差別、偏見や隔離を解消することを目的とするものである。平成16年の国会審議でも「レッテル貼りが目的ではなく、あくまでも適切な支援を行うために発達障害者支援法が必要である」旨答弁されてい

1　平成16年11月24日、第161回国会衆議院内閣委員会8号5頁［松下忠洋委員長］
2　障害者権利条約では、障害者について、保護の客体から、全ての基本的人権の享有主体であるとの見方に転換する旨がうたわれるとともに（第1条、第4条）、全ての障害者が障害者でない者と分け隔てられることなく、社会の一員として受け入れられる社会の形成をうたっている（第3条（c）、第19条）。また、このような障害者権利条約の理念に沿って、平成23年に障害者基本法が改正されている。

る[3]。平成28年改正では、国民の責務（第4条）、事業主の努力義務（第10条第3項）、国民に対する普及及び啓発（第21条）なども改正されており、発達障害を正しく理解した上で、全ての国民が、障害の有無によって分け隔てられることなく、相互に人格と個性を尊重し合いながら共生する社会の実現に向けた取組が、今後ますます推進されなければならない。

> （定義）
> 第二条　この法律において「発達障害」とは、自閉症、アスペルガー症候群その他の広汎性発達障害、学習障害、注意欠陥多動性障害その他これに類する脳機能の障害であってその症状が通常低年齢において発現するものとして政令で定めるものをいう。
> 2　この法律において「発達障害者」とは、発達障害がある者であって発達障害及び社会的障壁により日常生活又は社会生活に制限を受けるものをいい、「発達障害児」とは、発達障害者のうち十八歳未満のものをいう。
> 3　この法律において「社会的障壁」とは、発達障害がある者にとって日常生活又は社会生活を営む上で障壁となるような社会における事物、制度、慣行、観念その他一切のものをいう。
> 4　この法律において「発達支援」とは、発達障害者に対し、その心理機能の適正な発達を支援し、及び円滑な社会生活を促進するため行う個々の発達障害者の特性に対応した医療的、福祉的及び教育的援助をいう。

（本条の趣旨）
　本条は、本法の用語の定義を規定している。
（第1項）
　本法において「発達障害」とは、①自閉症、アスペルガー症候群その他の広汎性発達障害、②学習障害、③注意欠陥多動性障害、④その他これに類する脳機能の障害であってその症状が通常低年齢において発現するものとして政令で定めるものをいう。
　政令では、脳機能の障害であってその症状が通常低年齢において発現するもののうち、言語の障害、協調運動の障害その他厚生労働省令で定める障害を規定している（発達障害者支援法施行令第1条）。そして、省令では、心理的発達の障害並びに行動及び情緒の障害（上記の障害を除く。）を規定している（発達障害

---

[3]　平成16年12月1日、第161回国会参議院内閣委員会会議録9号10頁［福島豊議員］

者支援法施行規則）（詳細につき、第2部第1章参照）。

なお、てんかんなどの中枢神経系の疾患、脳外傷や脳血管障害の後遺症が上記の障害を伴うものである場合においても、この法律の対象となる（「発達障害者支援法の施行について」（平成17年4月1日17文科初第16号・厚生労働省発障第0401008号））。

(第2項)

本項は、「発達障害者」及び「発達障害児」の定義を規定している。

発達障害者は、脳機能の障害によりコミュニケーション、読み書き、注意の維持等に困難さを有するだけでなく、専門性を持った支援者や支援機関が不足している、周囲や社会から発達障害者の抱える困難について当人又は親の努力が足りない等の誤った理解をされる、発達障害の特性を踏まえたバリアフリーが十分に整備されていない、合理的配慮が受けられないといった、いわゆる社会的障壁により日常生活又は社会生活に制限を受けやすい状況にあると言える。そこで、平成28年改正では、発達障害者の定義を、「発達障害がある者であって発達障害及び『社会的障壁』により日常生活又は社会生活に制限を受けるもの」に改正し、社会全体における発達障害の正しい理解を前提とした適切な専門的支援や合理的な配慮が重要であるとの考え方を強調することとされた。なお、支援を必要とする発達障害者の範囲は、実質的にはこれまでと同様である[4]。

本法の発達障害者の定義は、知的障害など他の障害を伴う者を除外しておらず、本法の「発達障害者」に該当する者が他の障害を伴っているときも、当然に「発達障害者」に該当する。

(第3項)

本項は、障害者基本法第2条第2号の規定を踏まえて、「社会的障壁」の定義を規定している。

(第4項)

本項は、「発達支援」の定義を規定している。具体的な「発達支援」としては、医療機関、児童発達支援事業所、放課後等デイサービス事業所、学校等において提供される専門的な支援などが挙げられる（第2部第2章3.2参照）。

発達障害者にとって効果的な発達支援とは、個々の状態やニーズのアセスメントを行った上で実施されるものである。丁寧なアセスメントを実施することなく発達障害に有効とされる一般的な支援を個々の特性に配慮せずに画一的に行うこ

---

[4] 平成28年5月24日、第190回国会参議院厚生労働委員会会議録22号39頁〔厚生労働省・藤井康弘障害保健福祉部長〕

とは、むしろ発達の妨げとなってしまう場合も多い。そこで、平成28年改正では、「個々の」という文言を追加し、一人一人の発達障害者の特性に対応した医療的、福祉的及び教育的援助が提供されるように規定した。

> （基本理念）
> 第二条の二　発達障害者の支援は、全ての発達障害者が社会参加の機会が確保されること及びどこで誰と生活するかについての選択の機会が確保され、地域社会において他の人々と共生することを妨げられないことを旨として、行われなければならない。
> 2　発達障害者の支援は、社会的障壁の除去に資することを旨として、行われなければならない。
> 3　発達障害者の支援は、個々の発達障害者の性別、年齢、障害の状態及び生活の実態に応じて、かつ、医療、保健、福祉、教育、労働等に関する業務を行う関係機関及び民間団体相互の緊密な連携の下に、その意思決定の支援に配慮しつつ、切れ目なく行われなければならない。

(本条の趣旨)

　本条は、発達障害者の支援を行うに当たっての基本理念を規定している。平成28年改正により新設された。

(第1項)

　本項は、地域社会における共生等に関する基本理念を規定している。障害者基本法において、基本原則として、障害者があらゆる分野の活動に参加する機会が確保されること（第3条第1号）や地域社会において他の人々と共生することを妨げられないこと（第3条第2号）などが規定されていることを踏まえて、規定したものである。

(第2項)

　本項は、社会的障壁の除去に関する基本理念を規定している。発達障害者が日常生活や社会生活を安定して送るためには、周囲や社会からの適切な専門的支援や合理的な配慮の存在が重要な要素となることから、適切な専門的支援や合理的な配慮がなされるよう障壁となっている物事の除去に向けた社会の整備が可能な限り行われるべきである。そこで、本項が規定された。

　この考え方は、障害者権利条約に定められている「合理的配慮」の提供義務（障害者権利条約第5条3）の趣旨や、「社会的障壁の除去……の実施について必要かつ合理的な配慮がされなければならない」（障害者基本法第4条第1項）と

の規定の考え方に沿ったものである。
(第3項)
　本項は、連携の下の切れ目のない支援に関する基本理念を規定している（具体的な取組につき、第2部第3章及び第4章参照）。

　個々の発達障害者の特性は様々であり、必要な支援を的確に行うためには、個々の発達障害者の性別、年齢等に応じたいわば「オーダーメイド」を意識した支援が行われるべきである。そこで、発達障害の発現の状況や支援ニーズが性別により異なっていることを踏まえ、「性別」を規定するとともに、乳幼児期から学童期、成人期、高齢期に至るまでの各ライフステージに応じて支援のニーズが異なることを踏まえ、「年齢」を規定している。

　加えて、専門的支援や合理的な配慮が年齢、場所、支援機関等によって提供されたりされなかったり、その内容に齟齬が生じたりすることがないようにするためには、関係機関及び民間団体が緊密に連携し、専門的支援や合理的な配慮について適切な引継ぎが行われることが重要である。そこで、「医療、保健、福祉、教育、労働等に関する業務を行う関係機関及び民間団体相互の緊密な連携の下に」としている。

　さらに、発達障害者の支援は、発達障害者の自己決定権を踏まえ、支援を提供する側の一方的な判断のみで進められるのではなく、できる限り当事者の自己決定権を尊重し、その意思を尊重して行われるべきである。そのためには、発達障害者の意思決定のための支援が重要であることから、「その意思決定の支援に配慮しつつ」と規定している。

　（国及び地方公共団体の責務）
　第三条　国及び地方公共団体は、発達障害者の心理機能の適正な発達及び円滑な社会生活の促進のために発達障害の症状の発現後できるだけ早期に発達支援を行うことが特に重要であることに鑑み、前条の基本理念（次項及び次条において「基本理念」という。）にのっとり、発達障害の早期発見のため必要な措置を講じるものとする。
　2　国及び地方公共団体は、基本理念にのっとり、発達障害児に対し、発達障害の症状の発現後できるだけ早期に、その者の状況に応じて適切に、就学前の発達支援、学校における発達支援その他の発達支援が行われるとともに、発達障害者に対する就労、地域における生活等に関する支援及び発達障害者の家族その他の関係者に対する支援が行われるよう、必要な措置を講じるものとする。

3　国及び地方公共団体は、発達障害者及びその家族その他の関係者からの各種の相談に対し、個々の発達障害者の特性に配慮しつつ総合的に応ずることができるようにするため、医療、保健、福祉、教育、労働等に関する業務を行う関係機関及び民間団体相互の有機的連携の下に必要な相談体制の整備を行うものとする。
4　発達障害者の支援等の施策が講じられるに当たっては、発達障害者及び発達障害児の保護者（親権を行う者、未成年後見人その他の者で、児童を現に監護するものをいう。以下同じ。）の意思ができる限り尊重されなければならないものとする。
5　国及び地方公共団体は、発達障害者の支援等の施策を講じるに当たっては、医療、保健、福祉、教育、労働等に関する業務を担当する部局の相互の緊密な連携を確保するとともに、発達障害者が被害を受けること等を防止するため、これらの部局と消費生活、警察等に関する業務を担当する部局その他の関係機関との必要な協力体制の整備を行うものとする。

(本条の趣旨)
　本条は、発達障害者やその家族その他の関係者に対する支援を行うに当たっての国及び地方公共団体の責務を規定している。
(第1項)
　発達障害は、脳機能の障害とされており、医学的な治療によって障害そのものが消失するものではないと考えられている。しかし、発達障害者に対し早期に適切な支援を行うことにより、発達障害がありつつも、日常生活や社会生活に適応することが期待できる。そこで、早期に適切な発達支援を行うため、国及び地方公共団体が発達障害の早期発見のため必要な措置を講じる責務を有するとしている。
(第2項)
　発達障害者やその家族その他の関係者が安心して暮らせるようにするためには、発達障害者の乳幼児期から学童期、成人期、高齢期に至るまで、それぞれの段階で切れ目ない一貫した支援が行われることが重要である。
　そこで、発達障害者に対し就学前、就学中、就労、地域での生活といった各段階での必要な支援を行うとともに、発達障害者の家族その他の関係者に対する支援が行われるよう、必要な措置を講じる責務を国及び地方公共団体が有するものとしている。
　「家族その他の関係者」には、発達障害者の家族のほか、里親や介助者など発

達障害者を日常的に支援する者が含まれる。

(第3項)

　発達障害者は発達障害や社会的障壁により日常生活や社会生活において様々な困難を抱え、また、発達障害者の家族その他の関係者は発達障害児の子育て等について悩みを抱えている場合も多い。このような課題に対処するためには、総合的な相談窓口を設置するなどの工夫を行い、発達障害者やその家族その他の関係者からの相談窓口を分かりやすくし、かつ、必要に応じて、医療、保健、福祉、教育、労働等の専門的な支援機関への橋渡しを行うことができる相談体制を整備する必要がある。そこで、国及び地方公共団体が、必要な相談体制の整備を行う責務を有するものとしている（地域の取組につき、第2部第4章参照）。

(第4項)

　本項は、発達障害者及び発達障害児の保護者の意思の尊重に関する責務を規定している。これは、発達障害の発見及び発達障害者の支援が、支援を提供する側の一方的な判断で進められるのではなく、できる限り当事者側の自己決定権を踏まえて、その意思を尊重して行われるべきであるという原則に基づくものである。

(第5項)

　本項は、関係機関相互の連携確保等に関する責務を規定している。発達障害者の支援においては、ライフステージの各段階で切れ目ない一貫した支援が行われることが重要であることから、発達障害者の支援に関係する医療、保健、福祉、教育、労働等の部局が緊密な連携を確保すべきものとしている。この点に関し平成28年改正では、発達障害者支援地域協議会に関する規定（第19条の2）を新設し、地域の実情に応じた支援体制の構築を推進することとしている。

　また、発達障害者は、犯罪の被害者となったり、悪徳商法などの消費者被害にあったりすることが多いと言われている。このため、医療、保健、福祉、教育、労働等の部局と消費生活、警察等に関する業務を担当する部局その他の関係機関との必要な協力体制の整備を行うものとしている。

> （国民の責務）
> 第四条　国民は、個々の発達障害の特性その他発達障害に関する理解を深めるとともに、基本理念にのっとり、発達障害者の自立及び社会参加に協力するように努めなければならない。

(本条の趣旨)

　本条は、発達障害者が地域で自立して生活し、共生社会を実現するためには、

国民の発達障害に関する正しい理解[5]と、発達障害者の自立及び社会参加に対する協力が必要であることに鑑み、国民の責務を規定している。

　自閉症、アスペルガー症候群その他の広汎性発達障害、学習障害、注意欠陥多動性障害などの「個々の発達障害」の特性はそれぞれ異なるため、発達障害の名称や主な症状だけでなく、「個々の発達障害の特性」についても理解を深めるべきである。このような観点から、平成28年改正では「個々の発達障害の特性」を明記した。また、平成28年改正では、障害者権利条約の「障害者を保護の客体から権利の主体へ」との理念を踏まえて、「発達障害者の自立及び社会参加」に協力するように努めなければならないものとした。

　　第二章　児童の発達障害の早期発見及び発達障害者の支援のための施策
　（児童の発達障害の早期発見等）
　第五条　市町村は、母子保健法（昭和四十年法律第百四十一号）第十二条及び第十三条に規定する健康診査を行うに当たり、発達障害の早期発見に十分留意しなければならない。
　2　市町村の教育委員会は、学校保健安全法（昭和三十三年法律第五十六号）第十一条に規定する健康診断を行うに当たり、発達障害の早期発見に十分留意しなければならない。
　3　市町村は、児童に発達障害の疑いがある場合には、適切に支援を行うため、当該児童の保護者に対し、継続的な相談、情報の提供及び助言を行うよう努めるとともに、必要に応じ、当該児童が早期に医学的又は心理学的判定を受けることができるよう、当該児童の保護者に対し、第十四条第一項の発達障害者支援センター、第十九条の規定により都道府県が確保した医療機関その他の機関（次条第一項において「センター等」という。）を紹介し、又は助言を行うものとする。
　4　市町村は、前三項の措置を講じるに当たっては、当該措置の対象となる児童及び保護者の意思を尊重するとともに、必要な配慮をしなければならない。
　5　都道府県は、市町村の求めに応じ、児童の発達障害の早期発見に関する技術的事項についての指導、助言その他の市町村に対する必要な技術的援助を行うものとする。

---

[5]　例えば、発達障害児のいじめを防ぐための第一歩として、大人が発達障害を理解することが挙げられている（平成28年5月24日、第190回国会参議院厚生労働委員会会議録22号36頁［藤堂栄子参考人］）。

(本条の趣旨)

　本条は、早期に発達支援を行うためには、早期に発達障害を発見することが必要であることから、発達障害の早期発見等に関する責務を規定している。

(第1項)

　市町村は、1歳6ヶ月健診及び3歳児健診等を行うに当たり、発達障害の早期発見に十分留意しなければならないものとしている。

　1歳6ヶ月健診には、診査項目として精神発達の状況（母子保健法施行規則第2条第1項第7号）、言語障害の有無（同項第8号）、育児上問題となる事項（同項第10号）が含まれており、この「育児上問題となる事項」には、生活習慣の自立、社会性の発達という事項が含まれる。また、3歳児健診にも、同様の健診項目が含まれている（同条第2項第9号、第10号及び第12号）。現在、子どもに発達障害の特性があることに気づくためのチェックリストとして、1歳6ヶ月健診ではM-CHAT（Modified Checklist for Autism in Toddlers）、3歳児健診以降ではPARS-TR（Parent-interview ASD Rating Scales–Text Revision）などの自閉症を中心としたアセスメントツールが用いられている（具体的な取組につき、第2部第2章2及び3.1参照）。

(第2項)

　市町村の教育委員会は、就学時健診において、発達障害の早期発見に十分留意しなければならないものとしている。

　就学時健診の検査項目として「その他の疾病及び異常の有無」が含まれており（学校保健安全法施行令第2条第7号）、発達障害等を含む健康状態の把握に努めることとするものである（「発達障害のある児童生徒等への支援について（通知）」（平成17年文科初第211号）参照）。

(第3項)

　実際には発達障害がある者であっても、乳幼児期には単に「物静かな子」、「活発な子」などと見られ、健診等で発達障害があると発見されることが困難な場合がある。このようなケースでは、学童期以降に日常生活や社会生活における支障が生じることもあるため、児童が発達障害と診断される前であっても、発達障害の特性があるとの「気づき」の段階から、できる限り必要な支援を行うことが重要である。そこで、本項は、発達障害を有する疑いのある児童についての相談、助言等について規定している。

　平成28年改正では、相談に加えて、「情報の提供及び助言」を新たに追加した。発達障害の特性があることが把握された段階（「気づき」の段階）から、市町村

の母子保健活動や子育て支援等において、発達障害に関する基礎的な知識や、このような児童に対する地域の支援機関に関する情報を保護者等に提供することなどにより、ニーズに応じた情報提供や助言の実施の充実を図ることとしている。

(第4項)

1歳6ヶ月健診、3歳児健診及び就学時健診並びに児童に発達障害の疑いがある場合、すなわち発達障害の特性があることが把握された場合におけるその後の相談等について、児童及びその保護者の意思を尊重するとともに、必要な配慮をしなければならないことを明らかにしている。この趣旨は、第3条第4項と同様、発達障害の早期発見やその支援は、支援を提供する側の一方的な判断で進められるのではなく、できる限り当事者側の自己決定権を踏まえて、その意思を尊重して行われるべきであるという原則に基づくものである[6]。

(第5項)

本項は、都道府県の市町村に対する後方支援の規定である。市町村は、身近な相談窓口として発達障害児又は発達障害の疑いのある児童の保護者に対する助言、情報提供等を担っている。都道府県は、このような役割を担う市町村に対して、広域的又は専門的な技術的助言、支援等を実施することを規定している。

(早期の発達支援)

第六条　市町村は、発達障害児が早期の発達支援を受けることができるよう、発達障害児の保護者に対し、その相談に応じ、センター等を紹介し、又は助言を行い、その他適切な措置を講じるものとする。

2　前条第四項の規定は、前項の措置を講じる場合について準用する。

3　都道府県は、発達障害児の早期の発達支援のために必要な体制の整備を行うとともに、発達障害児に対して行われる発達支援の専門性を確保するため必要な措置を講じるものとする。

(本条の趣旨)

本条は、発達障害児に対する早期の発達支援の重要性を踏まえ、できる限り早期に発達支援を受けられるようにすることを規定している（発達支援の内容につき、第2部第2章3.2参照）。

---

[6] 平成16年12月1日、第161回国会参議院内閣委員会会議録9号11頁［山井和則議員］、平成16年11月24日、第161回国会衆議院内閣委員会議9号11〜12頁［塩田幸雄厚生労働省社会・援護局障害保健福祉部長］

(第1項)

　本項は、市町村による発達障害児に対する早期の発達支援について規定している。「その他適切な措置」として、例えば、①発達障害についての知識や、医療機関、事務所等の地域の支援機関について、保護者に対して情報を提供したり、②保護者自身が取り組める発達支援の方法を普及啓発したりすることなどが考えられる。

(第2項)

　第3条第4項や第5条第4項と同様の趣旨の規定である。発達支援についても、行政から支援を一方的に押しつけるのではなく、あくまでも当事者側である発達障害児やその保護者の意思を尊重しなければならないとするものである。

(第3項)

　都道府県が、適切な発達支援の手法等の普及を行うための措置を定めた規定である。本法では都道府県は、発達障害者支援センターの指定や専門的医療機関の確保など、発達支援について重要な役割を果たすことが規定されている。それとともに、市町村等（事業所等も含む）が行う発達支援の技術的なアドバイスなどに関する後方支援の役割も期待されている。その役割を果たすために、必要な体制の整備と専門性を確保するための措置を講じることとしたものである。

> （保育）
> 第七条　市町村は、児童福祉法（昭和二十二年法律第百六十四号）第二十四条第一項の規定により保育所における保育を行う場合又は同条第二項の規定による必要な保育を確保するための措置を講じる場合は、発達障害児の健全な発達が他の児童と共に生活することを通じて図られるよう適切な配慮をするものとする。

(本条の趣旨)

　一般に、障害児の健全な発達のためには、専門的な機関において障害児のみに支援が実施されることも必要であるが、保育所等において障害児が他の児童と共に生活することは、障害児本人が周囲から様々な刺激を受けること、他の児童にとっても障害児と共に育つ経験をすることなど、双方向性の利点があると考えられている。

　このため、本条では、保育所等において、発達障害児が他の児童と共に生活するインクルーシブな保育を通じて発達障害児の健全な発達が図られ、発達障害児が他の児童との生活を通じて成長できるよう適切な配慮をするものとしている

（具体的な取組につき、第 2 部第 2 章 3.5 参照）。

　保育の実施に関しては、「保育所保育指針」（平成 20 年厚生労働省告示第 141 号）において、「障害のある子どもの保育」について、一人一人の子どもの発達過程や障害の状態を把握し、適切な環境の下で、障害のある子どもが他の子どもとの生活を通して共に成長できるよう、指導計画の中に位置付けるべきことが規定されており、発達障害児の保育についても本指針に沿って実施されている。

> （教育）
> 第八条　国及び地方公共団体は、発達障害児（十八歳以上の発達障害者であって高等学校、中等教育学校及び特別支援学校並びに専修学校の高等課程に在学する者を含む。以下この項において同じ。）が、その年齢及び能力に応じ、かつ、その特性を踏まえた十分な教育を受けられるようにするため、可能な限り発達障害児が発達障害児でない児童と共に教育を受けられるよう配慮しつつ、適切な教育的支援を行うこと、個別の教育支援計画の作成（教育に関する業務を行う関係機関と医療、保健、福祉、労働等に関する業務を行う関係機関及び民間団体との連携の下に行う個別の長期的な支援に関する計画の作成をいう。）及び個別の指導に関する計画の作成の推進、いじめの防止等のための対策の推進その他の支援体制の整備を行うことその他必要な措置を講じるものとする。
> 2　大学及び高等専門学校は、個々の発達障害者の特性に応じ、適切な教育上の配慮をするものとする。

（本条の趣旨）

　本条は、発達障害児・発達障害者が十分な教育を受けることができることが重要であることを踏まえ、発達障害児・発達障害者の教育についてとられるべき措置等について定めたものである（具体的な取組につき、第 2 部第 2 章 4 参照）。

（第 1 項）

　国及び地方公共団体は、発達障害児が、その年齢及び能力に応じ、かつ、その特性を踏まえた十分な教育を受けられるようにするため、可能な限り発達障害児が発達障害児でない児童と共に教育を受けられるよう配慮しつつ、①適切な教育的支援を行うこと、②支援体制の整備を行うこと、③その他必要な措置を講じるものとしている。

　本項では、「発達障害児」に、「十八歳以上の発達障害者であって高等学校、中等教育学校及び特別支援学校並びに専修学校の高等課程に在学する者」を含めている。これは、18 歳以上の者であっても、高校、中等教育学校（いわゆる中高

一貫校)、特別支援学校の高等部及び専修学校の高等課程(平成28年改正により追加)に在籍することがあるためである。

発達障害児に対する教育を実施するに当たっては、障害の種別及び程度だけでなく、その発達障害ゆえに実際にどのような困難を有するかという社会モデルの観点から支援を行うことが重要である。そこで、平成28年改正では、「発達障害児が、その年齢及び能力に応じ、かつ、その特性を踏まえた十分な教育を受けられるようにするため」とした。

また、基本理念では地域社会における共生等について規定しており(第2条の2第1項)、教育の分野においても、本人や保護者の希望に応じて、発達障害児が発達障害児でない児童と可能な限り共に教育を受けられるよう配慮する必要がある。そこで、平成28年改正では、いわゆるインクルーシブ教育に関する規定を新たに設け、「可能な限り発達障害児が発達障害児でない児童と共に教育を受けられるよう配慮」すると規定した。

そして、平成28年改正では、幼児期から一貫した指導や支援を行うことができるよう、支援体制の整備の例示として、個別の教育支援計画の作成及び個別の指導に関する計画の作成の推進を規定するとともに、発達障害児がいじめの当事者となる可能性もあることから、このような事案を含めたいじめの防止等のための対策が推進されることを規定している。

本項の「教育」には学校教育のみならず社会教育も含まれるものであり、例えば、地域住民等の参画を得て、放課後等に小学校の児童を対象として学習や体験・交流活動などを行う「放課後子供教室」において発達障害児に配慮した適切な支援を行うこと等の措置が考えられる。

(第2項)

本項は、大学や高等専門学校においても、発達障害者が十分な教育を受けるためには、個々の発達障害者の特性に応じ配慮をすることが必要であることから、設けられた。

> (放課後児童健全育成事業の利用)
> 第九条　市町村は、放課後児童健全育成事業について、発達障害児の利用の機会の確保を図るため、適切な配慮をするものとする。

(本条の趣旨)

発達障害児の放課後等の支援については、子ども・子育て支援施策である放課後児童健全育成事業(いわゆる放課後児童クラブ)や教育施策である放課後子供

教室等における発達障害児の受入れを推進するとともに、障害児支援施策である保育所等訪問支援などを活用して、必要に応じて専門的なバックアップが行われるべきである。本条は、このうち放課後児童クラブの利用が、発達障害児及びその家族その他の関係者に対する支援の重要なメニューの一つであることから、規定している（具体的な取組につき、第2部第2章3.5参照）。

なお、「放課後子ども総合プラン」（平成26年7月31日26文科生第277号・雇児発0731第4号）では、放課後児童クラブとは別に放課後子供教室が位置づけられており、前述のとおり、この放課後子供教室は第8条の「教育」に含まれるものである。

> （情報の共有の促進）
> 第九条の二　国及び地方公共団体は、個人情報の保護に十分配慮しつつ、福祉及び教育に関する業務を行う関係機関及び民間団体が医療、保健、労働等に関する業務を行う関係機関及び民間団体と連携を図りつつ行う発達障害者の支援に資する情報の共有を促進するため必要な措置を講じるものとする。

(本条の趣旨)

　発達障害児については、障害福祉分野では総合的な障害児支援利用計画と事業所ごとの個別支援計画が、教育分野では関係機関との連携方法などを含む個別の教育支援計画と個別の指導に関する計画が作成されているほか、主治医、市町村の保健師なども支援に関わる。また、成人期の発達障害者は、就労支援関係の機関からの支援を受けることもある。このような計画や支援は、同一の発達障害者を対象としているが、指導や助言の内容が支援の主体ごとに異なるケースがあるとの指摘があった。

　そこで、本条は、国及び地方公共団体は、発達障害者の支援に資する情報の共有を促進するために必要な措置を講じるものとしている。具体的には、各計画の記載事項、実際の支援の方針や内容を必要な関係者間で共有できるような環境を整備し、相互の支援の内容を連関させて同一の方向感を持った支援を行うために必要な措置を、国と地方自治体が講じることが考えられる（具体的な取組につき、第2部第3章参照）。

> （就労の支援）
> 第十条　国及び都道府県は、発達障害者が就労することができるようにするため、発達障害者の就労を支援するため必要な体制の整備に努めるとともに、公共職

> 業安定所、地域障害者職業センター（障害者の雇用の促進等に関する法律（昭和三十五年法律第百二十三号）第十九条第一項第三号の地域障害者職業センターをいう。）、障害者就業・生活支援センター（同法第二十七条第一項の規定による指定を受けた者をいう。）、社会福祉協議会、教育委員会その他の関係機関及び民間団体相互の連携を確保しつつ、個々の発達障害者の特性に応じた適切な就労の機会の確保、就労の定着のための支援その他の必要な支援に努めなければならない。
> 2　都道府県及び市町村は、必要に応じ、発達障害者が就労のための準備を適切に行えるようにするための支援が学校において行われるよう必要な措置を講じるものとする。
> 3　事業主は、発達障害者の雇用に関し、その有する能力を正当に評価し、適切な雇用の機会を確保するとともに、個々の発達障害者の特性に応じた適正な雇用管理を行うことによりその雇用の安定を図るよう努めなければならない。

（本条の趣旨）

　発達障害者の自立及び社会参加のためには就労できることが非常に重要であるが、就労に困難を抱える発達障害者も少なくない。そこで、発達障害者の就労の支援のために必要な措置を講じられるよう、本条を設けた（具体的な取組につき、第2部第2章5参照）。

（第1項）

　本項では、国及び都道府県が、①発達障害者の就労支援のために必要な体制の整備、②関係機関及び民間団体相互の連携の下で個々の発達障害者の特性に応じた適切な就労の機会の確保、就労の定着のための支援その他の必要な支援に努めなければならないものとしている。

　本法の施行時に比べ、発達障害者の就労に関する整備が進み、就労は着実に進展している。平成28年改正では、そうした中で明らかになってきた、職場で円滑なコミュニケーションを十分に行えない等、発達障害者が職場に定着する上での課題への対応を今後より進めていく必要があるため、「就労の機会の確保」に加え、「就労の定着のための支援」を明記した。

　また、制定時には、就労の機会の確保のためには学校教育との連携が重要であり、一般的に学校教育の現場との緊密な連携が期待できる都道府県がその中心的役割を果たすことが望ましいと考えられることから、都道府県のみを主体として規定していた。しかし、発達障害者への就労支援のための施策は、雇用施策の一

環として国もその役割を担うべきものであり、実際に都道府県との連携の下、国も必要な施策を実施・拡充してきたため、平成28年改正で、就労の支援の主体に国を明記した。

(第2項)

本項は、第1項の解説でも触れたように、就労の支援は学校教育の現場との連携が必要であり、学校教育の現場で適切な就労のための準備が行われることが重要であることから規定された。

(第3項)

平成28年改正で追加された本項は、障害者基本法及び障害者の雇用の促進等に関する法律の規定が基になっている。本項は、発達障害者がその有する能力を十分に発揮するためには、発達障害者の雇用に関し、事業主が必要な配慮を行う必要があることから規定されている。「適正な雇用管理」としては、発達障害者が職場に適応し、その有する能力を業務に生かせるよう、個々の障害の状況を十分に把握し、必要に応じて障害に関する職場の同僚等の理解を促進するための措置を講じるとともに、職場内の人間関係の維持や発達障害者に対して必要な援助・指導を行う者の配置、障害の状況に応じた職務設計、勤労条件の配慮を行うこと等が挙げられる。

（地域での生活支援）
第十一条　市町村は、発達障害者が、その希望に応じて、地域において自立した生活を営むことができるようにするため、発達障害者に対し、その性別、年齢、障害の状態及び生活の実態に応じて、社会生活への適応のために必要な訓練を受ける機会の確保、共同生活を営むべき住居その他の地域において生活を営むべき住居の確保その他必要な支援に努めなければならない。

(本条の趣旨)

本条は、市町村が、発達障害者が地域において自立した社会生活を営むために必要な支援を行うよう努めなければならないことを規定している。

「社会生活の適応のために必要な訓練を受ける機会の確保」とは、例えば、障害福祉サービスの自立訓練、地域若者サポートステーションなどが想定される。

「地域において生活を営むべき住居の確保」としては、グループホーム（障害福祉サービス名としては「共同生活援助」）が挙げられるが、自宅やアパートに暮らし、訪問による支援（相談や見守り、介護など）を受ける場合もあり、様々

な形の在宅支援の確保も必要と考えられる[7]。

　このほか、地域において自立した生活を営むことができるようにするためには、「その他必要な支援」として、福祉施設や医療機関等におけるショートステイ（短期入所）が確保されていることも重要である。

　また、本項は発達障害者の「性別、年齢、障害の状態及び生活の実態に応じ」て支援に努めるものとしている。これは、発達障害者が地域において自立した生活を営むことができるようにするための支援を効果的に行うためには、例えば、出産時の支援など性別の違いによる支援ニーズの違いや、成人期から高齢期にかけていわゆる「親亡き後」に備えることなど年齢の違いによる支援ニーズの違いに応じて支援を行うべきであること、また、強度行動障害、ひきこもり、疾患等の状態等に対する対応も必要になる場合があることから、発達障害者の支援の視点として、平成28年改正で追加された。

> （権利利益の擁護）
> 第十二条　国及び地方公共団体は、発達障害者が、その発達障害のために差別され、並びにいじめ及び虐待を受けること、消費生活における被害を受けること等権利利益を害されることがないようにするため、その差別の解消、いじめの防止等及び虐待の防止等のための対策を推進すること、成年後見制度が適切に行われ又は広く利用されるようにすることその他の発達障害者の権利利益の擁護のために必要な支援を行うものとする。

(本条の趣旨)

　国及び地方公共団体は、発達障害者の権利擁護のために必要な支援を行うことを定めている。障害者基本法の基本原則の一つに、全ての障害者が、障害者でない者と等しく、基本的人権を享有する個人としてその尊厳が重んぜられ、その尊厳にふさわしい生活を保障される権利を有することを前提とすることが明記されており（障害者基本法第3条）、この基本原則と本条とが相まって発達障害者の権利の保護を図っている[8]。

　主体については、成年後見制度の活用や人権侵犯事件の調査救済手続の活用など、国が発達障害者の権利擁護のために必要な支援を行うこともありうることか

7　障害者の日常生活及び社会生活を総合的に支援するための法律及び児童福祉法の一部を改正する法律（平成28年法律第65号）においては、グループホームの退去者等を対象とした適時適切な生活上の支援を行う「自立生活援助」が創設されている。
8　平成16年12月1日、第161回国会参議院内閣委員会会議録9号15頁［馳浩議員］

ら、国も規定している。

　また、障害者基本法の基本原則で、障害者に対して、障害を理由として、差別をしてはならないことが定められており（同法第4条第1項）、その趣旨を踏まえて、本条においても発達障害者の権利利益を害する行為の例示として、「発達障害のために差別されること」を挙げている。

　さらに、平成28年改正では、発達障害者が基本的人権を享有する個人としての尊厳にふさわしい日常生活又は社会生活を営むことができるようにすることを目的規定（第1条）に追加したことにも鑑み、権利利益を害されることの例示として、いじめ及び虐待を受けること並びに消費生活における被害を受けることを追加した。あわせて、権利利益の擁護のための必要な支援として、差別の解消（いわゆる障害者差別解消法に基づく合理的配慮の提供を含む[9]）、いじめの防止等及び虐待の防止等のための対策を推進すること並びに成年後見制度が適切に行われ又は広く利用されるようにすることを規定した。

　権利擁護のための具体的な支援策としては、先に述べた成年後見制度の活用等のほか、①発達障害者が犯罪の被害にあったりすることを防ぎ、権利利益を守るといった観点からの地域におけるセーフティーネットの構築（第3条第5項の解説参照）、②社会福祉協議会が行っている地域福祉権利擁護事業を通じての支援等が挙げられる。

（司法手続における配慮）
第十二条の二　国及び地方公共団体は、発達障害者が、刑事事件若しくは少年の保護事件に関する手続その他これに準ずる手続の対象となった場合又は裁判所における民事事件、家事事件若しくは行政事件に関する手続の当事者その他の関係人となった場合において、発達障害者がその権利を円滑に行使できるようにするため、個々の発達障害者の特性に応じた意思疎通の手段の確保のための配慮その他の適切な配慮をするものとする。

（本条の趣旨）

　本条は、国及び地方公共団体が、司法手続において発達障害者がその権利を円滑に行使できるようにするため適切な配慮をすることを規定している。平成28年改正で新設された規定である。

9　「合理的配慮」とは、現に有する人員配置・資源等を活用して障害者へ提供されるべき配慮（その提供が過度な負担となる場合を除く。）のことであり、行政機関や事業者と発達障害の当事者が互いの立場を理解し、建設的対話を通じて解決策を探ることが期待されている。

具体的には、個々の発達障害者の症状、特性等に応じて、例えば、捜査段階では、感覚の過敏性に配慮した落ち着いた環境を用意すること、文字や写真、絵図を活用して記憶の整理や言葉で表現したいことの補足を助けること、福祉や医療の専門家と連携して捜査や処分決定の参考となるような助言を受けること等が考えられる。また、裁判段階でも、裁判の進行に当たり発達障害者の特性等に応じた適切な配慮や柔軟な対応を行うこと等が考えられる。

> （発達障害者の家族等への支援）
> 第十三条　都道府県及び市町村は、発達障害者の家族その他の関係者が適切な対応をすることができるようにすること等のため、児童相談所等関係機関と連携を図りつつ、発達障害者の家族その他の関係者に対し、相談、情報の提供及び助言、発達障害者の家族が互いに支え合うための活動の支援その他の支援を適切に行うよう努めなければならない。

（本条の趣旨）

　発達障害は、他者とのコミュニケーションや注意の維持、読み書きなどの学習能力に関する障害であるが、脳機能の障害であるため外見からは分かりにくく、周囲から発達障害者が障害を有していると認識されないことも多いため、家族が地域から孤立してしまう場合がある。また、発達障害を有していることを保護者が受け止めることが難しかったり、発達障害児の兄弟姉妹が困難を抱えることもある。そして、発達障害者に対する適切な対応の方法について、発達障害者の保護者等の家族や支援者等の関係者が十分に理解していないことにより、場合によっては虐待につながることが指摘されている。このため、発達障害者の家族その他の関係者が適切な対応をすることができるようにすること等のためには、都道府県及び市町村が発達障害者の家族その他の関係者に対しても支援を適切に行うことが重要である。そこで、本条が規定された。

　平成28年改正では、発達障害者に対して日常生活等における支援を行うのは、保護者に限らず兄弟姉妹や支援者など多岐にわたることから、支援の対象者を「発達障害者の家族その他の関係者」と規定した。

　具体的な支援の方法としては、児童相談所や発達障害者支援センター等の関係機関と連携を取りつつ、子育て相談に応じたり、発達障害児の養育に関する好事例を提供したり、対応方法についての助言を行ったりすることが想定され、本条

でも例示として掲げている[10]。また、平成28年改正では、「家族が互いに支え合うための支援」を規定している。発達障害者の保護者が、子どもの特性を親仲間と一緒に肯定的に捉えられるようにするペアレント・プログラムへの参加、発達障害児の子育て経験のあるペアレント・メンターへの相談等により、子どもの特性に沿った支援を自ら行い、また、家族が安心して発達障害児を育てることができるよう、都道府県や市町村によるこれらの家族支援の積極的な実施が期待される（具体的な取組につき、第2部第2章3.3参照）。

> 第三章　発達障害者支援センター等
> （発達障害者支援センター等）
> 第十四条　都道府県知事は、次に掲げる業務を、社会福祉法人その他の政令で定める法人であって当該業務を適正かつ確実に行うことができると認めて指定した者（以下「発達障害者支援センター」という。）に行わせ、又は自ら行うことができる。
> 　一　発達障害の早期発見、早期の発達支援等に資するよう、発達障害者及びその家族その他の関係者に対し、専門的に、その相談に応じ、又は情報の提供若しくは助言を行うこと。
> 　二　発達障害者に対し、専門的な発達支援及び就労の支援を行うこと。
> 　三　医療、保健、福祉、教育、労働等に関する業務を行う関係機関及び民間団体並びにこれに従事する者に対し発達障害についての情報の提供及び研修を行うこと。
> 　四　発達障害に関して、医療、保健、福祉、教育、労働等に関する業務を行う関係機関及び民間団体との連絡調整を行うこと。
> 　五　前各号に掲げる業務に附帯する業務
> 2　前項の規定による指定は、当該指定を受けようとする者の申請により行う。
> 3　都道府県は、第一項に規定する業務を発達障害者支援センターに行わせ、又は自ら行うに当たっては、地域の実情を踏まえつつ、発達障害者及びその家族その他の関係者が可能な限りその身近な場所において必要な支援を受けられるよう適切な配慮をするものとする。

（本条の趣旨）

　本条は、発達障害者支援センターの指定等について規定している（具体的な取

10　平成28年5月24日、第190回国会参議院厚生労働委員会会議録22号35頁［藤堂栄子参考人］

組につき、第2部第2章3.4参照)。

(第1項)
　本項は、発達障害者支援センターの指定や業務について規定している。
　発達障害者支援センターは、地域の中核となり、発達障害者に対する専門的な支援、医療、保健、福祉、教育、労働等の複数の分野の垣根を越えた総合的な支援を行うことが期待される機関である。指定制度を取ることとしたのは、発達障害者及びその家族その他の関係者に対する支援について専門性が要求されるためである。
　なお、政令で定められた法人には、社会福祉法人のほか、一般社団法人若しくは一般財団法人、医療法人、特定非営利活動法人及び地方独立行政法人がある(本法施行令第2条)。
　発達障害の早期発見が進み、多くの発達障害者やその家族その他の関係者が支援を求めている中では、一次相談等の一般的な支援については市町村や各分野の事業者が担い、発達障害者支援センターは、あくまで専門的な機関として、困難事例等の直接支援、研修等を通じた地域の人材育成、研究等を実施し、地域の発達障害者支援の中核としての役割を担うことが目指される必要がある。

(第2項)
　本項は、第1項の規定による指定の申請について規定している。

(第3項)
　本項は、発達障害者支援センターへの直接相談の件数が年々増加するなど、身近なところで専門的で充実した支援を求める発達障害者等のニーズが高まっていることから、設けられた規定である。
　本項により、都道府県や指定都市は、「地域の実情を踏まえつつ」、発達障害者支援センターを複数設置すること、発達障害者支援センターや発達障害者地域支援マネジャーが市町村による発達障害者の支援のバックアップを行うこと、地域の事業所や医療機関において発達障害者の支援を行う人材を育成すること等を通じて、発達障害者支援センターの発達障害者の支援の中核機関としての機能の強化を図り、「身近な場所において必要な支援を受けられる」ようにすることが期待される。

　(秘密保持義務)
　第十五条　発達障害者支援センターの役員若しくは職員又はこれらの職にあった者は、職務上知ることのできた個人の秘密を漏らしてはならない。

(本条の趣旨)
　発達障害者支援センターの役員又は職員は、発達障害者及びその家族その他の関係者からの相談に応じ、情報の提供や助言を行い、発達障害者に対し専門的な発達支援を行うこと等を通じ、これらの者の秘密を知りうる立場にある。そこで、これらの者の利益を保護し、これらの者が安心して発達障害者支援センターを利用できるようにするため、本条が設けられた。

（報告の徴収等）
第十六条　都道府県知事は、発達障害者支援センターの第十四条第一項に規定する業務の適正な運営を確保するため必要があると認めるときは、当該発達障害者支援センターに対し、その業務の状況に関し必要な報告を求め、又はその職員に、当該発達障害者支援センターの事業所若しくは事務所に立ち入り、その業務の状況に関し必要な調査若しくは質問をさせることができる。
2　前項の規定により立入調査又は質問をする職員は、その身分を示す証明書を携帯し、関係者の請求があるときは、これを提示しなければならない。
3　第一項の規定による立入調査及び質問の権限は、犯罪捜査のために認められたものと解釈してはならない。

(本条の趣旨)
　本条は、発達障害者支援センターに対する報告徴収及び立入調査について規定している。なお、発達障害者支援センターが報告徴収や立入調査に対して非協力的な場合には、都道府県知事は、その指定を取り消すことができる（第18条参照）。

（改善命令）
第十七条　都道府県知事は、発達障害者支援センターの第十四条第一項に規定する業務の適正な運営を確保するため必要があると認めるときは、当該発達障害者支援センターに対し、その改善のために必要な措置をとるべきことを命ずることができる。

(本条の趣旨)
　本条は、発達障害者支援センターに対する改善命令について規定している。なお、発達障害者支援センターが本条の改善命令に違反した場合には、都道府県知事は、その指定を取り消すことができる（第18条参照）。

> （指定の取消し）
> 第十八条　都道府県知事は、発達障害者支援センターが第十六条第一項の規定による報告をせず、若しくは虚偽の報告をし、若しくは同項の規定による立入調査を拒み、妨げ、若しくは忌避し、若しくは質問に対して答弁をせず、若しくは虚偽の答弁をした場合において、その業務の状況の把握に著しい支障が生じたとき、又は発達障害者支援センターが前条の規定による命令に違反したときは、その指定を取り消すことができる。

（本条の趣旨）
　本条は、発達障害者支援センターの指定の取消しについて規定している。

> （専門的な医療機関の確保等）
> 第十九条　都道府県は、専門的に発達障害の診断及び発達支援を行うことができると認める病院又は診療所を確保しなければならない。
> 2　国及び地方公共団体は、前項の医療機関の相互協力を推進するとともに、同項の医療機関に対し、発達障害者の発達支援等に関する情報の提供その他必要な援助を行うものとする。

（本条の趣旨）
　本条は、専門的な医療機関の確保等について規定している（具体的な取組につき、第 2 部第 2 章 1 参照）。
（第 1 項）
　本項は、専門的に発達障害の診断及び発達支援を行うことができると認める病院又は診療所の確保について規定している。

　発達障害者に対して適切な支援を行うためには、発達障害を早期に、正確に診断した上で早期に適切な発達支援を行う必要がある。この上で、発達障害の診断及び発達支援を専門的に行うことができる医療機関を都道府県が確保することは非常に重要であることから、本項が規定された。

　本法の制定時に比べると、発達障害に対応できる専門的な知識又は技能を有する児童精神科医や小児科医の数は増えてきたものの、決して多くはなく（例：日本児童青年精神医学会及び日本小児精神神経学会による認定を受けている医師数は、全国で前者が 269 名、後者が 293 名[11]）、実際にそれらの専門医の診察を受

11　平成 23 年 5 月 24 日、第 190 回国会参議院厚生労働委員会会議録 22 号 40 頁［藤井康弘厚生労働省社会・援護局障害保健福祉部長］

けるまでには、医療機関によっては1年以上の待機を要することもあるといわれている[12]。本項に基づく都道府県の取組においては、特定の病院における発達障害の専門的な対応の確保を図るだけでなく、このような専門的な病院の負担の軽減及び地域全体の医療機関間の役割分担の促進や、地域の医療機関における発達障害への対応力を向上させるための取組もあわせて行うことが重要である。

(第2項)

　国及び都道府県は、第1項に規定する医療機関について、その相互協力を推進するとともに、発達障害に関する情報の提供等を行うこととする規定である。なお、かかりつけ医がいる身近な診療所などに対しても、日本医師会の協力により、平成28年度より都道府県や政令市におけるかかりつけ医等発達障害対応力向上研修の取組が推進されており、国内外の研究等で確認されたエビデンスをもとにして、発達障害の特性に気づくこと、適切な専門医療機関に紹介すること、地域の様々な支援機関と連携すること等が進められている。

> (発達障害者支援地域協議会)
> 第十九条の二　都道府県は、発達障害者の支援の体制の整備を図るため、発達障害者及びその家族、学識経験者その他の関係者並びに医療、保健、福祉、教育、労働等に関する業務を行う関係機関及び民間団体並びにこれに従事する者(次項において「関係者等」という。)により構成される発達障害者支援地域協議会を置くことができる。
> 2　前項の発達障害者支援地域協議会は、関係者等が相互の連絡を図ることにより、地域における発達障害者の支援体制に関する課題について情報を共有し、関係者等の連携の緊密化を図るとともに、地域の実情に応じた体制の整備について協議を行うものとする。

(本条の趣旨)

　本条は、発達障害者支援地域協議会について規定している。

(第1項)

　本法の施行以降、医療、保健、福祉、教育、労働等の各分野において発達障害者の支援は着実に進展してきたが、都道府県や市町村ごとにみるとその取組に差異がある。今後、全ての発達障害者や家族その他の関係者をきめ細かく支援するためには、関係者等が相互の連携を図り、地域における発達障害者の支援体制に

12　平成28年5月24日、第190回国会参議院厚生労働委員会会議録22号35頁〔藤堂栄子参考人〕

関する課題について情報を共有した上で、地域の実情に応じた支援体制を構築する必要がある。そこで、本項は、都道府県が、発達障害者支援地域協議会を置くことができるとしている。

この機関は、障害者総合支援法の地域生活支援事業として実施されている「発達障害者支援体制整備検討委員会」を「発達障害者支援地域協議会」として法律上位置づけたものであり、これにより、この協議会の設置を促進するととともに、それぞれの協議会がより実効的に機能することが期待される（具体的な取組につき、第2部第3章2並びに第4章参照）。

協議会を構成する「関係者等」については、各分野の事業者団体、当事者団体、市町村や教育・就労などの行政関係者等が想定されている。

（第2項）

本項は、発達障害者支援地域協議会の主な役割について規定している。①都道府県内の支援体制の現状や支援ニーズ等を把握し、地域における発達障害者の支援体制に関する課題について情報を共有すること、②関係者等の連携のより一層の緊密化を図ること、③支援体制に関する課題の解決や関係者間の緊密な連携を図ることを含め、地域の実情に応じた体制の整備を進めるための協議を行うことなどが想定されている。

第四章　補則

（民間団体への支援）

第二十条　国及び地方公共団体は、発達障害者を支援するために行う民間団体の活動の活性化を図るよう配慮するものとする。

（本条の趣旨）

本条は、発達障害者を支援する民間団体の支援について規定している。

本法第3章までにおいては、国及び地方公共団体や事業者などの役割を明らかにしているが、発達障害者の支援においては、発達障害者を支援する民間団体の活動も重要な役割を果たしている。

かつては、発達障害が既存の障害福祉法制による施策の対象に正面から位置づけられておらず、また、障害としての認識が必ずしも一般的でなかった。このため、発達障害者の支援については、本法の制定前から、発達障害者の当事者団体（親の会、当事者同士の支え合いなど）や学会、職能団体等の民間団体の活動が大きな役割を担っている（具体的な取組につき、第4部参照）。本条は、このよ

うな状況を踏まえて、置かれたものである[13]。

> （国民に対する普及及び啓発）
> 第二十一条　国及び地方公共団体は、個々の発達障害の特性その他発達障害に関する国民の理解を深めるため、学校、地域、家庭、職域その他の様々な場を通じて、必要な広報その他の啓発活動を行うものとする。

（本条の趣旨）

　本条は、国民に対する普及及び啓発について規定している。

　本法の施行前は、発達障害が既存の障害福祉法制による施策の対象に正面からは位置付けられておらず、また、障害としての認識が必ずしも一般的でなかったことから、発達障害に対する国民の理解が不十分であった。本法の施行後、「発達障害」という名称や主な症状の知識は社会に浸透してきたものの、例えば、自閉症、アスペルガー症候群、学習障害、トゥレット症候群、吃音症などの「個々の発達障害」についての知識の普及はいまだ不十分であると考えられる。そこで、平成28年改正では、国民が理解を深める事項として、「個々の発達障害の特性」を明示するとともに、「学校、地域、家庭、職域その他の様々な場を通じて、必要な広報その他の啓発活動を行う」ことを規定した。

　本条により、世界自閉症啓発デーや発達障害啓発週間における啓発活動、学校における授業、広報誌の地域、家庭、職域等への配布、発達障害情報・支援センターや国立特別支援教育総合研究所などのホームページ等による正確な情報提供などにより普及啓発活動を行うことを通じて、個々の発達障害の特性その他発達障害に対する国民の理解が深まり、発達障害者への必要な支援や配慮につながることが期待される[14]（具体的な取組につき、p.8のコラム参照）。

> （医療又は保健の業務に従事する者に対する知識の普及及び啓発）
> 第二十二条　国及び地方公共団体は、医療又は保健の業務に従事する者に対し、発達障害の発見のため必要な知識の普及及び啓発に努めなければならない。

（本条の趣旨）

　本条は、医療又は保健の業務に従事する者に対する知識の普及及び啓発につい

13　平成16年11月24日、第161回国会衆議院内閣委員会議録8号12頁［塩田幸雄厚生労働省社会・援護局障害保健福祉部長］
14　平成16年11月24日、第161回国会衆議院内閣委員会議録8号7、8頁［塩田幸雄厚生労働省社会・援護局障害保健福祉部長］

て規定している。発達障害は、発達障害がある者に対し早期に適切な支援を行うことにより、日常生活や社会生活に適応することが期待できるものであるところ、早期に適切な発達支援を行うためには、発達障害を早期に発見する必要があることから、置かれた規定である。

現在、M-CHAT や PARS-TR などの発達障害の早期発見のためのツールを普及するため、M-CHAT は国立精神・神経障害者医療研究センターにおいて、PARS-TR は国立障害者リハビリテーションセンターにおいて、地方自治体職員、医療・保健・福祉関係者等を対象とした研修が実施されている。このような国による研修の内容の普及が各都道府県等において市町村の担当者等向けに実施され、当該市町村において実際に M-CHAT や PARS-TR を活用した早期発見の取組が行われることが想定されている。また、日本医師会の協力により、平成 28 年度より都道府県や政令市におけるかかりつけ医等発達障害対応力向上研修の取組がされており、どの地域においても一定水準の発達障害の診療、対応を可能とし、発達障害の早期発見、早期支援の推進を図っている。本条により、このような取組が発展することが期待される。

> （専門的知識を有する人材の確保等）
> 第二十三条　国及び地方公共団体は、個々の発達障害者の特性に応じた支援を適切に行うことができるよう発達障害に関する専門的知識を有する人材の確保、養成及び資質の向上を図るため、医療、保健、福祉、教育、労働等並びに捜査及び裁判に関する業務に従事する者に対し、個々の発達障害の特性その他発達障害に関する理解を深め、及び専門性を高めるため研修を実施することその他の必要な措置を講じるものとする。

(本条の趣旨)

本条は、発達障害に関する専門的知識を有する人材の確保等について規定している。発達障害については、専門家の数が少ないため、発達障害者に対して適切な対応がとられない、又は遅れがちになるといった課題がある。このため、職務上、発達障害者の支援を行うべき者や発達障害者に配慮を行うことが期待される者について、個々の発達障害の特性等を理解し、必要な専門的知識を有する人材の確保等を図ることが重要となる。そこで、本条が規定された。

医師、保健師、心理職種、リハビリテーション関係職種、保育士、教諭、就労担当者や警察官、検察官等の捜査関係者、裁判官など、発達障害者の支援を行うべき者や、発達障害者に適切に配慮を行うべき場面に関わることのある者につい

て、その養成課程における教育、それらの職にある者に対する初任研修、定期的な研修、専門的な研修等を通じ、発達障害に関する専門的知識を有する人材の確保、養成及び資質の向上が図られ、個々の発達障害者の特性に応じた適切な支援を受けられるようになることが想定されている[15]。また、人材の確保、養成及び資質の向上の推進は、これまで少なかった実習形式の研修の強化等を通じて行われることが期待される。

> （調査研究）
> 第二十四条　国は、性別、年齢その他の事情を考慮しつつ、発達障害者の実態の把握に努めるとともに、個々の発達障害の原因の究明及び診断、発達支援の方法等に関する必要な調査研究を行うものとする。

（本条の趣旨）

　本条は、発達障害に関する調査研究について規定している。発達障害は、脳の器質的又は機能的な要因に由来するものとされるが、特定の原因やそのメカニズムは究明の途上である。また、治療によって障害そのものが消失するものではないと考えられているが、他方、適切な発達支援を行うことによって社会的機能を高め、自分自身の発達障害特性や家族の発達障害特性と「上手につきあいながら」日常生活や社会生活を送ることが目指されている。そこで、発達障害者の実態の把握に努めるとともに、個々の発達障害の原因の究明及び診断、発達支援の方法等に関する必要な調査研究が行われるようにするため、本条が規定された。

　女性の場合には発達障害が顕在化しにくいなど、発達障害をめぐる課題には性別による差異があると指摘されており、また、年齢に応じて発達障害者の事情は異なる。そこで、平成28年改正で、「性別、年齢その他の事情を考慮」するとした。加えて、調査研究が個々の発達障害に応じて行われるよう、調査研究の対象に関し、「個々の」発達障害と規定した。

　なお、現在では、発達障害は脳機能の障害であり、投薬などの医学的な治療は併存する症状に必要となる場合があっても、その治療によって障害そのものが消失するものではないと考えられている。そこで、あたかも治療によって障害が解消されるかのような誤解を避けるため、平成28年改正において、「治療」の文言が削除された。

15　平成16年11月24日、第161回国会衆議院内閣委員会議録8号6頁［塩田幸雄厚生労働省社会・援護局障害保健福祉部長］

> （大都市等の特例）
> 第二十五条　この法律中都道府県が処理することとされている事務で政令で定めるものは、地方自治法（昭和二十二年法律第六十七号）第二百五十二条の十九第一項の指定都市（以下「指定都市」という。）においては、政令で定めるところにより、指定都市が処理するものとする。この場合においては、この法律中都道府県に関する規定は、指定都市に関する規定として指定都市に適用があるものとする。

（本条の趣旨）

本条は、指定都市における発達障害者の支援の取組状況等を踏まえ、大都市等の特例について規定している。

> 附　則
> （施行期日）
> 1　この法律は、平成十七年四月一日から施行する。

（本条の趣旨）

本法は、平成17年4月1日から施行された。

> 附　則（平成二十八年法律第六十四号）
> （施行期日）
> 1　この法律は、公布の日から起算して三月を超えない範囲内において政令で定める日から施行する。

（本条の趣旨）

改正後の本法の施行が円滑に行われるよう、施行期日は、公布の日から起算して3月を超えない範囲内において政令で定める日と規定し、平成28年8月1日から施行された（発達障害者支援法の一部を改正する法律の施行期日を定める政令）。

> （検討）
> 2　政府は、疾病等の分類に関する国際的動向等を勘案し、知的発達の遅滞の疑いがあり、日常生活を営むのにその一部につき援助が必要で、かつ、社会生活への適応の困難の程度が軽い者等の実態について調査を行い、その結果を踏まえ、これらの者の支援の在り方について、児童、若者、高齢者等の福祉に関す

> る施策、就労の支援に関する施策その他の関連する施策の活用を含めて検討を加え、必要があると認めるときは、その結果に基づいて所要の措置を講ずるものとする。

(本条の趣旨)

　知的障害には当たらないが適応行動に問題がある者は、知的障害者福祉法の「知的障害者」に該当しないため、必要な支援を受けられず、日常生活や社会生活に支障が生じている事例があると指摘されている。一方で、世界保健機構（WHO）は、現在、「疾病及び関連保健問題の国際統計分類（「ICD」）」の改訂作業を行っており、このような者の分類についても検討されうる状況にある。

　そこで、知的発達の遅滞の疑いがあり、日常生活を営むのにその一部について援助が必要で、かつ、社会生活への適応の困難の程度が軽い者（知的障害には当たらないが、適応行動に問題がある者が想定されている）等に関する検討規定を設けた。

第2部
発達障害者支援の今後の展開

第1章

発達障害とは何か

1 発達障害の捉え方

　発達障害者支援法が制定される前は、代表的な発達障害の一つである自閉症の名前が比較的知られていたが、症状や特徴は正確に理解されていたとは言えない状況にあった。

　「発達障害の支援を考える議員連盟」の積極的な活動により制定された発達障害者支援法が施行（平成17年4月）されてからは、民間団体の活動や、医療、保健、福祉、教育、労働などの支援策が着実に拡充し、普及啓発活動が進展した。その結果、発達障害という言葉の認知は広がっており、平成26年度に内閣府が行った世論調査によれば「あなたは、発達障害について知っていましたか」という質問に対して「知っていた」と答えた国民の割合は9割近くに達している（世論調査報告書　平成26年7月調査（内閣府調査））。

　一方で、発達障害のある人が何に困っていて、どう配慮したら良いかといった具体的な対応については、現在でも一部の専門家や家族以外には理解されていないのではないかとの指摘もある。

　そこで、本章では発達障害に関する基本的な知識を整理する。

　まず、発達障害者支援法では、その第2条において発達障害を次のように定義している。

> 　発達障害とは、自閉症、アスペルガー症候群その他の広汎性発達障害、学習障害、注意欠陥多動性障害その他これに類する脳機能の障害であってその症状が通常低年齢において発現するものとして政令で定めるものをいう。

　ここで注目しなければならないことは、発達障害は脳機能の障害とされていることであり、「生まれつき」の障害と考えられていることである。

　例えば、代表的な発達障害の一つである広汎性発達障害を持つ子の中には、周囲の雰囲気に関わりなく大声を出したり、集中力が長時間続かなかったり、落ち着きなく動き続けたりすることがある。発達障害のある子どもは、外見上は他の

子どもと変わりがないことが多いため、発達障害の知識がない場合は、親（特に母親）の育て方が悪い、どんなしつけをしているのか、親の顔が見てみたい等の批判を家族に投げかけ、最も大事な支援者である家族を周囲が追い詰めてしまうことが少なくない。その反対に、家族が不安を訴えていても、親のあなたが子どもを障害扱いしてどうする、気にしすぎ等の安易な指導・助言が行われることもある。

　しかし、発達障害は、生まれつきの脳機能の障害であると考えられており、家族の関わり方とは関係なく（どんなに丁寧な育児をしていても）、発達の段階ごとに特徴的な行動が現れる。その状態や症状はきわめて多様であり、個人差も大きい。なお、広汎性発達障害は自閉症スペクトラム障害（Autistic Spectrum Disorder（ASD））と言われることもあるが、これはその状態や症状が1人1人異なるスペクトラム様であることを示している。

　一方、例えば児童虐待を受けた子どもが発達障害と似たような状態や症状を示すことがある。これは、発達障害とは異なる原因が別にあるため、外見上発達障害と同様の状態や症状となるものであり、その対応や配慮を発達障害と同様に行うべきと判断することはできない。医師による診断に基づき、発達障害であるか否かの診断を受け、その診断結果を踏まえて、支援手法が検討されなければならない。

　また、発達障害を持っている方の状態や症状は幅広いものと考えなければならない。医療や入所施設における専門的な対応が必要な中重度の方から、福祉事業所における発達支援が必要な方、保育園や小中学校でもいくつかの支援により他の児童生徒と共に過ごせる方、必要な配慮を行うことで通常の職場で活躍できる方、周囲の理解や配慮があればいじめや偏見に遭うことなく日常生活を送れる方など、多様な方が含まれているのである。

2　発達障害の「定義」

　発達障害には様々な種類がある。平成28年の発達障害者支援法の改正において「個々の発達障害者の特性」という言葉が追加されており、これは、発達障害ごとの相違と個人ごとの相違をあわせて表現されている。

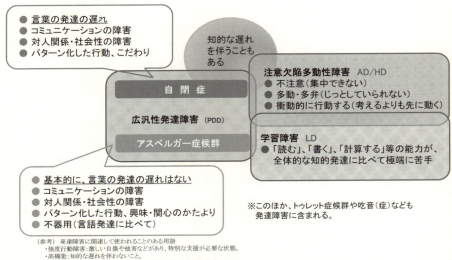

代表的な発達障害　　　　　　（厚生労働省作成資料）

①-1　広汎性発達障害

　広汎性発達障害（PDD：pervasive developmental disorders）とは、自閉症、アスペルガー症候群のほか、レット障害、小児期崩壊性障害、特定不能の広汎性発達障害を含む総称である。

　広汎性発達障害は、アメリカ精神医学会の診断マニュアルのDSM-Ⅴ（Diagnostic and Statistical Manual of Mental Disorders 第5版）において、自閉症スペクトラム障害（Autistic Spectrum Disorder（ASD））と称されており、将来的には世界保健機関（WHO）による国際疾病分類（ICD）における用語としても採用される可能性がある。

　最近では、我が国においても、自閉症と同質の障害のある場合、症状が軽くても自閉症スペクトラムと呼ばれることがある（スペクトラムとは「連続体」の意味）。

①-2　自閉症

　自閉症は、(1) 対人関係の障害、(2) コミュニケーションの障害、(3) 限定した常同的な興味、行動および活動の3つの特徴が3歳までに現れる。

①-3 アスペルガー症候群

アスペルガー症候群（Asperger syndrome）は、認知の発達や言語発達の明らかな遅れを伴わないので、周囲が障害の存在に気づきにくいが、対人関係の障害や、限定した常同的な興味、行動および活動などが自閉症と共通している。

②学習障害（LD）

学習障害は LD と略されることもあり、Learning Disorders または Learning Disabilities の略語とされている。将来的には、限局性学習障害と称される可能性がある。

全般的な知的発達に遅れはないが、読む、書く、計算するなどの特定の能力について、学んだり、行ったりすることに著しい困難がある場合に、周囲が障害の存在に気づき、本人の特性に合った支援が開始される。

③注意欠陥多動性障害（AD / HD）

注意欠陥多動性障害（AD / HD：Attention-Deficit/Hyperactivity Disorder）は、ADHD と表記されることも多い。将来的には、注意欠如・多動性障害と称される可能性がある。

注意持続の欠如もしくはその子どもの年齢や発達レベルに見合わない多動性や衝動性、あるいはその両方が特徴である。この3つの症状は通常7歳以前に現れる（将来的には、症状出現の時期が12歳以前、とされる可能性がある）。
（1）多動性：おしゃべりが止まらなかったり、待つことが苦手でうろうろしてしまったりする。
（2）注意力散漫：同じ間違いを繰り返してしまうことがある。
（3）衝動性：約束や決まり事を守れないことや、せっかちでいらいらしてしまうことがよくある。

一般的に多動や不注意といった様子が目立つのは学齢期である。思春期以降はこういった症状が目立たなくなることもある。

④トゥレット症候群

トゥレット症候群（TS：Tourette's Syndrome）は TS と略されることもある。

多種類の運動チックと1つ以上の音声チックが1年以上にわたり続く重症なチック障害のことである。通常は幼児・児童・思春期に発症する。成人するまでに軽快する方向に向かう場合が多いが、一部にはそうではない人もいると言われ

ている。
　　運動チック：突然に起こる素早い運動の繰り返しである。目をパチパチさせる、顔をクシャッとしかめる、首を振る、肩をすくめるなどが比較的よく見られ、時には全身をビクンとさせたり飛び跳ねたりすることもある。
　　音声チック：運動チックと同様の特徴を持つ、発声である。コンコン咳をする、咳払い、鼻鳴らしなどが比較的よく見られ、時には奇声を発する、さらには不適切な言葉を口走る（汚言症：コプロラリア）こともある。
　このような運動や発声を行いたいと思っていないのに行ってしまうことがチックの特徴であり、周囲から「不真面目」「行儀が悪い」などの誤解を受けることがあるので、差別やいじめなどの対象とならないよう、理解を広めることが重要である。

⑤吃音 [症] とは
　吃音（Stuttering）とは、一般的には「どもる」ともいわれる話し方の障害である。年齢や言語能力に比してなめらかに話すことが不相応に困難な状態であり、以下に示すような特徴的な症状（中核症状）の一つ以上があるものをいう。
　（1）反復（単音や単語の一部を繰り返す）
　　　　例：「き、き、き、きのう」
　（2）引き伸ばし（単語の一部を長くのばす）
　　　　例：「きーーのうね」
　（3）ブロック（単語の出始めなどでつまる）
　　　　例：「‥‥‥っきのう」
　症状は幼児期に出始めることがほとんどであるが、中には思春期頃から目立つようになる人もいる。幼児期からどもりはじめた人の過半数は、学童期あるいは成人するまでに症状が消失又は軽度化するが、成人後も持続する場合がある。思春期から症状が目立ち始める人は少ないが、早めに医療機関などの専門的な機関に相談する方が良い。
　トゥレット症候群と同様、周囲から「不真面目」「行儀が悪い」などの誤解を受けることがあるので、差別やいじめなどの対象とならないよう、理解を広めることが重要である。

〈参考〉発達障害に関するわかりやすい書籍

本のタイトル	著者	出版社	推薦団体
(マンガ) 100％あらたかくん 自閉症くんあらたとママの奮戦記	茂木 和美	朝日新聞厚生文化事業団 (2011/08)	自閉症協会
(マンガ) 中村さんちの志穂ちゃんは―自閉症のある娘との喜怒"愛"楽な日々	中村 由美子	全国コミュニティライフサポートセンター (2004/10)	自閉症協会
新しい発達と障害を考える本5 なにがちがうの？自閉症の子の見え方・感じ方	監修：内山登紀夫	ミネルヴァ書房 (2014/01)	自閉症協会
新しい発達と障害を考える本6 なにがちがうの？アスペルガー症候群の子の見え方・感じ方	監修：内山登紀夫	ミネルヴァ書房 (2014/01)	自閉症協会
改訂版 発達障害児のための支援制度ガイドブック	一般社団法人日本発達障害ネットワーク	唯学書房	JDDnet
発達障害キーワード＆キーポイント	市川宏伸監修	金子書房	JDDnet
チックをする子にはわけがある	日本トゥレット協会編	大月書店	日本トゥレット協会
チックはわざとじゃないんだ	金生由紀子監修	大月書店	日本トゥレット協会
チックとトゥレット症候群がよくわかる本	星加明徳監修	講談社	日本トゥレット協会
読めなくても、書けなくても、勉強したい ディスレクシアの俺なりの読み書き	井上智・賞子	ぶどう社	NPO法人エッジ
ディスレクシアでも大丈夫 読み書きの困難と素敵な可能性	藤堂栄子	ぶどう社	NPO法人エッジ
吃音のリスクマネジメント	菊池良和著	学苑社	言友会
子どもの吃音 ママ応援Book	菊池良和著	学苑社	言友会
「志乃ちゃんは自分の名前が言えない」	押見修造著	太田出版	言友会
そうだったのか！発達障害の世界（子どもの育ちを支えるヒント）	石川道子	中央法規出版	アスペ・エルデの会
発達障害のある子どもができることを伸ばす！幼児編	杉山登志郎・辻井正次監修	日東書院	アスペ・エルデの会
発達障害のある子どもができることを伸ばす！学童編	杉山登志郎・辻井正次監修	日東書院	アスペ・エルデの会
発達障害のある子どもができることを伸ばす！思春期編	杉山登志郎・辻井正次監修	日東書院	アスペ・エルデの会
大人の生活完全ガイド―アスペルガー症候群	辻井正次・杉山登志郎・望月葉子監修	保健同人社	アスペ・エルデの会
発達障害のある子の自立に向けた支援	萩原拓編著	金子書房	アスペ・エルデの会
14歳からの発達障害サバイバルブック	難波寿和著		アスペ・エルデの会
発達障害を考える本4「ふしぎだね？ADHD（注意欠陥多動性障害）のおともだち」	内山登紀夫監修 高山恵子編	ミネルヴァ書房	えじそんくらぶ
めざせ！ポジティブADHD	著者：あーさ 監修：山下裕史朗 水間宗幸	書肆侃侃房	えじそんくらぶ
おともだちの障害2「ADHDってなあに？」	エレン・ワイナー著 高山恵子訳	明石書店	えじそんくらぶ
ありがとう、フォルカー先生	パトリシア・ポラッコ	岩崎書店	全国LD親の会
学校コワイ	文よつばもこ	大阪の保護者が自費出版	全国LD親の会

3 発達障害をめぐるよくある誤解

発達障害は、外見上一見してわかりにくい障害であるため様々な誤解を生んでしまうことがある。ここではよくある誤解を紹介する。

1. 診断名についての誤解

> ×　軽度発達障害は、軽い障害である
> ×　知的障害を伴う自閉症は発達障害には含まれない
> ×　広汎性発達障害、学習障害（LD）、注意欠陥多動性障害（ADHD）だけが発達障害である

以前は、知的な遅れを伴わない自閉症（高機能自閉症と言われることがある）、アスペルガー症候群、学習障害（LD）、注意欠陥多動性障害（ADHD）などを「知的障害が軽度である」という意味で「軽度発達障害」と称することがあった。しかし、知的な遅れがない人の中にも、その他の部分で日常生活や社会生活を送る上で重篤な困難さを持っている場合がある。

最近では、「障害そのものが軽度」と誤解される可能性が危惧され、「軽度発達障害」という言葉は、あまり使われなくなっている（平成19年3月、文部科学省は「軽度発達障害」という表現を原則として使用しない旨の通達を発出）。

発達障害は、知的な遅れを伴う場合から知的な遅れのない人まで広い範囲を含んでいる。知的障害を伴っていても、自閉症としての理解に基づいた支援が必要である場合も多いことに留意すべきである。また、発達障害者支援法は、「その他の障害」について詳しく障害名を挙げていないが、「トゥレット症候群」「吃音症」といった障害も対象に含まれており、周囲の理解や配慮が重要となる。

2. 障害の予後についての誤解

> ×　発達障害は能力が欠如しているから、ずっと発達しない
> ×　発達障害は配慮しないままでもそのうち何とかなる

発達障害は、発達の仕方に生まれつき凸凹がある障害である。人間は、時代背景、その国の文化、社会状況、家庭環境、教育など、多様な外的要因に影響を受けながら、一生かけて発達していく生物であり、発達障害を持つ人も同様である。つまり、障害そのものを持っていることには変わりなくとも、年齢とともに成長

していく部分もあり、本人の状態が不変的であるとは言い切れないものである。個人差はあるが、「障害だから治らないので特別な支援をする必要はない」という先入観は、成長の可能性を狭めることとなる。このため、周囲は、本人が凸凹のある発達のしかたをすることを理解し、サポートすることにより、「障害をもちつつ適応していく」という視点で対応することが重要である。

また、発達障害はひとつの個性だから配慮は必要がないと考えるのも行き過ぎである。成人になった発達障害者の中には、小さい頃に配慮が受けられず、困難な環境の中で苦労して成長した方もいる。周囲や保護者は、当事者ごとに、どのような支援や配慮が必要かを専門家の意見も踏まえて理解することが必要である。

3. 支援方法についての誤解

> × すべて本人の好き勝手にさせておく
> × 有名な訓練方法を取り入れれば、それだけで良い

発達障害者（児）については、「きちんと教えてもらうこと」「きちんと止めてもらうこと」が必要な場合が多くある。一律的なやり方ではなく、その人に合ったやり方を工夫しなければならない。その反対に、よかれと思って一方的に有名な訓練方法を押しつけても、本人が何に困っているのかきちんと把握しないままでは、本人にとってつらいばかりとなりかねない。

支援者の中には自分が今までに培ってきた手法が、どの発達障害者の支援にもよいはずだと思い込んでしまう人がいる。目の前にいる発達障害者にとってその手法のどの部分が適切でどの部分が適切ではないのか、支援者は常に点検する必要がある。

4. 町の中でみられる行動への誤解

> × パニックをおこす子どもは外出させてはいけない
> × 発達障害の子がパニックを起こしたら、大勢でおさえつける

発達障害の子も、家の中に閉じこもっているだけではなく、町の中に出て行くことで様々な行動の仕方やルールを学ぶことができる。その際、発達障害の子どもが騒いだり、パニックを起こしたりしていると、「なぜ親は厳しく叱らないのか」と周囲は厳しい視線となることがある。

しかし、このような場合は、発達障害の子は、少しの時間そのままにして待つ方が、叱って無理におさえつけるよりも早く混乱から抜け出せることが多い。また、たくさんの人が一斉に近づくことは逆に興奮させてしまうこともある。いずれにしても、個々の特性に応じた対応が必要であり、例えば、道路で寝ころんでしまったときなどは、移動させるのを穏やかに手伝ってもらうと家族としては助かることもある。

周囲の人が「あれは発達障害の子のパニックだ。そのうち落ち着くだろう」と知識をもって見守ってくれるだけでも、本人や家族はずいぶん生活しやすくなるため、発達障害の理解を広げることが重要となる。

コラム　近年の震災における発達障害者支援の課題とその対応

大震災のような大きな災害が生じたとき、発達障害者については、一般の被災者が必要とする支援に加えて、その特性に関する課題に応じた対応が行われてきている。ここでは、近年の震災における発達障害者支援の主な課題（事例）と対応を紹介する。

1．コミュニケーションの特性に関する課題と対応

○主な課題（事例）
・本人の表現方法が独特であるためにその意図を周囲が理解できない事例、チックや吃音により円滑な表現ができないときに周囲がゆっくり時間をかけて聞くことができず、話を打ち切られてしまう事例。
・本人が相手の説明の一部にこだわった事例、誤解して受け取ってしまった事例。
・聴覚過敏や読み障害などがあって避難指示や物資配給の情報が届かない事例。
・特に、家族や本人をよく知る者が周囲にいないときは、必要な対応がとられにくかった。

○主な対応
・避難所の運営担当者、利用者、家族に向けて、発達障害者への配慮の内容をまとめたポスターやパンフレットを保健師や発達障害者支援センター職員が配布し、まず本人への支援方法や関わり方をよく知っている人に確認をすること、言葉だけでなく文字や絵などを使った情報提供をすることなどについて、周知・理解を図った。

・臨時災害放送局（ラジオ）や地方自治体のホームページを通して、避難所利用者だけでなく、自宅や車内で避難生活を過ごす人にも上記のような配慮事項や相談機関の連絡先に関する情報が届くよう、周知が行われた。

2．感覚過敏やこだわり行動などの特性に関する課題と対応
○主な課題（事例）
・避難所内の音や光などに感覚過敏がある方にとっては、避難所にいると短時間でも非常につらいと感じる事例。
・多動、衝動性、こだわり行動などのために避難所内の他の避難者に迷惑をかけてしまい、避難所に居づらくなる事例。
・平常時に遊びに使えていた場所が避難所になってしまって遊べなくなる、学校や会社、通所先などに通えなくなるなど、これまでの日課が大きく変化したことから、周囲の想像以上に大きなストレスを受けている事例。
・災害直後から1か月以上経ってから、精神症状の出現や健康状態の悪化が生じる事例。
・上記のようなことがあっても、支援を受けることに抵抗感（例：地域や家族の障害に対する偏見）が強い、専門的な相談を受けられる人材が地域にいない、震災前に障害福祉サービスや医療機関を受診していなかった等の理由で専門家に相談せず、本人や家族が一人で抱え込んでいることがあった。

○主な対応
・発達障害者支援センターの職員等が避難所等を訪問し、企業等の協力を得て入手したデジタル耳栓やイヤマフなどの防音のためのツールが必要な当事者に提供された。
・避難所における衝立の利用などについて、発達障害者支援センター職員が避難所の運営担当者に助言し、視覚等の過敏さをできるだけ刺激しないような環境作りが行われた。
・県外からの人材派遣を得て、余暇活動（例：囲碁教室、移動水族館など）のイベント実施、施設や病院等への移動支援、児童発達支援事業所等や発達障害者支援センターの支所機能設置など、災害前の生活に近い状況を当事者に提供するためのつなぎの支援が行われた。
・家族にとって支援を受けることへの敷居が低い子育て支援等の場面を活用するために開発されたペアレント・プログラムを実施し、家族が孤立して困難な状況を抱え込むことのないよう支援した。

イヤマフ

デジタル耳栓

3. 今後に向けて

　災害が起こる前は、家族や本人をよく知る人の配慮があれば安定した生活を送っている発達障害者であっても、いったん災害が起きてしまえば、様々な環境の変化によってその生活が維持できない場合がある。

　災害前から準備できることとして、
- 当事者や家族が支援を受けることに抵抗感を感じないような社会づくり、
- 発達障害者支援センター等が民間団体と協力し、住民向けの啓発や地域の人材育成を実施、
- 当事者や家族の相談に対応できる地方自治体の内外の専門家の確保、
- 感覚の過敏さを軽減するツールの把握

などに取り組むことが必要と考えられる。

＜参考＞
発達障害情報・支援センターHPに関係情報が掲載されています。
http://www.rehab.go.jp/ddis/

第2章

医療、保健、福祉、教育、労働の取組

　ここでは、発達障害者に対する支援が医療、保健、福祉、教育、労働の各分野においてどのように進展してきているかをまとめる（実際には複数の分野にまたがる取組もある。）。

1　医療分野について

　発達障害は、通常低年齢で発現する脳機能の障害であり、投薬などの医学的な治療によって障害そのものが消失するものではないと考えられている。このため、医療機関における基本的な対応は、まず正確な診断、カウンセリング等を実施し、一人一人の発達障害者の特性を踏まえて発達支援（療育）の方向性を決定することとなる。

　また、発達障害に伴って生じやすい「強いこだわり」「多動」などの症状が重篤な場合には、対症療法として投薬することもある。ただし、投薬が必要となるような重篤な状態となる前から早期に発達障害の可能性に気づき、支援を始めることがより重要となる。

　児童精神科や小児科などで発達障害を正確に診断できる医師は各地域において必ずしも多くない。一方で、利用者や家族としては、基本的な相談や、診断・カウンセリング後の対応等も専門的な医師が行うことを希望することがよくあり、また、特定の医師や医療機関の評判が家族等の間で広まることがある。その結果、特定の医師や医療機関に利用者や家族の申し込みが集中し、診察を受けるために数か月以上待たなければならないケースも生じている。

　このため、発達障害について専門的な知見を有する医師を増やすための施策を進めるだけでなく、専門的な知見を有する医師が診断や困難なケースに携わることができるよう、身近な市町村における相談窓口の設置や他の医師をはじめとする医療福祉の支援者と役割分担することが重要となる。

　厚生労働省では、平成18年から、国立精神・神経医療研究センターにおいて、①母子保健関係者向けの早期発見・早期支援に関する研修、②精神科向けの診断や治療、他領域との連携に関する研修、③神経科向けの発達障害支援のアセスメ

ントや治療に関する研修を実施している。

　平成28年度からは、これらの手法を全国に普及するため、都道府県及び指定都市において国立精神・神経医療研究センターの研修内容を踏まえた研修が実施されるよう、都道府県等における研修について補助事業が実施されている（平成28年度予算額44百万円、国1/2、都道府県等1/2）。このような補助事業も活用しながら、地域における発達障害の疑いのある者等に対する医療体制の確保を図ることとしている。

　また、発達障害について正確な診断や専門的な外来診療を行うためには一定の時間を要するため、診療報酬点数表の検査、精神科専門療法等において適切に評価される必要がある。平成28年度の診療報酬改定においては、児童・思春期の精神疾患患者に対する専門的な外来診療を提供する体制を整えている一定の医療機関における60分以上の対応について加算を新設するなどの改定が行われている[16]が、今後とも、診療報酬における評価の充実が期待されている。

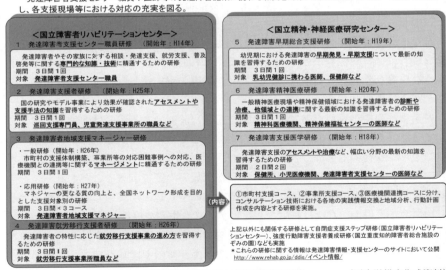

発達障害支援について国が行う研修　　　　　　（厚生労働省作成資料）

16　平成28年2月10日第328回中央社会保険医療協議会総会資料231頁

2 保健分野について

　母子保健法（※1）に基づいて市町村で実施されている1歳6か月児健康診査及び3歳児健康診査等の乳幼児健康診査は、疾病や異常の早期発見及び、その予防のための保健指導に結びつけるための機会として重要な役割を果たしており、さらに、発達障害の観点等も踏まえつつ、乳幼児の発達の状況の把握が行われてきた。

　健康診査項目の中でも、発達障害に関連する診査項目（※2）として、精神発達の状況、言語障害の有無、その他育児上問題となる事項（生活習慣の自立、社会性の発達、しつけ、食事、事故等）が定められている。そして健康診査の結果、異常が認められた乳幼児に対しては、各診療科別に専門医師による精密健康診査が行われている。特に精神発達面については、児童相談所等において精神科医及び心理判定員等による精密健康診査が行われ、必要に応じて医療機関や療育機関を紹介するなど事後の指導・相談により発達障害の早期発見と支援が行われてきた。

※1　母子保健法（抄）

第9条　都道府県及び市町村は、母性又は乳児若しくは幼児の健康の保持及び増進のため、妊娠、出産又は育児に関し、相談に応じ、個別的に又は集団的に、必要な指導及び助言を行い、ならびに地域住民の活動を支援すること等により、母子保健に関する知識の普及に努めなければならない。

第10条　市町村は、妊産婦若しくは幼児に対しての保護者に対して、妊娠、出産又は育児に関し、必要な保健指導を行い、又は医師、歯科医師、助産師若しくは保健師について保健指導を受けることを勧奨しなければならない。

第12条　市町村は、次に掲げる者に対し、厚生労働省令の定めるところにより、健康診査を行わなければならない。
　1　満1歳6か月を超え満2歳に達しない幼児
　2　満3歳を超え満4歳に達しない幼児

第13条　前条の健康診査のほか、市町村は、必要に応じ、妊産婦又は乳児若しくは幼児に対して、健康診査を行い、又は健康診査を受けることを勧奨しなければならない。
　2　厚生労働大臣は、前項の規定による妊婦に対する健康診査についての望ましい基準を定めるものとする。

> ※2　母子保健法施行規則（抄）
> 　第2条　健康診査項目
> 　　①身体発育状況　②栄養状態　③脊柱及び胸郭の疾病及び異常の有無　④皮膚の疾病の有無　⑤歯及び口腔の疾病及び異常の有無　⑥四肢運動障害の有無　⑦精神発達の状況　⑧言語障害の有無　⑨予防接種の実施状況　⑩育児上問題となる事項　⑪その他疾病及び異常の有無、3歳児健康診査においては、⑫目の疾病及び異常の有無　⑬耳、鼻及び咽頭の疾病及び異常の有無、が加わる。

　発達障害者支援法においては、「母子保健法第12条及び第13条に規定する健康診査を行うに当たり、発達障害児の早期発見に十分留意しなければならない」、「児童に発達障害の疑いがある場合には、適切に支援を行うため、当該児童の保護者に対し継続的な相談、情報の提供及び助言を行うよう努めるとともに、必要に応じ、当該児童が早期に医学的又は心理学的判定を受けることができるよう、当該児童の保護者に対し、発達障害者支援センターや専門的な治療が可能な医療機関を紹介し、又は助言を行うものとする」とされており、発達障害児の早期発見及び支援のより一層の充実が求められている。

　現時点において、発達障害の早期発見及び支援方法に関する知見は必ずしも十分でないとされているが、各自治体において様々な取組が始まっている。発達障害については、知的な障害等を伴い早期に発見しやすい場合、集団生活を行う年齢になり問題化する場合などがあり、また発達段階の途中であるという小児の特性から判断が難しい場合も多くある。このため、乳幼児健康診査を行うに当たっては、「障害を見つける」という姿勢ではなく、むしろ「育てにくい」「なにか問題があるのではないか」といったような子育てに不安を抱える保護者の相談・不安の軽減に重点を置くことが必要である。また、発達障害とは判断がつかないまでも支援の必要な子や保護者に対する相談体制の整備や医療・療育機関等に関する情報提供などの対処が必要となる。同時に、発達障害を持つ場合に子どもとその家庭にどのような問題が起こってくるのかという知識を、保健師等の母子保健に携わる者が備えた上で対応することが重要であることから、地域の専門機関との連携をはかり、専門家を招いて研修会を開くなどして、発達障害に関する知識・対応方法の習得に努めることが必要となる。

　厚生労働省の取組としては、平成27年度から開始した「健やか親子21（第2次）」において「育てにくさを感じる親に寄り添う支援」を重点課題の1つとして掲げ、厚生労働科学研究において、乳幼児期の健康診査を通じた新たな保健指

導手法等に関する研究などを進めており、その成果を情報提供し、各自治体における取組への活用を促していくこととしている。

3 福祉分野について

1. 早期発見・早期対応に向けた取組

　早期発見の取組としては、現在、M-CHAT、PARS-TR の普及を進めている。M-CHAT とは、主に 18 か月から 36 か月の乳幼児について、自閉症等（広汎性発達障害）の特徴を持つか否かを評価するための尺度として開発されたものである。PARS-TR とは、3 歳以上の者について、自閉症等（広汎性発達障害）の特徴を持つか否かを評価するための尺度として開発されたものである。発達障害の早期発見のツールとして有効と考えられており、全国の市町村での積極的な活用が期待される。

　平成 27 年度は、M-CHAT は全国 212 の市町村、PARS-TR は 65 の市町村で活用されており、市町村の健診と連携した保健活動の一環として行われることも多い。厚生労働省では、研修を実施し、また地域生活支援事業として補助の対象としている（都道府県任意事業）。

　また、発達障害に関する知識を有する専門員が、保育所、幼稚園、放課後児童クラブ等の施設や子育て教室などの子どもや保護者が集まる場を訪問し、施設のスタッフや保護者に早期発見のための助言等を行う事業が行われている。具体的な活動は、専門家が保育所や放課後児童クラブ等を巡回し、①気になる子どもを発見し、保育士等や保護者に必要な助言を行う、②気になる子どもについての相談に応じ、必要な助言や児童発達支援事業所などの専門機関へつなぐ、③ペアレントトレーニング等を実施する、などである。この事業は、保護者等の「気づき」の段階や「疑い」の段階でも利用することができ、また、保護者がわが子の障害を受け入れることができていない場合でも柔軟に支援することができる。

　平成 27 年度は全国 494 の市町村で実施されている。厚生労働省では、地域生活支援事業として補助の対象としている（市町村任意事業）。

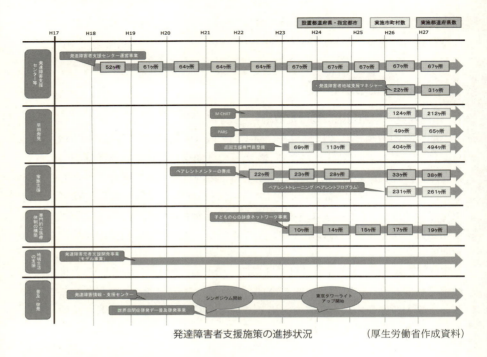

発達障害者支援施策の進捗状況　　　　（厚生労働省作成資料）

2. 発達障害児に対する専門的な発達支援

　発達障害児に対する専門的な発達支援については、昭和55年に知的障害児施設の種類として新たに医療型自閉症児施設及び福祉型自閉症児施設が位置付けられたことが施策の始まりと言える。その後、自閉症などの広汎性発達障害の児童を中心として、施設だけでなく、通所による発達支援の提供体制が徐々に拡充されてきた。

　障害児支援については、平成24年児童福祉法改正において、障害児や家族が身近な地域で必要な発達支援を受けられるよう、障害種別ごとに分かれていた障害児の給付体系が通所・入所の利用形態別に一元化されるとともに、学齢期における支援の充実のための「放課後等デイサービス」や保育所などを訪問し専門的な支援を行うための「保育所等訪問支援」が創設されている。

　併せて、障害児通所支援（児童発達支援、放課後等デイサービス等）に係る事務の実施主体については、都道府県から市町村に移行されている。障害児通所支援を利用しようとする障害児の保護者は市町村に対して支給申請を行う。市町村は、障害児の心身の状態、介護を行う者の状況、利用に関する意向等を勘案して

利用（通所給付）の要否を決定し、通所給付決定を行う場合は、有効期間や通所支援の量（頻度等）を定めることとなる。

　市町村においては、障害児本人の最善の利益を図り、その健全な発達のために必要な範囲で、支給の要否及び支給量が判断されなければならない。なお、障害児の家族の就労支援や家族の一時的な休息を主たる目的とする場合には、保育所の利用や地域生活支援事業の日中一時支援等が活用されることが想定されている。

　対象児童に該当するか否かの判断に当たっては、必ずしも療育手帳、精神障害者保健福祉手帳等の交付を受けている必要はない。この場合、市町村は、その児童が療育・訓練を必要とするか否かについて、市町村保健センター、児童相談所、保健所等に意見を求めることが望ましいものとされている[17]。

　また、近年、児童発達支援、放課後等デイサービスなどの通所の事業所の発達障害児が増加している。障害福祉サービス等報酬改定検証調査（平成27年9月末時点の事業所調査）によれば、児童発達支援、放課後等デイサービス、障害児入所施設の発達障害児の利用割合は、順に、46.8％、53.5％、10.9％である。児童発達支援事業所や放課後等デイサービス事業所の件数はここ数年で大きく伸びている。その中には、発達支援の技術が十分でない事業所が軽度者のみを受け入れているケースや、単なる居場所になっているケースなどがあるとの指摘がある。発達障害児や家族にとって通所の事業所による専門的な発達支援は大変重要であり、その質の向上が求められている。

3. 家族支援

　発達障害は脳機能の障害であり、一見してわかる障害ではないことが多い。保護者にとっては、子どもに発達障害の疑いが生じた場合でも、「やんちゃなだけ」「少しおとなしいだけ」と考えることもできるため、発達障害であることを受け入れることに抵抗感を覚える保護者も多い。

　一方で、発達障害であることを早期に発見し、早期に支援を開始すれば、その子の特性を生かした子育てが可能となり、また、周囲に発達障害であることを伝え、理解と協力を求めることができれば、子どもも保護者も気持ちを楽にして日常生活を送ることにつなげられる。

　このように、発達障害のあるお子さんの保護者の支援は大変重要であることか

---

[17] 「障害児通所給付費等の通所給付決定等について」（平成24年3月30日厚生労働省障害保健福祉部長通知）

ら、厚生労働省では、ペアレントプログラムやペアレントトレーニングの実施、ペアレントメンターの養成などを推進している。

　ペアレントプログラムとは、ペアレントトレーニングよりも対象者の広い講習である。専門家だけでなく、ある程度習熟した地域の保育士や保健師等により実施されることもあるより簡易なプログラムであり、子育て施策の「延長」としての支援が可能である。このプログラムでは、子どもの行動修正までは目指さず、「保護者の認知を肯定的に修正し、子育てを助けること」に焦点を当てている。このため、発達障害やその傾向の有無にかかわらず、すべての保護者にとって有効と言われている。

　ペアレントトレーニングとは、保護者が自分の子どもの行動を専門家の助言を得ながら客観的に観察して発達障害の特性を理解するとともに、その特性を踏まえた褒め方や叱り方等を学び、実践することを通じて、子どもの問題行動を減少させることを目標とするより専門的・本格的な講習である。

　ペアレントメンターとは、発達障害児の子育て経験のある保護者であって、その育児経験を活かしながら保護者に対して相談や助言を行う方のことである。保護者は、子どもが発達障害であると診断を受けた後に悲しみを感じていたり、診断や支援を受けるまでの順番待ちをしている期間に不安を感じることがある。このような時、ペアレントメンターは、同じ保護者として共感することができ、また、当事者の視点からの情報を提供することができる。ペアレントメンターは、地域の専門家等からの推薦、一定の養成講習などを経て選定され、守秘義務の同意が求められる。

　平成27年度は、ペアレントプログラム又はペアレントトレーニングは、全国261の市町村で実施されている。また、ペアレントメンターの養成は38の都道府県・指定都市で実施されている。

　厚生労働省では、ペアレントプログラム又はペアレントトレーニングの実施については、市町村の地域生活支援事業として補助の対象としている（市町村任意事業）。また、ペアレントメンターによる相談助言の実施、ペアレントトレーニング、ペアレントプログラム及びペアレントメンターの人材養成については、都道府県の地域生活支援事業として補助の対象としている（都道府県任意事業）。

第2章　医療、保健、福祉、教育、労働の取組

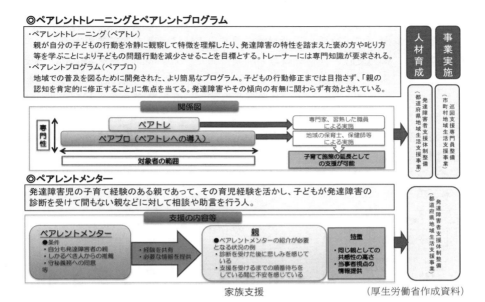

(厚生労働省作成資料)

4. 発達障害者支援センター

　平成17年に発達障害者支援法が施行される以前は、「自閉症・発達障害支援センター」の設置が推進されていたが、発達障害者支援法の施行後は、同法に基づく「発達障害者支援センター」として全国で設置が進んできた。平成17年度は全国52の都道府県・指定都市で設置されていたが、平成23年度にはすべての都道府県・指定都市で設置され、現在では一部の自治体では複数のセンターが設置されている。

　発達障害者支援センターの役割は、発達障害者及びその家族等に対して相談支援、発達支援、就労支援又は情報提供や人材育成などを行うことである。

　具体的には、当事者への専門的な支援、研修等の実施、地域の関係者のコーディネートなどが期待されている。近年、発達障害への関心と認知の高まりを受けて、センターの相談件数などが急増している（平成17年度15,903件→平成27年70,557件）。その結果、センターの専門的機能を活かすための対応が困難になってきているところも出てきている。

　平成26年度から設置が可能とされた発達障害者地域支援マネジャーは、センター又はセンターと連携する事業所等に設置されることが想定されており、センターによる地域全体の支援機能を強化し、専門的な対応に重点化することが指向

されている。

　今後のセンターに求められる役割は、地域の実情は考慮する必要があるが、専門的な支援、後方支援、人材養成等の実施である。医療機関、児童発達支援事業所などの福祉施設、教育機関、ハローワークなどの就労関係機関、市町村などと連携・役割分担を図り、センターの専門的機能が十分に発揮できるよう地域の体制を整備することが求められている。

　また、都道府県や指定都市は、人口や地理的条件、社会資源の実情などの地域の事情を勘案し、身近な場所において必要な支援を行き届かせるため、必要であればセンターの設置数を増やすことが期待されている（平成28年改正　第14条第3項追加）。

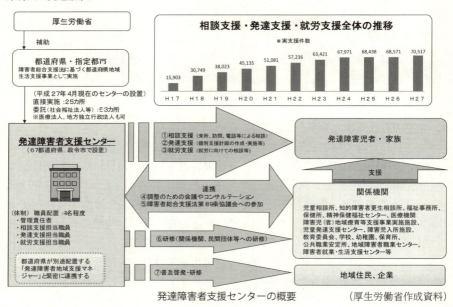

発達障害者支援センターの概要　　　　　（厚生労働省作成資料）

5. 保育所や放課後児童クラブにおける取組

　障害のある児童の保育所での受入れを促進するため、厚生労働省は、昭和49年度より障害児保育事業において保育所に保育士を加配する事業を実施している。平成15年度に一般財源化された後、平成19年度からは、その対象範囲を軽度の障害児に広げる等の拡充が行われている。また、平成27年度から、子ども・子育て支援新制度の施行に伴い、保育所等において、障害児等を受け入れ、

地域関係機関との連携や、相談対応等を行う場合に、地域の療育支援を補助する者を配置する「療育支援加算」を、加えて、地域型保育事業においても、障害児2人に対し、保育士1人を配置できるよう「障害児保育加算」を、公定価格に盛り込んでいる。

　このほか、障害のある児童を受け入れるに当たりバリアフリーのための改修等を行う事業や、障害児保育を担当する保育士の資質向上を図るための研修を実施している（障害児を受け入れている保育所数：平成26年度　15,429か所）。

　また、共働き家庭など留守家庭の小学校に就学している児童に対して、放課後等に適切な遊びや生活の場を与える放課後児童健全育成事業（放課後児童クラブ）における障害のある児童の受入れを促進するため、厚生労働省においては、平成13年度に障害児を受け入れるクラブに対する運営費の加算を開始し、平成20年度からは、障害児受入体制の強化を図る観点から、専門的知識等を有する指導員を各クラブに配置する補助方式へと改めている。さらに、平成27年度からは、5人以上の障害児の受入れを行う場合について、更に1名の指導員を配置できるよう必要な経費の補助を行うなど、より一層の受入推進を図っている（障害児を受け入れているクラブ数：平成26年度　11,951か所）。

【保育所及び放課後児童クラブにおける障害児の受入人数】

	18年度	19年度	20年度	21年度	22年度	23年度	24年度	25年度
保育所（人）	33,486	35,157	39,557	41,399	45,369	48,065	50,788	53,322
放課後児童クラブ（人）	12,656	14,409	16,564	18,070	19,719	21,534	23,424	25,338

　保育所や放課後児童クラブにおいて障害児を受け入れる場合には、専門家による後方支援を行うことが有効であり、より多くの障害児の受入れにつながる。例えば、障害児本人に対する支援や、保育所、放課後児童クラブ等のスタッフに対する支援方法の指導などを個別に行う保育所等訪問支援事業（児童福祉法）や、保育所等に派遣された専門職員が療育技術の指導等を行う障害児等療育支援事業により、発達障害児などの障害児に対する専門的な支援が行われている（保育所等訪問支援の利用児童数：平成26年度1月平均　1,633人）。

4　教育分野について

1. 特別支援教育への制度改正

　平成17年12月に取りまとめられた中央教育審議会答申「特別支援教育を推

進するための制度の在り方について」の提言を踏まえ、平成18年6月に「学校教育法等の一部を改正する法律」が成立し、平成19年4月1日より施行された。本法律改正により、従来の盲・聾・養護学校の制度から、複数の障害種別を対象とすることができる特別支援学校の制度に転換するとともに、従来の視覚障害や聴覚障害といった特定の障害種に限らず、発達障害も含めた他の障害種も含め、また、特別支援学校のみならず、小・中学校等においても特別支援教育を推進する旨が法律上明確に位置付けられたところである。

　また、文部科学省は、特別支援教育について、障害のある幼児児童生徒の自立や社会参加に向けた主体的な取組を支援するという視点に立ち、幼児児童生徒一人一人の教育的ニーズを把握し、その持てる力を高め、生活や学習上の困難を改善又は克服するため、適切な指導及び必要な支援行うものであること、また、これまでの特殊教育の対象の障害だけでなく、知的な遅れのない発達障害も含めて、特別な支援を必要とする幼児児童生徒が在籍する全ての学校において実施されるものであるとしている。（「共生社会の形成に向けたインクルーシブ教育システム構築のための特別支援教育の推進（報告）」（平成24年7月23日中央教育審議会初等中等教育分科会））

2. 高等学校における通級による指導の制度化

　小・中学校等では、通常の学級に在籍し、大半の授業を通常の学級で受けつつ、障害による学習上・生活上の困難を主体的に改善・克服するために受ける「通級による指導」が平成5年度に制度化されており、多くの発達障害を持つ児童生徒が通級による指導を受けてきた。発達障害により特別な支援を必要とする児童生徒が増加する中で、高等学校段階においても同様の指導を行うことができるニーズが高まってきているところである。こうしたニーズに対応するため、文部科学省において、平成30年度より高等学校においても通級による指導を行うことができるよう、関係する省令等の改正を行い、小・中学校からの学びの連続性を一層確保しつつ、生徒一人一人の教育的ニーズに即した適切な指導や必要な支援を提供することとしている。

　省令等の改正内容は次のとおり。
①省令（学校教育法施行規則）の改正
・高等学校で障害に応じた特別の指導を行う必要がある者[※1]を教育する場合、特別の教育課程によることができる。
　（※1）言語障害、自閉症、情緒障害、弱視、難聴、LD、ADHD、肢体不自由、病弱及び身体

虚弱（小・中学校と同様）

②告示の改正
- 障害に応じた特別の指導を高等学校の教育課程に加え、又は選択教科・科目の一部に替えることができる。
- 障害に応じた特別の指導に係る修得単位数を年間7単位^{（※2）}を超えない範囲で卒業単位に含めることができる。
  （※2）中学校の時数と同程度
- 小・中学校も含めた障害に応じた特別の指導の内容に係る規定の趣旨を明確化^{（※3）}
  （※3）従来は、「障害の状態に応じて各教科の内容を補充するための特別の指導を含む」と定められていたところ、障害による学習上又は生活上の困難の改善・克服という本来の目的に照らし、障害の状態に応じて各教科の内容を取扱いながら行うことができる趣旨であることを明確化

3. 個別の教育支援計画の策定及び個別の指導計画の作成について

　特別支援教育においては、長期的な視点に立ち、乳幼児期から学校卒業後まで一貫した支援を行うため、教育のみならず、医療、福祉、労働等の様々な側面からの支援を切れ目なく行うことが重要である。また、各教科においても、指導の目標や内容・配慮事項等を教員間で共有していくことが重要である。

　特別支援学校においては、「個別の教育支援計画」や「個別の指導計画」を作成し、指導・支援の充実に努めている。このことは、発達障害児の指導・支援にあたっても有効であり、改正後の発達障害者支援法においても、作成の推進が規定されている。

　また、「幼稚園、小学校、中学校、高等学校及び特別支援学校の学習指導要領等の改善及び必要な方策等について」（平成28年12月中央教育審議会答申）において、通級による指導を受ける児童生徒や特別支援学級に在籍する児童生徒についても、個別の教育支援計画及び個別の指導計画を全員作成するべきことが盛り込まれたところである。

　なお、次期学習指導要領は、平成30年度から幼稚園、幼稚部、平成32年度から小学校、小学部、平成33年度から中学校、中学部が完全実施となる予定である。また、高等学校、高等部は平成34年度入学者から実施予定としている。

4. 教育支援体制整備ガイドラインの見直し

　文部科学省において、平成16年1月に作成した「小学校・中学校における

LD（学習障害）、ADHD（注意欠陥／多動性障害）、高機能自閉症の児童生徒への教育支援体制の整備のためのガイドライン（試案）」を取りまとめ、各教育委員会、各小・中学校に対して総合的な支援体制の整備を推進してきたところである。その後、平成17年4月1日からの発達障害支援法の施行、平成19年度からの特別支援教育の制度化、平成23年の障害者基本法の改正、さらには、平成19年に署名し、平成26年1月に批准した障害者の権利に関する条約が提唱するインクルーシブ教育システム構築に向けた特別支援教育の推進などを踏まえ、新たに『「幼稚園、小・中・高等学校等における」発達障害を含む障害のある幼児児童生徒に対する教育支援体制整備ガイドライン（試案）』を協力者会議の議論を踏まえ平成28年3月に作成したところである。今後、中央教育審議会における学習指導要領改訂に関する議論も踏まえつつ、参考書式等の追加を含め、更に活用しやすいものとなるよう見直しを行い、平成28年度内に公表する予定である。

5. 独立行政法人国立特別支援教育総合研究所における取組
①研究活動について

　特別支援教育のナショナルセンターとして、障害のある子ども一人一人の教育的ニーズに対応した教育の実現に貢献するために、国として特別支援教育政策上重要性の高い課題に対する研究や教育現場等で求められている喫緊の課題に対応した実際的研究に取り組んでいる。

　研究活動については、①文部科学省との緊密な連携の下に行う、国の特別支援教育政策の推進に寄与する研究【基幹研究】、②インクルーシブ教育システムの構築に向けて、地域や学校が直面する課題の解決のために地域と協働で実施する研究【地域実践研究】、③大学や民間などの研究機関等と共同で行う研究【共同研究】、④科学研究費助成金等の外部資金を獲得して行う研究【外部資金研究】、⑤外部からの委託を受けて行う研究【受託研究】の5つの研究区分により戦略的かつ組織的に実施している。

　なお、これら研究活動で得られた研究成果については、研究成果報告書のほか、サマリー集やリーフレット（別表参照）、指導資料、実践事例集、各種ガイドブック等を作成し、研究成果の効果的な還元を図っているとともに、研究所セミナーでの成果報告、地域における研究成果報告会の開催、研究所が実施する研修事業での報告、WEBサイトへの掲載など、様々な機会や情報ツールを活用して、研究成果を発信している。

【発達障害教育研究等に関するリーフレット】

リーフレット名	作成年月日
発達障害のある子どもの指導の場・支援の実態と今後の在り方に関する研究	平成28年10月
自閉症のある子どもの自立活動の授業を組み立てる上での要点	平成28年7月
高等学校における特別支援教育 ―多様な学びのニーズに応えるために―	平成26年9月
震災後の子どもたちを支える教師のためのハンドブック	平成23年4月

②**研修事業について**

インクルーシブ教育システムの構築に向けて、各都道府県等における特別支援教育政策や教育実践等の推進に寄与する指導者の養成を図るため、各都道府県等における障害種ごとの教育の中核となる教職員を対象とした専門的・技術的な研修及び各都道府県等における指導的立場にある教職員を対象とした特別支援教育政策上や教育現場等の喫緊の課題等に対応した専門的・技術的な研修を下表のとおり実施している。

研修講義

【平成28年度研修計画一覧】

名称			期間	募集人員
特別支援教育専門研修	第一期	知的障害教育コース ・知的障害教育専修プログラム	平成28年5月9日(月) ～7月8日(金)	65名
	第二期	視覚障害・聴覚障害・肢体不自由・病弱教育コース ・視覚障害教育専修プログラム ・聴覚障害教育専修プログラム ・肢体不自由教育専修プログラム ・病弱教育専修プログラム	平成28年9月1日(木) ～11月8日(火)	65名
	第三期	発達障害・情緒障害・言語障害教育コース ・発達障害・情緒障害教育専修プログラム ・言語障害教育専修プログラム	平成29年1月5日(木) ～3月9日(木)	70名

インクルーシブ教育システムの充実に関わる指導者研究協議会	就学相談・支援指導者研究協議会	平成28年7月14日(木)〜7月15日(金)	70名
	発達障害教育指導者研究協議会	平成28年7月28日(木)〜7月29日(金)	90名
	交流及び共同学習推進指導者研究協議会	平成28年11月17日(木)〜11月18日(金)	70名
	特別支援教育におけるICT活用に関わる指導者研究協議会	平成28年11月24日(木)〜11月25日(金)	70名

　なお、研修事業については、研究所の創設時より実施しているところであり、これまで多数の受講者が研修課程を修了し、全国の学校や教育関係機関等で活躍されている。

③インターネットによる**講義配信等**について

　各都道府県等において障害のある児童生徒等の教育に携わる教員をはじめ、幅広い教職員の資質向上の取組を支援するため、インターネットによる講義配信を行っている。講義内容は、特別支援教育の基礎理論やインクルーシブ教育システムの構築など特別支援教育に関する総合的・横断的な内容と各障害種の教育（概論、教育課程、指導法等）に関する内容に区分され、計100以上のコンテンツを配信している。

　また、特別支援学校教諭免許状保有率の向上に寄与することを目的として、特に保有率の低い視覚障害教育領域及び聴覚障害教育領域の第2欄の科目について、平成28年10月からインターネットを利用した免許法認定通信教育を開始している（聴覚障害領域については、平成29年4月より開講）。

④**発達障害教育情報センター**について

　発達障害教育情報センターにおいて、発達障害教育に係る情報発信や理解啓発の取組を行っている（→p.77コラム参照）。

5　労働分野について

1．発達障害者に対する雇用支援施策の現状

　「障害者の雇用の促進等に関する法律」では、「長期にわたり、職業生活に相当の制限を受け、又は職業生活を営むことが著しく困難な者」を障害者と規定しており、これに該当する発達障害者については、「職業リハビリテーションの措置」を中心とした雇用支援施策の対象となっている。

　具体的には、次のような各種の施策を総合的に講じ、発達障害者の雇用の促進

及び職業の安定を図っている。

①障害者就業・生活支援センター事業

　雇用、保健、福祉、教育等の地域の関係機関の連携の拠点となり、障害者の身近な地域において、就業面及び生活面にわたる一体的な支援を実施する。

②障害者試行雇用（トライアル雇用）事業

　ハローワーク等の職業紹介により、障害者を事業主が試行雇用（トライアル雇用＝原則３か月）の形で受け入れることにより、障害者雇用についての理解を促し、試行雇用終了後の常用雇用への移行を進める。

③ハローワークにおける職業相談・職業紹介

　個々の障害者に応じた、きめ細かな職業相談を実施するとともに、福祉・教育等関係機関と連携した「チーム支援」による就職の準備段階から職場定着までの一貫した支援を実施する。併せて、ハローワークとの連携の上、地域障害者職業センターにおいて、職業評価、職業準備支援、職場適応支援等の専門的な各種職業リハビリテーションを実施する。

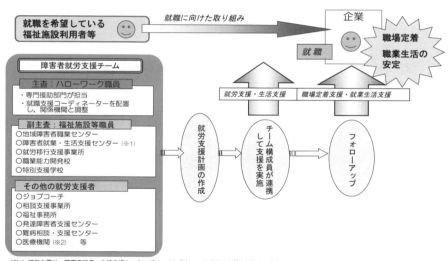

障害者就労に向けたハローワークを中心とした「チーム支援」

（厚生労働省作成資料）

④職場適応援助者（ジョブコーチ）支援事業

　障害者が職場に適応できるよう、地域障害者職業センター等に配置されているジョブコーチが職場において直接的・専門的支援を行うとともに、事業主や

職場の従業員に対しても助言を行い、必要に応じて職務や職場環境の改善を提案する。

また、企業に雇用される障害者に対してジョブコーチによる援助を実施する事業主（訪問型）や自社で雇用する障害者に対してジョブコーチを配置して援助を行わせる事業主（企業在籍型）に対しては助成を行う。

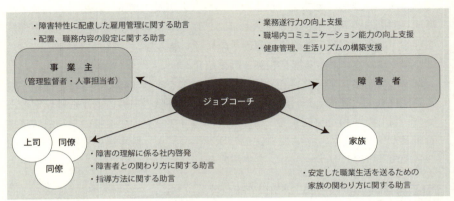

（厚生労働省作成資料）

上記に加え発達障害者に特化して、以下の施策を講じている。

⑤発達障害者就労支援者育成事業

発達障害者支援関係者等に対して就労支援ノウハウの付与のための講習会及び体験交流会を実施するほか、発達障害者等に対する理解を促進し、雇用管理のノウハウを付与するため、事業主等に対するセミナーを実施する。

⑥若年コミュニケーション能力要支援者就職プログラム

ハローワークにおいて、発達障害等の要因によりコミュニケーション能力に困難を抱えている求職者について、その希望や特性に応じ、専門支援機関である地域障害者職業センターや発達障害者支援センター等に誘導するとともに、障害者向けの専門支援を希望しない者については、きめ細かな個別相談、支援を実施する。

【就職支援ナビゲーター（発達障害者等支援分）による支援スキーム】

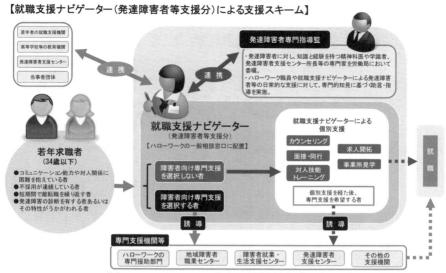

若年コミュニケーション能力要支援者就職プログラム（厚生労働省作成資料）

⑦発達障害者を雇い入れる事業主に対する助成

　発達障害者の雇用を促進し職業生活上の課題を把握するため、発達障害者について、ハローワーク等の職業紹介により常用労働者として雇い入れ、雇用管理に関する事項を把握・報告する事業主に対する助成を行う。

⑧発達障害者に対する体系的支援プログラム

　発達障害者の雇用促進に資するため、独立行政法人高齢・障害・求職者雇用支援機構障害者職業総合センターにおいて発達障害者の職業リハビリテーションに関する研究・支援技法の開発及び普及を図る。

　また、これら技法開発の成果を活用し、地域障害者職業センターにおいて「発達障害者に対する体系的支援プログラム」を実施し、発達障害者に対する支援の充実を図る。

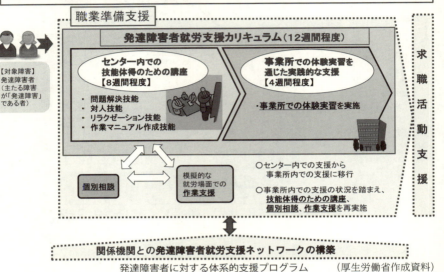

発達障害者に対する体系的支援プログラム　　（厚生労働省作成資料）

2．今後の取組

　これまでも都道府県との連携の下、国においても必要な施策を実施・拡充してきたが、今後も引き続き、同法に規定された発達障害者支援センターを始めとする地域の関係機関との連携を図りつつ、公共職業安定所等の労働関係機関において、個々の発達障害者の特性に応じた適切な就労機会の確保、就労の定着のための支援その他必要な支援に努める。

　また、特に、就労の定着のための支援として、障害者就業・生活支援センターによる支援の強化やジョブコーチの養成・研修の推進、職場における精神・発達障害者を支援する環境づくり等に取り組んでいく。

第2章　医療、保健、福祉、教育、労働の取組

コラム　発達障害情報・支援センターの取組

(1) 沿革・役割

平成20年3月、国立障害者リハビリテーションセンターに発達障害情報・支援センター（以下「情報センター」という。）が開設された。情報センターでは、発達障害に関心を持った方や子育てをする方も含め、広く一般の方向けに基本的な情報の提供や普及啓発を行うとともに、発達障害者支援に必要な国内外の情報や最新の研究成果等を集約し、支援関係者等に提供するためホームページなどを通じて様々な情報を発信している。

発達障害の当事者やそのご家族のみならず、研究者、支援者、行政担当者の方々への情報提供も視野に入れて、情報センターでは誰でも閲覧できる一般向けの公開サイトと、全国の発達障害者支援センターを対象とする専門家向けの専用サイトの2つウェブサイトを運営している。

図1　発達障害情報・支援センターの役割

(2) 情報収集・分析

情報センターのスタッフは、厚生労働科学研究等にオブザーバーとして参加し、情報収集を行っている。また、年3回程度、国内外の有識者と海外の発達障害支援制度に関する情報交換を行い、海外における最新の発達障害者支援に関する情報

を記事にしてホームページに掲載している。また、専用サイトを活用したアンケート調査の情報の整理・分析や各地方公共団体が実施した発達障害者支援に向けた先駆的な取組（発達障害支援開発事業）から得られた情報の分析、公表を行っている。

(3) 情報発信

図2　公開サイトトップページ解説

公開サイト（図2）は、週2回、年間通して100回近く更新を行っており、アクセス数は1日平均で約1,000件となっている。エビデンスのある正確でわかりやすい情報発信を心がけている。

また、専用サイトでは、発達障害者支援センター向けに最新の研修開催のお知らせや支援等に有益な会議資料などを掲載している。また、参加型掲示版は各地で支援や取組を進めるに当たっての意見交換を行う場として活用されている。

更に、蓄積したデータやノウハウを活かして現場で役に立つマニュアルを作成し、配布を行っている。

(4) 調査・研究

専用ナイトを活用し、発達障害者支援センターを対象としたアンケート調査等を随時実施している。また、国立障害者リハビリテーションセンターの研究所の中にある発達障害研究室と連携して、発達障害児・者の支援に関する研究を行っている。

例えば、東日本大震災の後に行った調査結果を踏まえて、災害時の発達障害児・

者への対応のポイントをまとめた「災害時の発達障害児・者支援エッセンス」を作成し、関係各所に配布して現場で活用いただいている。
＜参考＞
発達障害情報・支援センターHP：http：//www.rehab.go.jp/ddis/

（5）国立障害者リハビリテーションセンター内外での連携

平成26年度より、情報センターが事務局となり、国立障害者リハビリテーションセンター内の各部門に点在する発達障害関連部署との連絡会議を設置し情報共有を図っている。

また、全国に展開する発達障害者支援センターとより緊密に連携を図るため、先に述べた専用サイトを活用するだけでなく、発達障害者支援センター全国連絡協議会の総会・懇談会等に出席し情報収集・意見交換等を行いながら連携を図っている。また、国立重度知的障害者総合施設のぞみの園や心身障害児総合医療療育センターとの連携を進めている。

（6）これから

平成28年度より、厚生労働省職員や外部の専門家と連携を図りながら自治体訪問を行い、自治体の発達障害担当職員が自治体内外で理解を得ながら発達障害者支援施策を積極的に展開できるよう、地域の実情にあった支援体制整備について助言を行っている。

今後とも、情報センターは、外部の有識者と積極的に意見交換して信頼できるわかりやすい情報発信を行うとともに普及・啓発活動を通して発達障害のある方々の生きにくさを少しでも軽減できるよう使命を全うしていきたい。

第2部　発達障害者支援の今後の展開

コラム
発達障害教育情報センターによる情報発信、理解啓発
（国立特別支援教育総合研究所）

　我が国唯一の特別支援教育のナショナルセンターである国立特別支援教育総合研究所（神奈川県横須賀市）は、我が国における障害のある子供の教育の充実・発展に寄与するため、昭和46年に文部省直轄の研究所（国立特殊教育総合研究所）として設置された。その後、平成13年に独立行政法人化され、平成19年に「国立特別支援教育総合研究所」へと名称変更し、現在は、障害のある子供一人一人の教育的ニーズに対応した教育の実現に寄与するため、国や地方公共団体、大学等と連携し、研究活動、研修事業、情報収集・発信、理解啓発活動等を一体的に行っている。

　平成17年の発達障害者支援法の施行等により、発達障害のある幼児児童生徒への様々な教育的支援が求められるようになったが、教育現場では適切な指導・支援を行うための情報や、研修に関する情報の充実が課題であった。このような状況を踏まえ、国立特別支援教育総合研究所は、平成20年4月に発達障害教育情報センターを設置し、同年8月にウェブサイトによる情報提供を開始したところである。

　本ウェブサイトは、発達障害のある子供の教育の推進・充実に向けて、教員や保護者、さらには広く国民に発達障害のある子供の教育に関わる情報を発信し、理解啓発などを行うことを目的としている。ウェブサイトは7つのコンテンツで構成されており、この中でアクセス数の多い「指導・支援」「研修講義」のコンテンツの一部について紹介する。

発達障害教育情報センターウェブサイト

「指導・支援」のコンテンツは、①「発達障害を理解する」、②「学校における指導・支援」、③「発達障害のある子どもの合理的配慮」、④「図書リスト」、⑤「支援に役立つガイドブック」の5つの柱で提供しており、例えば、②「学校における指導・支援」では、子供のつまずきや困難さを学習面、行動面、社会性の側面から、また、発達障害（LD・ADHD・自閉症）のある子供の障害特性を踏まえた指導・支援方法について一問一答形式で紹介している。具体的には、集団場面に入れるようにするための指導・支援として、集団への参加を困難にしている要因について検討し、活動内容を視覚的に提示すること、周囲の子供に自閉症のある子供の特徴を理解してもらうなど、具体的な方法を紹介している。

「研修講義」のコンテンツでは、発達障害のある子供の教育に関わる教員を主な対象として、教育的支援に必要な基礎的な内容について、講義を動画で配信している。研修講義は、各10～20分の講義を約20本配信しており、講義スライドのダウンロードや、モデル研修プランの紹介により、個人や職場での研修に活用できるようにしている。

研修講義の画面

このウェブサイトに対しては、例えば以下のような利用者からの声が寄せられている。

「聴く力と話す力が弱い子の支援のヒントが得られました。書くことが苦手な子についても親として理解が進みました。」

「特別支援教育コーディネーターとして、発達障害のある生徒や保護者・教員に

対して特別支援教育を啓蒙していく立場にあります。今までの経験から対応できることもありますが、多様化され日々研究されている発達障害の情報を入手するにはとても良いサイトであると思われます。」
　こうした利用者の声も参考にしながらウェブサイトの改善・充実を図っている。
　発達障害教育情報センターでは、上記で紹介したようなウェブサイトによる情報発信だけでなく、発達障害のある子供の支援ニーズに応じた教材教具の展示室を整備・公開しているほか、全国の教育センター等と連携し、教材教具の幅広い普及と更なる活用促進を目的として、地域における教材の展示会も開催している。この展示会は、小・中・高等学校、特別支援学校、教育委員会の教職員を対象とし、教材教具の展示や体験、支援機器を活用した教育実践の紹介を行い、教材教具に関する理解啓発を進めている。
　今後もより多くの方に発達障害教育情報センターウェブサイトを利用していただけるようコンテンツを充実していくとともに、発達障害教育に関する研究や研修、関係機関との連携した取組を総合的に行い、幼稚園、小・中・高等学校の教員や保護者等関係者を始め、広く国民の一層の理解を促進していきたい。

教材教具展示室

地域における展示会

第3章
切れ目のない支援の構築に向けて

　前章では、発達障害者に対する各分野（医療、保健、福祉、教育、労働）における支援がどのように進展してきたかを示してきたが、平成28年の改正発達障害者支援法においては「切れ目のない支援」の重要性が強調されている。「切れ目のない支援」とは、分野間で連携する支援（「ヨコの連携」）と、保育園・幼稚園と小学校、小学校と中学校、学校等と就職先などのライフステージの変わり目においても連携する支援（「タテの連携」）の2つを示している。

1　国における分野間での連携に係る取組の推進について

　これまでも、分野間での連携については、国の施策を推進していく際、その重要性について通知等を通して示してきたところであり、各自治体においても分野間で連携した取組が着実に進められてきている。引き続き分野間で連携した取組がより一層推進されるよう、国として支援していくこととしている。なお、分野間の連携の推進に係る通知等は、次のとおり。

①特別支援教育の推進について（平成19年4月1日付け19文科初第125号文部科学省初等中等教育局長通知（抜粋））
・教育委員会においては、各学校の支援体制の整備を促進するため、指導主事等の専門性の向上に努めるとともに、教育、医療、保健、福祉、労働等の関係部局、大学、保護者、ＮＰＯ等の関係者からなる連携協議会を設置するなど、地域の協力体制の構築を推進すること。
・各学校及び各教育委員会等は、必要に応じ、発達障害者支援センター、児童相談所、保健センター、ハローワーク等、福祉、医療、保健、労働関係機関との連携を図ること。

②障害のある児童生徒等に対する早期から一貫した支援について（平成25年10月4日付け25文科初第756号文部科学省初等中等教育局長通知（抜粋））
・市町村の教育委員会は、医療、保健、福祉、労働等の関係機関と連携を図りつつ、乳幼児期から学校卒業後までの一貫した教育相談体制の整備を進めることが重要であること。また、都道府県の教育委員会は、専門家による巡回

指導を行ったり、関係者に対する研修を実施する等、市町村の教育委員会における教育相談体制の整備を支援することが適当であること。
- 早期からの一貫した支援のためには、障害のある児童生徒等の成長記録や指導内容等に関する情報について、本人・保護者の了解を得た上で、その扱いに留意しつつ、必要に応じて関係機関が共有し活用していくことが求められること。このような観点から、市町村の教育委員会においては、認定こども園・幼稚園・保育所において作成された個別の教育支援計画等や、障害児相談支援事業所で作成されている障害児支援利用計画や障害児通所支援事業所等で作成されている個別支援計画等を有効に活用しつつ、適宜資料の追加等を行った上で、障害のある児童生徒等に関する情報を一元化し、当該市町村における「個別の教育支援計画」「相談支援ファイル」等として小中学校等へ引継ぐなどの取組を進めていくことが適当であること。

③児童福祉法等の改正による教育と福祉の連携の一層の推進について（平成24年4月13日厚生労働省社会・援護局障害福祉部障害福祉課及び文部科学省初等中等教育局特別支援教育課事務連絡（抜粋））
- 障害児支援が適切に行われるためには、学校と障害児通所支援を提供する事業所や障害児入所施設、居宅サービスを提供する事業所が緊密な連携を図るとともに、学校等で作成する個別の教育支援計画及び個別の指導計画と障害児相談支援事業所で作成する障害児支援利用計画及び障害児通所支援事業所等で作成する個別支援計画が、個人情報に留意しつつ連携していくことが望ましい。

2　「切れ目ない支援」体制を構築するための取組

1. 発達障害者支援地域協議会

　発達障害者の支援者や施設、関係機関は多岐に渡っており、発達障害者の個々の特性や支援ニーズも多様である。また、各ライフステージにおいて適切な支援や配慮が行われるとしても、年齢や場所が変われば必要な支援や配慮の内容が変わることも多い。

　このため、個々の当事者の支援者などの関係者は、当事者の特性、生育歴、支援手法などの情報を共有し、連携して支援することが重要である。また、関係者が個々の当事者のために円滑に連携するためには、互いの機能・役割や、どのような場面でどこまで関わるのかなどの具体的な支援・業務の流れなどを共有する

ことが望ましい。

　これまで、厚生労働省による補助事業である地域生活支援事業により、「発達障害者支援体制整備検討委員会」の設置が推進され、一部の都道府県では積極的に活用されてきたが、平成28年の発達障害者支援法の改正においては、第19条の2において、「発達障害者支援地域協議会」の設置の規定が新設された。

　この協議会では、各都道府県において関係者が一同に集まり、地域における発達障害者支援についての実情や今後の課題を共有し、互いの機能や役割を確認・見直しを行い、共通の認識を持ちながらそれぞれの取組をきめ細かく円滑に進めるために設置される会議体である。また、その議論・検討の過程においては、過不足のあるサービス、支援、人材などについても共通の認識を持ち、中長期的な見通しをもちながら発達障害者支援センターや行政機関を中心として必要な体制整備に努めることが期待されている。

　各都道府県・地域における緊密な連携体制の構築のためには、多くの関係者が同様の認識を持つ必要がある。中長期的な視野をもって取組の進捗を関係者が確認し、着実に進めていくことも重要である。

　協議会の構成員としては、当事者団体、各分野の支援団体や行政などの代表が想定されている。

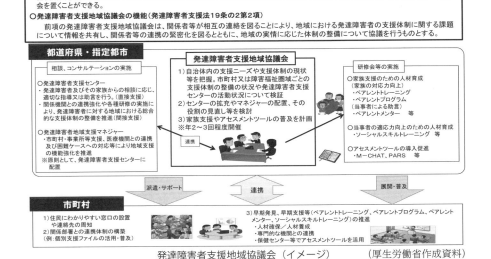

発達障害者支援地域協議会（イメージ）　　　　　（厚生労働省作成資料）

発達障害の支援を考える議員連盟に提出された「発達障害者支援地域協議会」に関する資料（下図）においては、関係者として特に市町村の役割が重視されている。

今後、この発達障害者支援地域協議会が積極的に設置・活用され、地域における複層的・総合的な支援体制が整備されることが期待される。

2. 広域特別支援連携協議会等について

都道府県においては、障害のある子供やその保護者への相談・支援に関わる医療、保健、福祉、教育、労働等の関係部局・機関間の連携協力を円滑にするためのネットワークとして、「広域特別支援連携協議会」を設置し、市町村においては、関係部局・機関間の連携協力を円滑にするためのネットワークとして、「特別支援連携協議会」を設置することが必要である。広域協議会においては、前述の「特別支援教育の推進について（通知）」等を踏まえ、文部科学省による補助事業であるインクルーシブ教育システム推進事業において、各自治体の設置に要する経費の一部を補助することとしている。教育委員会を中心に保健福祉・労働部局、大学、NPO等の関係者が参画し、発達障害者支援地域協議会と同様に、それぞれの専門的な支援内容等の情報を共有することにより、障害のある子供の多様なニーズに応え、総合的な支援を行い、例えば、協議会を通して、保健福祉部局が所管する保育所等の情報が学齢前の早期教育相談において共有され、関係機関の幅広い連携へとつなげることや、労働部局等との共通理解及び協力により、就労の実施や就労後のフォローアップの充実へとつなげていくことなどが期待される。なお、市町村における特別支援連携協議会は、広域特別支援連携協議会の役割とほぼ同様と考えられるが、障害のある子供やその保護者にとって、地域に密着した具体的な方策の検討などが求められる。

3. 個別の教育支援計画の策定及び個別の指導計画の作成等について

前述のとおり、国は、各自治体が特別な教育的支援を必要とする子供に対し、長期的な視点に立ち、乳幼児期から学校卒業後まで一貫した教育的支援を行うため、教育、保健、医療、福祉、労働等の様々な側面からの取組を含めた「個別の教育支援計画」を活用した効果的な支援を推進しているところである。また、幼児児童生徒の障害の重度・重複化、多様化等に対応した教育を一層進めるため、「個別の指導計画」を活用した指導の充実を進めているところである。

また、これらの「個別の教育支援計画」や、「個別の指導計画」が、保護者の

同意を得た上で、ライフステージに応じて引継がれ、教育、保健、福祉、医療、労働等の関係機関と情報共有されるために、前述の「特別支援教育の推進について（通知）」や、「障害のある児童生徒等に対する早期から一貫した支援について（通知）」、後述のインクルーシブ教育システム推進事業や、系統性のある支援事業等を通して、各自治体の取組推進を図っているところである。

4．インクルーシブ教育システム推進事業（平成28年度〜）

　特別な教育的支援を必要とする子供たちへの教育については、特別支援学校をはじめ、幼稚園、小学校、中学校、高等学校等においても支援体制の充実など様々な取組が進んでいるが、障害者の権利に関する条約の批准等を踏まえ、「インクルーシブ教育システム」の構築に向けた取組も重要となっているところである。発達障害について、学校や教育委員会等での理解は深まりつつあるが、一人一人の子供へのきめ細かい対応や支援については、今なお途上である。また、特別な教育的支援を必要とする子供の数は増加しており、早期からの適切な支援が重要となり、今後、発達障害の早期発見・支援のための仕組みの構築、地域における教育、保健、医療、福祉、労働分野等の関係機関の連携強化等、支援体制の充実等が急務である。

　インクルーシブ教育システムの構築に向けた取組として、文部科学省ではインクルーシブ教育システム推進事業において、各自治体が、特別な支援を必要とする子供への就学前から学齢期、社会参加までの切れ目ない支援体制整備（平成29年度〜）、特別支援教育のための専門家の配置（平成28年度〜）、特別支援教育の体制整備（平成28年度〜）に要する経費の一部を補助している。具体的な取組としては、個別の教育支援計画等の作成及び引継がれる仕組みの構築、発達支援システム等導入・運用、関係部局の取組を円滑につなぐ連携支援員の配置、密接な連携を図るためのガイドブックの作成、他の自治体への普及啓発活動を行うなど、教育、保健、医療、福祉、労働分野等の関係部局の連携がより一層図られるように支援していくとともに、本事業を通じ、切れ目ない支援体制整備の充実が各自治体において図られることを期待する。

5．系統性のある支援事業について（平成27年度〜）

　平成25年9月に改正された「障害者基本計画」においても、各学校段階において行われてきた児童生徒への支援内容等を、系統性を持って進学先等につなげることが求められている。

文部科学省の委託事業である系統性のある支援事業においては、教育委員会が主体となり、発達障害の可能性のある児童生徒等に対して行われている指導や支援の内容等を、その経過を含めて、適切に進学先等に引継ぐための手法に係る研究について次のとおり事業を実施している。
　①持続的な引継ぎシステムを指向した個別の教育支援計画等の作成方法等の研究
　②進学前後における適切な引継ぎ内容及び時期等の研究
　③児童生徒本人及び保護者の同意を得つつ、引継ぎを実施する仕組みの構築

6．放課後等福祉連携支援事業について（平成 28 年度～）

　平成 26 年 7 月に障害児支援の在り方に関する検討会が取りまとめた「今後の障害児支援の在り方について（報告書）」において、「横の連携支援」を進めるための具体策が必要とされている。
　文部科学省の委託事業である放課後等福祉連携支援事業においては、小・中・高等学校等に在籍する発達障害の可能性のある児童生徒等に対する支援に当たって、厚生労働省と連携しつつ、学校と放課後等デイサービス事業者等の福祉機関との連携、支援内容の共有方法に係る研究について、次のとおり事業を実施している。
　①放課後等福祉機関に通っている児童生徒が在籍する学校（「福祉連携校」）と放課後等福祉機関との情報交換や連絡調整体制の構築
　②保護者の同意を得つつ、放課後等福祉機関等関係機関の連携内容を発展させるための手法の研究

　各自治体における切れ目ない支援体制が構築されることにより、発達障害を含め障害のある者に対し、一人一人のニーズに対応した適切な支援を一貫して継続することが可能となる。発達障害の支援は、乳幼児期から成人期に至るまでの各ライフステージに応じて必要な支援の内容や支援を行う関係機関等が異なり、かつ、その支援は、様々な分野にわたることから、各分野間の連携や情報共有といった上記のような取組が進むことにより、発達障害者への適切な支援が推進されることが望まれる。

第4章

地域の取組

1 大阪府における発達障がい児者支援の取組（発達障がい者支援地域協議会を中心として）

※大阪府では、平成20年4月以降府が作成する文書等において、原則「害」の字を用いずひらがな表記することとしている。

1．大阪府の概要

　大阪府は、880万人の人口を擁する西日本における経済・文化の中心であり、進取の気性とホスピタリティあふれる「民都」として発展してきた。福祉の分野においても、民生委員制度の源流のひとつとなった「方面委員制度」や、地域での見守り・課題発見・サービスへのつなぎを果たす「コミュニティソーシャルワーカー」など、時代に合った新しい取組が、民の行動力を支えに進んできた地である。

　こうした背景のもと、発達障がい児者支援の取組においても、行政のみならず幅広い分野からの参画を得た協議会方式によって、施策の企画立案や進捗管理を行っている。本稿では、こうした点を中心に大阪府の取組を紹介する。

表1　大阪府の概要

人口	884.0万人（H28.9現在） うち　大阪市　270.5万人 　　　堺市　　83.8万人
自治体数	43市町村（33市9町1村）
発達障がい者数	自閉症スペクトラム障がいの出現率を1〜2%※とした場合の推計：8.8〜17.7万人

※厚生労働省「みんなのメンタルヘルス総合サイト」より

2．大阪府における発達障がい児者支援の取組

　大阪府における発達障がい児者支援体制の整備に関する検討は、厚生労働省の

第2部　発達障害者支援の今後の展開

「自閉症・発達障害支援センター運営事業」の実施についての庁内検討会（平成13年度）にさかのぼる。これ以降庁内での検討を重ねるも、当事者や専門家の意見を聴く必要から、平成16年度には「大阪府自閉症・発達障害拠点ネットワーク検討委員会」を知事の招集により開催し、その報告書に示された「大阪府自閉症・発達障害支援ネットワーク構想」に基づいて、平成17年度以降、各二次医療圏域に1か所ずつ、発達障がい児の個別療育を実施する「発達障がい児療育拠点」の整備を行った（大阪府発達障がい療育等支援事業）。平成18年度には同委員会を「発達障がい者支援体制整備検討委員会」として組織化し、平成24年度には府障がい者自立支援協議会の部会として位置付けることによって、協議会方式による施策推進体制が整った。

表2　大阪府における発達障がい児者支援体制整備と施策検討の経過

平成14年度	大阪府自閉症・発達障害支援センター 設置
平成16年度	大阪府自閉症・発達障害拠点ネットワーク検討委員会 設置
平成17年度	・発達障害者支援法 施行 ・法施行に伴い、自閉症・発達障害支援センターを「大阪府発達障がい者支援センターアクトおおさか」に改称
平成18年度	大阪府発達障がい者支援体制整備検討委員会 設置
平成19年度	「大阪府発達障がい者支援体制整備検討委員会報告書」
平成24年度	・大阪府発達障がい児者支援体制整備検討部会 設置 ・「大阪府発達障がい児者支援体制整備検討報告書」
平成25年度	・大阪府発達障がい児者総合支援事業 創設 ・大阪府発達障がい児者支援プラン 策定

大阪府発達障がい者支援センターアクトおおさかは、平成14年度に「大阪府自閉症・発達障害支援センター」として設置され（発達障害者支援法の施行に伴い改称）、政令指定都市（大阪市・堺市）を除く府内の発達障がいのある方とその家族、関係機関等の相談支援、コンサルテーション、就労支援及び啓発研修等の事業を行っている。

設置場所:大阪市中央区
委託先:社会福祉法人 北摂杉の子会
スタッフ:常勤6名(H28.4)
年間相談者数:1286人、延3685人(H27)

※大阪市、堺市については、それぞれ
「大阪市発達障がい者支援センターエルムおおさか」
「堺市発達障害者支援センターアプリコット堺」を設置。

○大阪府発達障がい児者総合支援事業の創設

上記の経過を経て、平成24年11月に「大阪府発達障がい児者支援体制整備検討部会」を設置し(詳細については後述)、平成25年度には知事の強いリーダーシップにより、知事重点事業として「発達障がい児者総合支援事業」を創設した。発達障がい児者支援は、第4次大阪府障がい者計画において、高次脳機能障がい等と並んで「施策の谷間」として最重点施策のひとつに挙げられており、本事業は、この発達障がい児者支援について「ライフステージに応じた一貫した切れ目のない総合的な支援」を目標としたものである。障がい福祉施策を担当する福祉部のみならず、健康医療部、教育委員会、商工労働部等、担当部局が連携しながら取組を進めている。

表3 大阪府発達障がい児者総合支援事業(平成28年度概要)

ライフステージに応じた支援
＜乳幼児期＞ ○ゲイズファインダー(社会性発達の評価補助装置)の活用 ○保健師研修 ○幼稚園教諭・保育士等研修
＜乳幼児期〜学齢期＞ 障がい児通所支援事業所等への機関支援等
＜学齢期＞ ○発達障害の可能性のある児童生徒等の系統性のある支援研究(教育委員会) ○高校生活支援カードの実施(教育委員会)

＜成人期＞ ○移行アセスメントプロフィール研修 ○精神・発達障がい者の職場定着支援事業（商工労働部） ○精神・発達障がい者の就職支援事業（商工労働部）
家族に対する支援
○ペアレント・トレーニング事業 ○ペアレント・メンター事業
総合的な支援体制の整備
○発達障がい者支援センターの運営 ○発達障がい者地域支援マネージャー事業 ○専門医師養成研修 ○発達障がい児者支援体制整備検討部会の運営

3. 発達障がい者支援地域協議会の設置及び運営

（1）大阪府発達障がい児者支援体制整備検討部会

　平成 28 年の発達障害者支援法の改正により、都道府県は「発達障害者支援地域協議会」を設置できることとなったが、大阪府ではこれ以前に、前述の「発達障がい者支援体制整備検討委員会」の検討を経て、平成 24 年 11 月に府障がい者自立支援協議会のもとに「発達障がい児者支援体制整備検討部会」を設置している。

　発達障がい児者支援体制整備検討部会は、大阪府の附属機関として、発達障がいにかかわる学識者、専門家、親の会、関係団体、市町村等の参画を得て、大阪府の発達障がい児者支援体制に関する調査審議を行うことを目的としている。同部会のもとには「こどもワーキンググループ」「成人ワーキンググループ」を設置し、それぞれ発達障がい児、発達障がい者の支援体制等に関する検討を行うとともに、平成 25 年度の「問診票検討ワーキングチーム」、平成 26 〜 27 年度の「乳幼児健診検討ワーキングチーム」のように、必要に応じてワーキングチームを設置し、より特化した専門的な内容について検討を行っている。部会・ワーキングの開催実績は、平成 27 年度は、部会が 3 回、ワーキンググループが各 2 回、ワーキングチームが 3 回となっている。

　また、これまでの検討の成果は、後に述べるように大阪府の施策として反映するとともに、必要に応じて手引きやマニュアル等にまとめ、府民や支援者に情報発信している。

第 4 章　地域の取組

【部会の成果を取りまとめた手引き類】

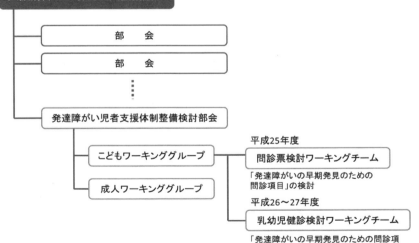

図1　大阪府発達障がい児者支援体制整備検討部会の構成

(2) 発達障がい児者支援施策庁内推進会議

また、同部会の運営にあたっては、「発達障がい児者支援施策庁内推進会議」が事務局の役割を担っている。この会議は、発達障がい児者支援施策の庁内での一体的な推進を図ることを目的として設置しているものであり、障がい福祉施策を担当する福祉部を中心として、医療、母子保健、教育、労働、青少年施策など、庁内の5部局17課所によって構成している（平成28年9月時点）。会議のメンバーは、「発達障がい児者総合支援事業」の実施において連携を図るとともに、「発達障がい児者支援体制整備検討部会」の事務局として、部会で議論すべき内容について検討を行う役割を担っている。

(3)「大阪府発達障がい児者支援プラン」の策定と検証

発達障がい児者支援体制整備検討部会においては、府が実施する事業及び取組に関する審議を行うとともに、府内（市町村を含む）の支援体制の整備における現状・課題の把握や、府の取組の方向性等に関する検討等を行っている。

平成25年度には、部会及び各ワーキンググループでの検討により、「発達障がい児者支援体制整備検討報告書」において示された方向性に基づき、今後の具体的施策や年度ごとの実施スケジュールなどを示した「大阪府発達障がい児者支援プラン」を策定した。本プランでは、下記の「基本的な考え方」に基づき、9本の柱立てによる具体的な施策展開とプラン終了期間までに目指すべき姿を示している（計画期間：平成25年度から平成29年度まで）。

プランの趣旨等

---

(1) 趣旨
- 本プランは、「第4次大阪府障がい者計画」において「支援の谷間」とされた発達障がい児者支援について、平成25年3月に策定した「大阪府発達障がい児者支援体制整備検討報告書」において示された方向性に基づき、今後の具体的施策や年度ごとの実施スケジュールなどを示すもの。

(2) 基本的な考え方（重層的な支援体制の構築）
- 発達障がいについては、それぞれの特徴に応じた支援や配慮が重要であり、平成26年1月に批准した障害者権利条約や改正障害者基本法及び障害者差別解消法においても障がい者に対する「必要かつ合理的な配慮」の取組が求められることになった。
- 今後はこのような考え方を踏まえつつ、発達障がい児者に対して、それぞれのライフステージに応じた一貫した切れ目のない支援が行われるよう、大阪府、市町村、学校、支援機関、医療機関、企業等がそれぞれの役割に応じて連携しつつ、発達障がい児者の特性理解に基づく重層的な支援体制を構築することを目指す。

● なお、本プランの計画期間は、平成25年度から平成29年度までの5年間とする。

プラン期間終了時までに目指すべき姿

	具体的な施策展開	目指すべき姿（成果指標）
1	早期発見から早期発達支援へ	➢ 府内全市町村の1歳半健診、3歳児健診で使用される問診票が、発達障がいの視点を取り入れた内容となっている。 ➢ 府内全市町村において、1歳半健診から3歳児健診までの間における早期発見のための取組が実施されている。 ➢ 今後の検証を踏まえ、ゲイズファインダー等を使った健診体制が確立している。 ➢ 乳幼児健診を担当する府内市町村の保健師が、発達障がいに関する研修を受講している。 ➢ 府内の幼稚園において、発達障がいに関する研修を受講した教諭がいる。 ➢ 府内の保育所において、発達障がいに関する研修を受講した保育士がいる。
2	医療機関の確保等	➢ 発達障がいの診断等が行える医療機関の情報について、関係機関で共有できるネットワークが構築されている。 ➢ 発達障がいの診断等が行える医療機関の情報について、府民がアクセスしやすいようホームページ等を通じて公表されている。
3	発達支援体制の充実	➢ 府内全域に発達障がい児に対する支援を行える事業所が存在している。 ➢ 療育拠点が実施する児童発達支援センター等の機関支援等実施機関120か所。（平成26年度まで） ➢ 二次医療圏域ごとに、発達障がい児の支援体制の整備にかかわるネットワークが構築されている。
4	学齢期の支援の充実	➢ 「授業内容がわかる」子どもを増やす → 全国平均をめざす(H27) ➢ 発達障がいのある生徒について、個々の特性を把握する手法と、適切な指導や支援が全府立高校に共有されている。 ➢ 支援を要する生徒について、個別の教育支援計画が作成されている。
5	成人期の支援の充実	➢ 府内全域において、発達障がいの可能性のある人に対して、支援が適切に行われている。 ➢ 府内全域に発達障がい者に対する支援を行える事業者が存在している。 ➢ 平成30年4月からの精神障がい者の雇用義務化を見据え、平成29年度までに大阪の民間事業主の実雇用率が法定雇用率の2.0％以上となっている。
6	家族に対する支援	➢ 府内全域において、「ペアレント・トレーニング」等の保護者に対する支援プログラムが実施されている。 ➢ 大阪府において、「ペアレント・メンター事業」が実施されている。 ➢ 福祉と教育の連携による家族支援を実施する市町村数が増加している。
7	相談支援の充実	➢ 府内全域において発達障がい児者の相談窓口となる相談支援事業所が整備されている。
8	支援の引継のための取組	➢ 府内全市町村において支援の引継のための仕組みが構築されている。
9	府民の発達障がい理解のための取組	➢ 府及び府内全市町村において発達障がいに関する啓発活動が実施されている。

※「大阪府発達障がい児者支援プラン」より

また、本プランの検証として、平成27年9月には「発達障がい児者総合支援事業の進捗状況と評価」及び「発達障がい児者支援に係る市町村の取組状況

等」を取りまとめ、プランの進捗状況について中間評価を行った。この中間評価では、プランの項目に基づいて発達障がい児者総合支援事業の進捗と現状の評価を行うとともに、「大学等における学生支援」等の新たな課題が提起されている。

さらに平成28年度からは、こうした現プランの中間評価を踏まえ、平成30年度以降の「新・大阪府発達障がい児者支援プラン」（仮称）の策定に向けた論点整理に着手した。プランを引き継ぎ、取組を充実していくこととしている。

なお、プランのモニタリングに当たっては、発達障がい児者総合支援事業の進捗状況とともに、毎年実施している市町村アンケートの結果を各部会・ワーキンググループで報告しており、部会（全体）と各ワーキンググループ・ワーキングチーム（各論）が相互にその検討内容を反映させながら議論を進める形を取っている。

(4) 今後に向けて

平成25年度以降の重点的な取組と体制整備により、府としての発達障がい児者支援の取組は、一定の進捗が図られた。例えば、乳幼児期における発達障がいの早期発見に関しては、平成25年度に「発達障がいの早期発見のための問診項目」を市町村に提示しており、平成28年度末までには、府内の全市町村で、この問診項目を取り入れた問診票の改訂が完了する見込みである。

また、平成26年度には、発達障がい児者の家族が子育てに関する経験談の紹介などを通して他の家族のサポートを行う「ペアレント・メンター」事業を開始し、平成27年度からは府内へのペアレント・メンターの派遣を始めている。

今後は、引き続き、民間事業者の力も借りながら、当事者・家族の身近な地域におけるさらなる支援の充実と地域支援ネットワークの整備に向けて、市町村と連携した着実な取組を進めていくものである。

4．その他

➢大阪府ホームページ「大阪府の発達障がい児者支援の取り組み」
➢大阪府発達障がい児者支援プラン（上記ホームページに掲載）

2　長野県の取組（発達障害者地域支援マネジャーの取組を中心に）

1．自治体の概要

　長野県は、本州内陸部に位置する人口およそ209万人を有する内陸県であり、全国で4番目の広さを誇ります。それゆえ、市町村数が多く、19市23町35村の計77市町村を擁します。その77市町村が、以下のとおり4の広域及び10の圏域に分けられています。
　なお、各圏域には、それぞれ保健福祉事務所（保健所）、障がい者総合支援センターが設置されています。

広域名	圏域名	広域名	圏域名
東信	佐久	中信	木曽
	上小		松本
南信	諏訪	北信	大北
	上伊那		長野
	飯伊		北信

　長野県では、長野市に所在する長野県精神保健福祉センター内に発達障がい者支援センターを併設し、発達障がい者の相談支援や支援関係者の人材育成、普及啓発などの事業を行っています。また、県中部の松本市に中南信駐在を設置し、主に中南信地域への支援を行っています。
　発達障がい者支援センターの職員は精神保健福祉センターの職員が兼ねており、精神科医1名、福祉職3名、心理職2名の計6名で運営しています。

2. 事業開始の背景

　長野県では、県における発達障がい者支援の中長期的なあり方を検討する「発達障害者支援のあり方検討会」を平成23年度に組織し、発達障がい者支援に関する全年代、全分野の課題の把握や対応策の検討を行いました。平成24年1月に示された検討会の報告書では、長野県における今後の発達障がい者支援の進め方として、5つの支援の柱が提示されました。

　　　　　～「発達障害者支援のあり方検討会」で示された5つの支援の柱～
　①全般的な分野の専門家の配置　　②情報共有のための環境整備
　③専門的な支援技術の強化　　　　④社会の理解と協力を促すための普及啓発
　⑤発達障がい診療の体制整備

　発達障害者支援のあり方検討会では、行政、医療、福祉、教育、就労等、発達障がい者への支援に直接従事する機関において、支援方法の行き詰まりや他機関への支援の引継ぎなどの必要性を感じた場合に適切なアドバイスや支援のガイダンスが受けられる体制を整備するため、発達障がい者支援に関する全ての年代・分野の知識及び経験を有した人材の配置が必要とされました。そこで当県は、平

成 24 年度より「長野県発達障がいサポート・マネージャー整備事業実施要綱」を整備し、全般的な分野における発達障がい者支援の専門家として、「長野県発達障がいサポート・マネージャー」の養成を決定し、平成 25 年度には配置を開始しました。

　このたび発達障害者支援法が改正され、都道府県は、発達障害者支援センター業務を行うに当たっては、地域の実情を踏まえつつ、発達障害者及びその家族その他の関係者が可能な限りその身近な場所において必要な支援を受けられるよう適切な配慮をすることとされました。ですが、長野県は面積が広く、既存の発達障がい者支援センターのみではそれぞれの当事者の「身近な場所」において必要な支援を受けられるよう配慮をすることは困難です。
　しかし、県が養成・認定し、発達障がい者支援センターとも緊密に連絡を取る長野県発達障がいサポート・マネージャーを県内全圏域に配置することによって、当事者が身近な地域で、地域の実情に応じた適切な支援を受けられるよう、取組を行っています。

3. 事業内容
①長野県発達障がいサポート・マネージャーとは
　長野県発達障がいサポート・マネージャーは、発達障がいのある方及びそのご家族が年代や分野を超えて一貫した支援を受け、将来の見通しを持って安定した社会生活を送ることができる体制を整備するため、発達障がいのある方への直接支援者（行政、医療、福祉、教育、就労等）に対し、電話、面接、支援会議への参加等を通じて総合的な助言や支援の橋渡し等を行います。

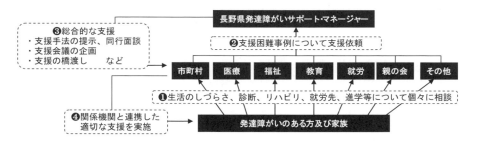

　平成 25 年度に 4 圏域への配置を開始し、平成 26 年度にはさらに 4 圏域へ、平成 27 年度には全圏域への配置が完了しました。長野県発達障がいサポート・

マネージャーは配置以来、本県における「発達障害地域支援マネジャー」として、各圏域の障がい者総合支援センター等に所属し、地域の特性に応じた支援を展開しています。
②活動の状況
　長野県発達障がいサポート・マネージャーは、大きく分けて以下の2つの支援手法により支援を行っています。

　支援手法①「特定の当事者を対象とした支援困難事例への介入」
　支援手法②「地域における支援関係者の連携の仕組みづくり」

　支援手法①「特定の当事者を対象とした支援困難事例への介入」は、当事者や家族、支援者をめぐり、様々な課題が山積し混乱を来している事例の全体を客観的に捉え、整理をし、支援方針が固まるまでの同行面談、複数の支援関係者を招集しての関係者会議・支援会議の企画、支援ニーズに応じた適切な支援機関への橋渡し等を行うことにより対応しています。

　支援手法②「地域における支援関係者の連携の仕組みづくり」については、支援関係機関において、発達障がいの理解が不足していたり、支援手法を限られた支援者だけしか知らなかったり、単独の対応のみで他の支援関係機関と連携して支援に当たる体制が築けていなかったりするなど、組織的な対応力が十分でない場合、長野県発達障がいサポート・マネージャーが組織的に不足した部分を整理した上で、対応力向上に繋がる調整・助言等を行うものです。
　同時に、日頃から支援関係者相互による情報交換等を行い、地域における支援関係者の連携の仕組みづくりを促進しています。

4. 支援事例

以下に、支援手法①特定の当事者を対象とした支援困難事例への介入と、支援手法②地域における支援関係者の連携の仕組みづくりを行った事例として、長野県発達障がいサポート・マネージャーからの報告をご紹介します。

○長野県発達障がいサポート・マネージャーからの報告
「警察と長野県発達障がいサポート・マネージャーが連携した見守り的支援の試み」

小学生女児への付きまとい等を繰り返してしまう、ある知的障がいを伴う自閉症の青年（以下「A」と呼びます。）について、家族と警察の両方から相談を受けた事例です。

Aさんは特別支援学校卒業後、通所施設に通っています。平日の夕方や通所施設が休みの土日には、自転車で出かけ近所の小学校の校庭や公園に立ち寄ります。トラブルは子ども達が集まる校庭や公園で発生します。両親からの相談によると、Aさんが遊んでいる小学生女児に近づき体を触ろうとするなどの「わいせつ行為」があったとして、女児の家族から110番通報されることが続いているというのです。親に対して警察からは、「家族でしっかり見ていてもらわないと困る」とか「預かってくれる施設を探したらどうだ」などと厳しく指導されており、相談に訪れた両親の表情から推察すると、家族もかなり疲弊している様子でした。また地域住民から「危険人物」として警戒される存在になってしまっていることが、両親を追い詰める状況にさらに拍車をかけているようです。

家族の了承を得て、所轄する警察署生活安全課を訪ねると、今度は警察からAさんの件に関して対応に苦慮しているという相談を受けることになります。これまで警察では、通報を受け現場に駆けつけ身柄を確保し、補導して警察に連れて行き、その後親を呼び出し、親を指導して家に連れて帰ってもらうという対応をしていました。本人を注意したり家族に指導したりしても、すぐに同じようなトラブルが繰り返されることに困惑しているとのことでした。

両親が警察の対応に憤りを感じている一方、警察としては家族のAさんへの対応を不満に思っていました。警察は短絡的に「昼夜預かってくれる施設はないのか」と考えていたようです。

また、警察と話を進めていくと、このようなケースがAさんだけではなく、他の発達障がいのある人でも当該警察署管内でしばしば同じようなトラブルが発生しているというのです。

Aさんのケースは、家族（家庭生活）を支える社会的資源が足りないことと、警察がAさんの障がい特性や障がいのある人の家族の気持ちを理解できていないことが主な課題であると考えました。

関係するそれぞれの機関が、課題を把握し共有していくことが課題解決の糸口につながります。

まず、Aさんが自宅で過ごしている間、家族だけではなく、福祉サービス等の利用により社会的支援により対応することができないか検討をするため、市

のケースワーカー、相談支援センター相談員、通所施設職員、そして警察も参加してケア会議を開催しました。それぞれの機関からアイディアを出し合い、平日は通所施設からの帰宅時間をそれまでよりも遅めにすること、土日は移動支援などの福祉サービスを利用して、本人の外出の楽しみと家族の負担軽減を図ることにしました。

　次に警察における、発達障がいのある人への対応に対する支援です。基本的な理解として、知的障がいと自閉症スペクトラムの影響で社会適応能力の弱さと、（相手の気持ちを考えることが難しいことから）対人接近時の過誤を起こしやすい特性を抱えていることを伝えました。その場に応じた適切な行動や態度をとることに困難さを抱えていること、そして口頭での注意や指導はほとんど学習効果がないことなどを理解してもらい、生活安全課だけでなく夜間当直にあたる警察官にも伝えてもらうよう依頼しました。

　Aさんが女児と出会う機会を減らすという支援は、一見対処療法的に思われるかもしれませんが、障がい特性からすると、見ない、会わないという対応は効果的で本質的なアプローチです。

　このような対応の後、Aさんの行動に対する110番通報は減りましたが、全く無くなったわけではなく、また変質者として扱われAさんが地域住民から暴力を受けるということもあり、地域住民の理解という課題はこれからです。

　警察とはAさんの事案を通して、警察と福祉との新しい連携の試みも始まりました。110番通報も含め、警察に寄せられる様々なトラブル情報の中で、発達障がいのある人が加害者あるいは被害者として関わっていると思われる事案については、警察からサポマネに一報を入れてもらい電話で助言することや、状況によっては現場に駆けつけその場で本人の特性などを警察官に伝えることなどを行ってきました。

　司法と福祉の連携でいわゆる（検挙・逮捕後の司法への）入り口支援において各地で有効な取組がありますが、それに加えて地域での触法行為やトラブルを未然に防ぐ、いわば「入り口前」の支援が重要だと考えています。発達障がいのある人が被害者としても加害者としても犯罪に巻き込まれないため、司法と福祉が障がいのある人に対して共通認識をもち、日頃からの「見守り的」な協力体制を組めるかがポイントだと思います。

　最後に、地域の警察署生活安全課とサポマネの間で試み的に行ってきた取組ですが、実施にあたっては担当警察官の理解や熱意に拠るところが大きく、担当者が変わるたびに連携の濃淡が変わり「システム」にはなり得ていないのが

現状です。地域での司法と福祉の連携の取組を持続的なシステムにしていくためには、今後、情報共有のための個人情報の取扱いルール、携わる福祉関係者の責任や権限の明確化、司法制度など法的整備も含めた検討が必要に思われます。

5. まとめ

　長野県発達障がいサポート・マネージャーも配置から4年目となり、地域における支援体制の構築は、確実に進んできました。

　長野県発達障がいサポート・マネージャーによる個別支援事例への介入については、支援関係者では対応が困難であった事例がよい方向に動き出しただけでなく、長野県発達障がいサポート・マネージャーが外部機関との連携を行ったことで、支援依頼元である支援関係者の連携に対する意識の変化や支援体制の強化も見られ、他の支援困難事例への対応方法にも変化が出始めることとなりました。

　連携体制の構築については、日頃から長野県発達障がいサポート・マネージャーが連携先の機関と情報交換を積み重ねてきた成果として、形になり始めたものであると考えています。また、正式な会議の場だけでなく終了後の挨拶や立ち話などの機会を捉えて情報交換を行うことにより、圏域に不足している機能や支援関係者に不足している技能等の確認・把握ができ、それを補うための活動へと結びついています。

　以上のことから、長野県発達障がいサポート・マネージャーの活動を通して、以下に挙げる事業成果があったと考察しています。

①継続してチーム支援を受けることによる、孤立しがちな当事者の生活の安定化
②長野県発達障がいサポート・マネージャーが困難事例に関わり、支援者相互の役割分担が明確化されることによる、有機的な連携体制の実現
③チーム支援を経験した支援者が、課題を抱えた当事者への具体的なアプローチの方策を蓄積することにより、他の事例に対しても前向きになる

　今後においても、長野県発達障がいサポート・マネージャーをはじめとする様々な施策により、発達障がい者やその家族その他の関係者が地域の実情を踏まえた支援を可能な限り身近な場所において受けることができる体制整備を推進していきます。

6. 参考文献
- 発達障害者支援のあり方検討会（事務局：長野県健康福祉部健康長寿課）（2012）『長野県における発達障害者支援のあり方』
- 長野県健康福祉部保健・疾病対策課（2015）『平成26年度発達障害者支援開発事業（厚生労働省補助事業）実施結果報告書「長野県発達障がいサポート・マネージャーによる支援手法の開発～連携体制構築による二次障がい、行動障がいへの対応～」』

3 静岡県発達障害者支援センターの取組

1. はじめに

静岡県は人口3,688,434人（平成28年9月現在推計値）、静岡市（702,258人）、浜松市（797,186人）の2つの政令指定都市がある。発達障害者支援センター（以下センター）は県のセンターのほか、静岡市、浜松市に設置されており、県のセンターは両市を除く33市町、人口約220万人を所管している（図1）。障害保健福祉圏域は8圏域あり、県東部に位置する富士、駿東田方、熱海伊東、賀茂の4圏域を東部地域と呼ぶことが多い。

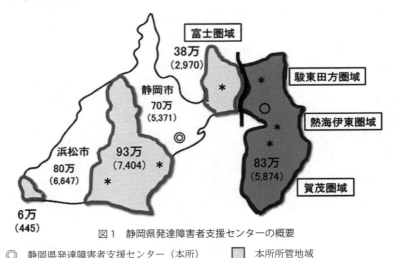

図1　静岡県発達障害者支援センターの概要

◎　静岡県発達障害者支援センター（本所）　　　本所所管地域
○　静岡県発達障害者支援センター（東部）　　　センター（東部）所管地域
＊　発達障害者支援コーディネーター

人口は平成28年9月1日推計人口に基づく概数　　（　）内は平成26年度年間出生数

ここでは、前半でセンターの機能強化の一環として東部地域に設けた発達障害者支援センター（東部）について、後半で災害時の発達障害者支援について、現状と課題を述べる。

2. 発達障害者支援センターの概要

　静岡県発達障害者支援センターは、県直営かつ他の施設に附置されていない全国的にも稀なセンターである。本所は静岡市内にあり、年齢、知的障害の有無を問わず、相談、発達や就労の支援、人材育成、普及啓発、地域の支援体制作りなど、発達障害者支援センターとしての全般的な取組を行っている。職員は全員県職員であるが、各種の専門職から構成されている（表1）。医師が常勤、専任で2名配置されていることも、他のセンターにない特徴である。県は前身のこども家庭相談センター総合支援部に児童相談所、県立児童福祉施設関連の診療と発達障害の診療を行う診療所を設置していたが、この診療所の位置付けを情勢に合わせて柔軟に変化させ、現在はセンター附設の診療所として、センターの業務を行う上で必要な場合の診療を行っている（図2）。医師も含めた職員はそれぞれの得意分野はあるものの、職種によらず、発達障害者支援センターの職員としての共通の業務を担っている。

表1　静岡県発達障害者支援センターの職員構成

	職種	人数	備考
常勤	医師	2人	センター（東部）にはこのうち4人程度を状況に応じて配置
	心理士	5人	
	社会福祉士	1人	
	保健師	1人	
	教員	1人	
非常勤	心理士	3人	
	看護師	1人	交代で勤務
	医療事務	2人	
	医師（嘱託）	1人	月1回半日

第2部　発達障害者支援の今後の展開

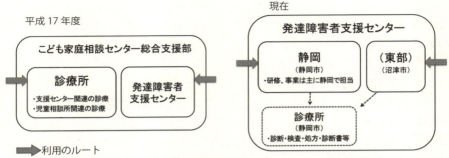

図2　静岡県発達障害者支援センターにおける診療所の位置付けの変化

3. 発達障害者支援センター（東部）の設置（センターの機能強化）
(1) 東部地域の状況

　静岡県は東西に長く、医療、福祉などは西高東低の傾向があると言われている。この傾向は特に小児期において著しい。例えば、乳幼児健康診査の精神発達でのピックアップ率は、東部地域では他の地域に比較して有意に低く、健康診査に心理相談員を配置する市町の割合も平成26年度で、1歳6か月、3歳

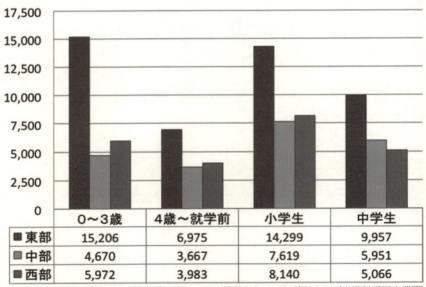

図3　発達障害の診断・知能検査が可能な1医療機関あたりの年齢別人口（小児科系医療機関）
　　＊状況によって診療することがある医療機関は0.5施設でカウント

児健康診査ともに県内平均を 10 ポイント以上下回っている。児童発達支援センターは公設の機関が相対的に多く、設置した市と未設置の市町との間で格差が大きい。小児期の発達障害の診療を行う医療機関は著しく不足している。診断と知能検査が可能な小児科系の医療機関 1 施設当たりの人口で見ると、東部地域では 0 ～ 3 歳で中西部の約 3 倍、4 歳～中学生で約 2 倍を担う必要がある（図 3）。

(2) 東部地域への支援の経過

当センターにおいても、東部地域からの相談が相対的に多い状況が続いた。また、地域の支援機関につなぐ際にも、東部地域では依頼できる機関が他の地域に比較して少ない状況があった。県民からの相談や親の会との意見交換を通じて、発達障害領域での東部地域への支援の必要性を強く感じていたため、平成 20 年度から東部総合庁舎（沼津市）内の会議室を会場として東部発達障害相談会を開催、地域で相談を受け始めた。平成 22 年度からは当センターに寄せられた相談の中から、必要に応じて相談会を案内する形に変更し、開催回数も増やしていった（表 2）。

表 2　東部地域への支援の経過

年度	経過	相談・支援	機関コンサルテーション（東部地域分）	発達障害者支援コーディネーター
H20	・東部地域発達障害相談会開催	相談会（1 回 / 月）	―	―
H21		相談会（1 回 / 月）	―	2 人配置(中西部1人)沼津、伊豆の国
H22		相談会（1 回 / 月）	―	同　上
H23	・親の会らが署名提出 ・仮設相談室整備	相談会（1 回 / 週）	4 機関 ・就労移行支援 2 ・児童発達支援 2	同　上
H24	・発達障害者支援センター（東部）開設	常駐（1 ～ 3 人）	4 機関 ・児童発達支援 ・施設入所支援 3	同　上

H25	・発達障害者支援センター(東部)相談室拡充 ・東部市町長会、「発達障害の支援を考える」議員連盟が要望書提出	常駐 (2～4人)	4機関 ・就労移行支援 ・施設入所支援 ・就労継続支援B型 ・小学校特別支援学級	4人配置(中西部2人) 沼津、伊豆の国 御殿場、富士
H26		常駐 (2～5人)	7機関 ・障害児入所支援2 ・児童発達支援 ・小学校特別支援学級4	同　上
H27	・発達障害者支援体制整備検討委員会、実務担当者会議、庁内連絡会議による検討開始	常駐 (2～5人)	4機関 ・生活介護 ・児童発達支援2 ・小学校特別支援学級	同　上

　平成23年10月には東部地域への支援を求める6万2千人分の署名が県に提出され、これを受けて平成24年2月に専用の相談室を設置、さらに同年4月には相談室を拡張整備、同一組織内の2つ目の拠点として発達障害者支援センター（東部）（以下センター（東部））を開設、職員を1～3名常駐させた。所管地域は職員数や物理的なスペースの確保の問題から、富士圏域を除く東部地域（駿東田方、熱海伊東、賀茂の3圏域）とした。その後も「発達障害の支援を考える」議員連盟、東部地域の市町長会の働きかけもあり、体制を徐々に拡充してきた。

(3) 事業の概要と現状
①発達障害者支援センター（東部）
　センター（東部）の開設に伴い東部地域の人が相談しやすくなったこと、地域の大きな期待や強いニーズにより様々な相談が寄せられたことにより、新規相談件数は急激に増加した（図4）。平成23年度には県外、不明を除く新規相談全体の38％がセンター（東部）所管地域からの相談であったが、平成24年度は全体の53％に達した。その後、潜在的なニーズの顕在化が一段落し、徐々にセンター（東部）の役割や機能が関係機関や地域に理解されてきたことなどから、平成25年度には相談件数がやや減少、新規相談件数の増加率はセンター（東部）開設前と同程度になった。平成27年度には新規相談のうち43％がセンター（東部）所管地域からであった。所管している地域の人口が全県の1/4

程度であることを考えると、依然としてこの地域からの相談の割合が多い状態が続いている。

　センター（東部）の新規相談の特徴は3つある。年齢においては、当センター全体では約55%が19歳以上であるが、静岡の本所に比較して10ポイント程度成人の割合が低い傾向がある。相談内容では、医療機関や支援機関の情報提供を求める相談ではなく、具体的、直接的な支援を期待する相談が多い。関わり方においては、継続的かつ頻繁になる場合が多い。当センターでは受付けた相談を情報提供や簡単な助言、他機関へのつなぎを中心とした1～数回の相談と、継続的な相談、支援、アセスメント、ケースワーク、機関連携などを行う継続的相談の2タイプに分類しているが（図5）、継続的相談となる割合はいずれの年も本所より高く（図6）、一人あたりの支援回数も多い傾向がある。地域に医療機関、支援機関が少ないこと、静岡市にある本所は、所在地を所管していないが、（東部）は所管する地域内にあるため、より身近な機関となっていることが理由として考えられる。

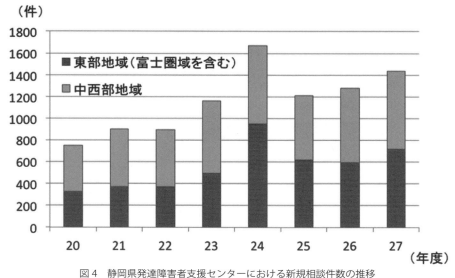

図4　静岡県発達障害者支援センターにおける新規相談件数の推移
＊平成24年度に発達障害者支援センター（東部）開設

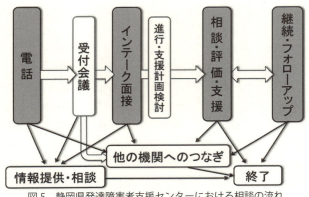

図5　静岡県発達障害者支援センターにおける相談の流れ

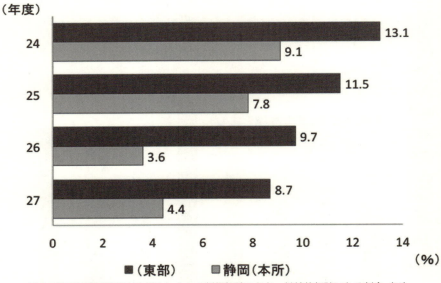

図6　静岡県発達障害者支援センターの新規相談のうち、継続的相談になる割合（%）

②発達障害者支援コーディネーター

　センター単独で全ての相談に対応することは困難であり、身近な地域での相談への移行や、地域の事業所との緊密な連携が必要になる。そこで平成21年度から、県が民間の社会福祉法人などに発達障害者支援コーディネーターを3名委託し、うち2名を東部地域に配置した。平成25年度からは当センターが

直接契約し、6名体制（うち東部地域は4名）に拡充した（表2）。コーディネーターは民間の相談支援事業所などに所属しながら、当センターとの緊密な連携のもとに相談業務、地域の自立支援協議会への参加、人材育成、ネットワーク作り、当センター主催の連絡会への参加、研修の補助などを行っている。当センターとしてはコーディネーターを通じて地域の情報を収集することで、県内の発達障害者支援の実情を把握することもできる。また、従来当センターが実施していた実践報告会や当事者グループを、コーディネーターが中心となり地域で開催する形に移行してきている。

コーディネーターは地域の中継点であり、公設、直営のセンターの弱点である柔軟性、迅速性を補う役割がある。厚生労働省の事業である発達障害者地域支援マネジャーの制度も参考にしながら、県内の実情も踏まえて柔軟に運用している。

③**機関コンサルテーション**

施設などからの要望に基づき、一定期間、定期的にコンサルタントが訪問し課題解決に向け相談に応じ、支援に関する助言、情報提供、研修などを行うものである。当センター職員が実施するものに加えて外部のコンサルタントにも依頼し、東部地域で重点的に実施してきた（表2）。コンサルテーションをきっかけにセンター主催の研修に職員を積極的に派遣するようになったり、研修に参加した職員の施設がコンサルテーションを申し込んだりといった相乗効果が生まれている。また、取り組んだ実践を実践報告会で他施設にも紹介してもらっている。

④**そのほか**

東部地域への支援として、そのほかにも正規の事業及び運用の中でいくつかの策を講じている。センターの研修や人材育成に関わる事業は東部地域に重点を置き行ってきた。成人当事者グループや配偶者の集まりも東部地域で開催しているほか、平成25年度からは伊豆半島の賀茂圏域に出向いて相談会を実施している。

センター（東部）における、直接的、一次的な支援のニーズは依然として高いが、継続的な相談の割合は徐々に減少傾向にあり、間接的な支援に移行しつつあるとも言える（図6）。当センターや発達障害者支援コーディネーターが、地域の事業所と一緒に支援にあたり、会議や研修を通して啓発を行ってきたことで、徐々に発達障害のある人を地域で受け入れる体制が整ってきたと思われる。センター（東部）ができ、職員が常駐したことで地域の支援機関とのやり

とりが増え、事例を通じた他機関との連携、地域のネットワークづくりや情報収集が効果的にできるようになった。

(4) センターとしての課題と展望

　県民からのニーズが増大し、地域の支援機関が増えるにつれて、センターに求められる専門性は高くなっている。現状では2か所の拠点に専門性のある職員を配置することは困難な状況であり、一部の職員は必要に応じ両拠点を行き来している。身近な支援を行う地域の支援機関と、困難事例への支援や地域の支援機関の支援を行うセンターとの役割分担を明確にし、相互に連携しながら増大する支援ニーズに適切に対応していく必要がある。

　平成24年にセンター（東部）が開所して4年が経過し、東部地域においても、開所時と比べ発達障害に関する相談、支援に対応する機関が増えてきた。また、業務を通した他機関との連携や発達障害者支援コーディネーターの活動により、地域の支援体制も徐々に構築されてきた。一方で、統計を見る限りセンター（東部）に期待される役割は、静岡の本所とは若干異なり、直接的、一次的な支援が求められている。当面はこれらのニーズに応えながら地域の体制を整え、徐々に間接的、二次・三次的な役割にシフトしていく方針である。

　静岡県発達障害者支援体制整備検討委員会は、平成27年度から外部の関係者も入れた実務担当者会議、庁内連絡会議を事務局の補助に置き、実質的な議論を始めた。平成28年9月に検討委員会の議論を踏まえてまとめられた「静岡県における今後の発達障害者支援のあり方」をもとに、センターの地域支援機能のさらなる強化、地域配分、運営形態、専門性の確保などについても検討を進めている。

4　災害時の対応

(1) 背景

　静岡県は東海地震への備えから、防災先進県の一つとして認知されてきた。要配慮者についても防災訓練、福祉避難所の整備、福祉施設耐震化、連携体制の構築、避難行動要支援者支援研修会の開催など、様々な対策がとられてきた。平成19年発行の災害時要援護者マニュアルには、すでに発達障害の項目が明記されている。しかし、発達障害を含む障害児者への支援は主として避難所、地域・市町単位、障害者手帳所持者を対象とした枠組みであり、この枠組みから漏れやすい発達障害の人たちへの支援については、今後もさらなる検討が必要である。

(2) 経過と現状

　当センターでは発達障害をはじめとした障害のある人の災害時の支援について、情報収集、発信に努めてきた。平成21年には親の会との意見交換や県社会福祉協議会、県社会福祉士会と災害時の対応についての協議を行い、平成22年度は静岡県社会福祉士会主催の災害対策セミナーに企画及びパネリストとして参加した。

　一方、県直営のセンターであるため、県の防災体制の中で各職員それぞれに発災時の役割が分担されており、センターとしての業務を行える体制になかった。そのため、センターとしての業務の必要性を訴えるとともに、発災後に考えられる業務を時系列で整理し検討を始めた（表3）。その内容は未だ十分ではないが、センターとしての業務があることを内外に認識してもらうことで、独立して業務を継続できる体制を作ることができた。

　前述の「静岡県における今後の発達障害者支援のあり方」の中にも災害対策に関する記述がある。この中で、避難所における配慮の周知に加え、発達障害のある人とその家族の多くは発災時に避難所を利用することが困難であり、避難場所、情報、物資、相談などの対策について予め検討が必要なこと、災害発生後の通所先、通所手段の確保、日中活動の回復などの支援を行う仕組みが必要なことが強調されている。また、支援ニーズの把握、ボランティアの調整、相談体制の検討も記載された。今後、防災対策を担う危機管理部門や市町と調整し、対応に反映させていくことが次の課題である。

表3　静岡県発達障害者支援センターにおける災害時の応急対策業務

（発達障害者支援センター業務継続計画より抜粋、改変）

区分	応急対策業務
1日以内	・所属職員の安否確認 ・執務環境の復旧 ・復旧事業計画の策定
3日以内	・復旧事業の実施 ・関係機関との情報交換及び連絡調整 　・避難所等での状況、支援ニーズ把握開始 　・ボランティア等の配置、調整状況把握開始 　・全国の支援センターとの連絡調整

1週間以内	・センターの電話相談機能復旧 ・発達障害者の緊急（電話）相談窓口開設準備 ・発達障害への配慮の情報発信、リーフレット等の配布
2週間以内	・発達障害者の緊急（電話）相談窓口開設 ・ホームページ等に発達障害者への配慮事項記載

(3) 全国の支援センターでの議論

　熊本地震後に開催された平成28年度発達障害者支援センター全国連絡協議会総会・実務者研修会では、被災地への支援、センターとしての役割が話し合われた。過去の災害を経験したセンターからは、ボランティアや派遣職員の受入れや調整の困難さが指摘され、被災地の状況や全体の動きの把握とコーディネート、援助要請の仕組みの構築が必須であるとの指摘があった。発災後の対応だけでなく平時から、情報収集、連携、連絡ルートの整理、センターとして具体的行動のマニュアル作成、啓発や研修が重要という意見も多かった。また、直営のセンターの中には以前の静岡県同様、自治体の防災システムの中に役割が位置付けられており、発災時にセンター独自の業務として動くことが難しいところもあった。行政の計画の中に発達障害の視点を取り入れるために働きかけることも、センターとしての重要な役割であると思われた。

(4) 熊本県への職員派遣

　平成28年4月の熊本地震後、6月から2か月間、厚生労働省、日本自閉症協会、熊本県自閉症協会、熊本県担当者などの尽力により、全国10のセンターから熊本県北部発達障がい者支援センターへの職員派遣が行われた。既存のスキーム（社会福祉施設等に対する介護職員等の応援派遣）はセンターへの職員派遣に必ずしも対応していなかったため、関係各機関との調整に時間を要したが、現地のニーズをできる限り反映させるために、派遣職員は現地センターの指揮下で業務に当たることになった。当センターからは、実際に被災地での状況を経験し静岡県の対応に役立てる目的もあり、3名の職員を交代で派遣した。

(5) 熊本県への派遣で得られたこと

　派遣された職員からの報告、全国連絡協議会として派遣調整に当たった経験をもとに、当センターで話し合った災害時の課題は次のようなことであった。

①避難所

　避難所では発達障害に限定した相談のニーズは少ない。発達障害のある人の多くは避難所にはおらず、支援が必要な人は避難所の外にいる可能性が高い。

初期には避難所などへの情報提供や物理的支援が重要であるが、刻々とニーズが変化する。

②ニーズ把握

状況把握、適切な支援のためには、精神保健領域の活動や他の障害への支援活動との間で、情報共有、連携が重要になる。発達障害単独でニーズを確認しようとしても効率が悪く、被災者に負担をかけてしまう可能性もある。他のチームの活動や障害全般の支援策の中で、発達障害を含む障害児者やその家族の被災状況、支援ニーズを把握できるとよい。そのためには、平時からの検討、準備が必要になる。

③相談体制

相談体制においては発達障害のみを取り上げるよりも、中越沖地震における障害者相談支援センター（拠点）のような、他の障害を含めた総合的な相談体制の確立と、発達障害に関する専門的バックアップが望まれる。派遣された職員は地域の情報やネットワークが乏しいため、相談業務においては一般的な情報提供、助言以上は難しい。

④情報ルート

発災後は大量の情報が行き来する。被災地の要請に基づかずに行動すると複数の関係者との連絡調整、情報の整理で現地のセンターや関係者を疲弊させてしまう危険性があるため、情報ルートの統制が必須である。被災地の状況を迅速かつ的確に伝えられるような、情報のルートや仕組みを明確にしておくことは最重要課題の一つである。

⑤被災地センターの支援

一定の期間が経つと学校、事業所などにおける日常活動の復帰のための支援が重要になる。被災地のセンターが元来間接支援中心の業務を行っていた場合、直接支援のニーズには十分に応えられないことがある。外部の支援で一時的に直接支援を増やしても、派遣された職員が引き上げた後に被災地のセンターが混乱する可能性もある。外部の支援として、まずは被災地のセンターの通常業務の復帰をサポートすることが、結果として地域のために効果的である。

⑥平時の準備

情報ルート、援助要請の方法、総合的な相談体制の確保、職員やボランティアの派遣と受入れの調整、マッチングのスキーム、支援に関わる事業、予算の枠組み、実効性のあるマニュアルとシミュレーションなどについて平時から検討、準備しておくことが求められる。

(6) 今後の展望

　これらの内容は、過去の災害の際にも言われてきたことでもある。当事者意識を持って平時から体制作りに努め、全国のセンターと情報交換をしつつ、できることから一つずつ進めていきたい。

　今回の職員派遣の枠組み以外にも、公設のセンターであれば、被災自治体から自治体あての直接の要請に基づいた派遣の可能性もありうる。派遣側にとっても人員の余裕がない中での派遣になるため、効果的な職員派遣の仕組みについては、さらに検討が必要である。

5. まとめ

　センターは発達障害の切り口で、縦割りの制度や行政システムの隙間を埋めながら横断的に行動する機関である。行政施策の中に発達障害の視点を取り入れることは、他の障害にも通じる、多様性を前提とした社会づくりでもある。そのために、現状と課題を日々の業務を通じて的確に把握、抽出、分析し、適切に発信すること、予算や事業になる前段階から状況に合わせて柔軟な展開、運営をすること、行政と連携しつつ長期展望を意識し、現在取るべき戦略を選択することなど、一歩ずつではあるが、現場としてできることはたくさんあると考えている。

6. 参考文献

1) 静岡県発達障害者支援センター
　http://www.pref.shizuoka.jp/kousei/ko-840/sogo/index.html
2) 「静岡県における今後の発達障害者支援のあり方」静岡県発達障害者支援体制整備検討委員会　平成28年9月
3) 災害時要援護者マニュアル　静岡県　平成19年12月
4) 新潟県における相談支援事業の取組（発達障害者支援関係）
　http://www.pref.niigata.lg.jp/HTML_Article/09siryou5(syougai),2.pdf
5) 自閉症の人たちのための防災・支援ハンドブック　―支援する方へ―　日本自閉症協会　平成24年3月
6) 自閉症の人たちのための防災・支援ハンドブック　―自閉症のあなたと家族の方へ―　日本自閉症協会　平成24年3月
7) 災害時の発達障害児・者支援エッセンス　―発達障害のある人に対応するみなさんへ―　国立障害者リハビリテーションセンター研究所　発達障害情報・支援センター　平成25年3月

4 新潟県三条市の取組

～次代を担う全ての子どもに生きる力を～
「三条市子ども・若者総合サポートシステム」からの展開──「三条っ子発達応援事業」の取組について

1．三条市の概要

（1）まちの概要

　当市は、新潟県のほぼ中央部に位置し、平成17年5月1日に旧三条市・旧栄町・旧下田村の3市町村の合併により誕生したまちであり、人口100,501人（平成28年3月31日現在）、世帯数35,612世帯、面積432.01km²を有する市である。

　全国的には、「金物のまち」として知られ、現在では、金物の製造を通じて培われた「伝統の技」と「先端技術」が調和する新技術・新製品開発が盛んな金属産業都市、ものづくりのまちである。

金属加工製品（ニッパー型爪切り）

　地形的には、日本一の大河「信濃川」とその支流である清流「五十嵐川」の合流点に拓けたまちであり、これらの河川は肥沃な土壌を育て、豊かに作物を実らせ、河川交易により文化や産業に繁栄をもたらしてきた。さらに、豊かな大自然にも恵まれており、景勝地・八木ヶ鼻（やぎがはな）周辺には温泉施設があり、トレッキングやカヌーなどができる。

景勝地・八木ヶ鼻

（2）当市の教育環境

　当市には、私立幼稚園5園、私立保育園17園、市立保育所10施設、認定こども園1園、小学校21校、中学校9校がある。市町村合併以来、子どもたちに、将来にわたって様々な人たちと良好な人間関係を築き、力強く困難に立ち向かい、心豊かな社会生活を送るための「生きる力」の基盤を育むために、他市町村に先駆け小中一貫教育を推進してきた。さらに、一人一人の個性や創造力を伸ばす質の高い教育機会の充実に努めてきた。このことにより、中1

ギャップの解消等の課題解決に着実に成果を上げるとともに、自分の夢や目標をかなえ、各種分野で活躍する人材が育ってきている。

2. 子育て支援窓口の一本化　～組織機構の見直し～

以前は、子育て支援に関する様々な施策を実施しているものの、保健・医療・保育・教育など担当する分野ごとに複数のセクションが分散して支援を行っており、利用する側の市民にとっては分かりにくいという課題が続いていた。

子育ては、保育所や幼稚園、学校はもちろん、地域、事業者、関係団体など、様々な主体と連携しながら社会全体で支援することが大変重要である。このため、保育は福祉、義務教育は教育などという捉え方ではなく、子育てという大きなくくりの中で、子どものライフステージに応じた必要な取組を総合的かつ集中して取り組むための組織が必要と考えた。

そこで、子どもの出生から未就学児・小中学生・青少年期までの間の施策の連携や、個人への支援の継続性が十分に図られるよう、子育て支援に関する窓口を一本化するための整理を行い、平成20年4月に組織機構を見直し、子育て支援のための核となる新たな組織として子育て支援課を新設し、教育委員会に設置した。現在もその体制を継続している（【図1】参照）。

子育て支援に関する事務を教育委員会に集約した理由は、子育てというくくりの中で、義務教育については、法律上、教育委員会に置かなければならないことから、その他の子育てに関する市長の事務を教育委員会に移し、補助執行することにより一体的な取組を可能とすべく組織機構の見直しを図ったということである。教育委員会は、子どもに特化した部署として位置付け、子育て支援課のほか、教育総務課、学校教育課、小中一貫教育推進室と併わせ、3課1室の組織となった。

平成21年度には、教育委員会がある三条市役所栄庁舎内に子育て拠点施設として「すまいるランド」を開設した。

さらに、平成25年度には、小中一貫教育が全市一斉にスタートすることから、学校教育課を「小中一貫教育推進課」に名称変更を行うとともに、小中一貫教育推進室を廃止し、当該所掌事務を小中一貫教育推進課に移管した。併せて「教育センター」を新設した。同時に、子どもの育ちに応じたきめ細かな支援を継続的に実施するための組織として、子育て支援課内に「子どもの育ちサポートセンター」を新たに設置した。施設面では、栄庁舎内に直営の児童発達支援事業所「子ども発達ルーム」のほか、「教育相談室」、「メディアルーム」、「ホール」が設

第4章　地域の取組

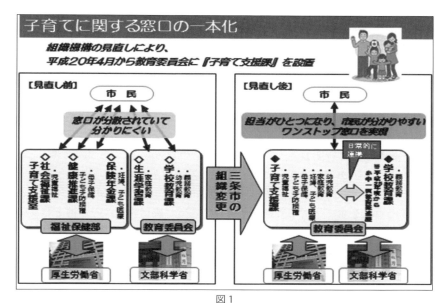

図1

置され、子育て支援、学校支援、教職員支援の体制が整った。

3. ライフステージに応じた切れ目のない子育て支援
(1) 三条市子ども・若者総合サポートシステムの構築

　前述のとおり、平成20年4月に組織機構を見直した背景がある中にあって、子育てをしていく上で保護者からは「子どもとの関わり方が分からない」、「ほかの子と比べて発達が遅いのでは」、「小学校は順調に行ったけれど、中学生になったら学校に行かなくなった」など、子どもの成長・発達段階で様々な悩みが生じてきていた。また、障がいというカテゴリーで支援を受けていた子どもが、実は家庭で虐待を受けていたケースや、警察が介入するような問題行動を重ねて引きこもりになっていた背景に、発達障がいへの適切な対応がなされなかったために生まれた二次障がいだったケースなど、子どもが表す気になる行動や保護者の悩みには様々な要因や背景が考えられることが分かった。こうしたことから、子どもの支援ニーズが多様化・複雑化する中で、組織の縦割りを乗り越え、連携し、その子に必要なサポートが検討され、提供されているのか、子どもの成長に合わせ、個に応じた支援体制が十分であったのか、切れ目なく一貫した支援が行われていたのか、といった課題を認識し、その課題解決に向

けた取組を行う必要が生じた。

そこで、当市では、「子ども・若者という『三条市民』に必要なサポート体制をつくるのは、『三条市の責任』だ」という理念に立ち、平成21年10月に「子ども・若者総合サポートシステム」を構築した（【図2】参照）。

このシステムは、何らかの支援が必要な子ども・若者という「三条市民」を、乳幼児から就労に至るまで切れ目なく総合的に必要な支援を行うため、市がその情報を可能な限り集約・一元化するとともに、関係機関が連携して個に応じた支援を継続的に行えるようにするというものである。

このシステムの構築を可能にしたのが、前述した平成20年度の組織機能の見直しである。教育委員会に子育て支援課を設置して、義務教育以外の子どもに関する行政を全て子育て支援課が行うことで、義務教育との連携を容易にした。このことが、このシステム構築のカギになると言える。言い方を変えれば、このシステムを構築することが、教育委員会に子育て支援課を設置した意義の一つだとも言える。

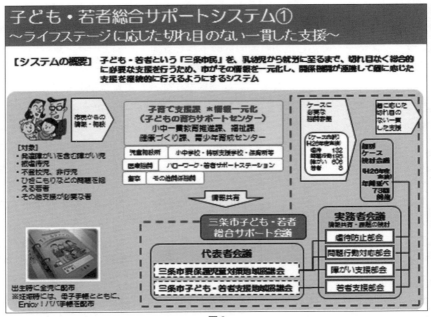

図2

（2）三条市子ども・若者総合サポートシステムの運用

　このシステムは、市民からの各種相談や情報提供を受けて、子育て支援課（子どもの育ちサポートセンター）が中心となり、発達障がいや虐待、不登校や非行といった問題行動、卒業後の引きこもりなどに対し、本人及び保護者に必要な支援体制を構築し、児童相談所、小中学校、医療機関、警察や若者サポートステーションなど、関係機関・団体と連携して個に応じた支援を行うこととなる。支援の対象者は、乳幼児から35歳くらいまでの若者とした。

　支援に当たっては、児童福祉法上の従来からの連携組織である「要保護児童対策地域協議会」と子ども・若者育成支援推進法の中で設置要請があった「子ども・若者支援地域協議会」を兼ねた「三条市子ども・若者総合サポート会議」を設置している。この会議の体制は、情報の共有やタイムリーな課題の検討を主目的として、各関係機関等からの代表者で構成する「代表者会議」、実務者で構成する「実務者会議」、個別事案の検討を行う「個別ケース検討会議」から成り、実務者会議には、虐待防止、問題行動、障がい支援、若者支援の4つの部会を設けるとともに、具体の支援体制の構築のための個別ケース検討会議を適宜開催し、支援に当たっている。

（3）従来の支援との違い

　それでは、従来の支援とどこが違うのか。

　1点目は、子育て支援課が情報を一元管理することである。従来の支援の問題点は、主たる支援機関の自主的な連携に頼っていたため、保護者が選択した支援機関の対応に左右されるという点であった。

　そこで、子育て支援課（子どもの育ちサポートセンター）がハブ組織となり、各支援組織と連携し、支援が必要な子どもが必要な支援を受けられているかについて、個人情報の取扱いに十分留意した上で可能な限り情報を持ち、各支援組織の特性に応じて支援体制を構築できるようにした。もし、支援を受けている組織において十分な支援が受けられていないと感じたときは、子どもの育ちサポートセンターに相談すれば、関係組織と連携して支援体制を再構築するなどの調整を行っている（【図3】参照）。

　また、2点目は、支援対象を若者までとしたことである。従来の支援の問題点は、中学校を卒業すると極端に支援される機会が減り、就労・自立への道のりは非常に険しく、また、高校に進学すると義務教育から離れることから、どこの相談に行けばよいのか分からないということがあった。窓口が狭まるばか

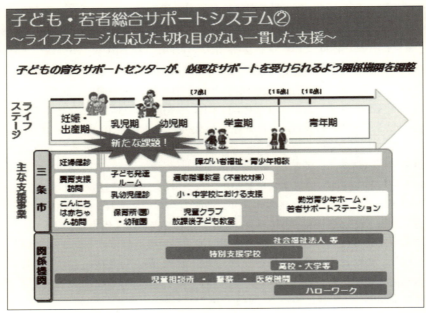

図3

りか、支援する機関としても、相談は受けても実際に支援方針を作成できるような支援体制が整っていなかったという点であった。

そこで、支援対象を若者までとし、中学校卒業後も学校に代わって支援体制を構築できるようにした(【図3】参照)。

4. 三条っ子発達応援事業の取組

(1) 子ども・若者総合サポートシステムからの気づき

当市が取り組んでいる子ども・若者総合サポートシステムは、そのポイントとして次の6点に整理することができる。

① 市が、子ども・若者という「市民」の支援体制の構築について責任を持つという理念に立ったこと。
② 教育委員会内に福祉系組織「子育て支援課(子どもの育ちサポートセンター)」があり、調整組織として機能していること。
③ 内閣府、文部科学省、厚生労働省がそれぞれ推奨する、虐待、障がい、問題行動、引きこもり等への支援ネットワークを統合していること。

④ 市内の国の機関、県の機関などの外部機関との「情報共有化」について整理されており、現行の個人情報保護法下で機能できるようにしていること。
⑤ 保護者支援ツールとして子育てサポートファイル「すまいるファイル」を全ての子どもを対象に配布していること。
⑥ 中学校卒業後もフォローできるよう対象者を若者までにしていること。
（※　今回は、本稿の都合上、①、②、③及び⑥の内容について紹介させていただいた。）

まだまだパーフェクトとは言えないが、「子供・若者にとってより良い支援とは」を最優先に考えて、関係機関との連携を強化し、このシステムを充実させていかなければならないと考えている。

こうして、平成 21 年度に子ども・若者総合サポートシステムを立ち上げ、乳幼児から就労・自立に至るまで、切れ目なく一貫した支援体制を整えながら取組を進めてきた中で、新たな課題への「気づき」があった。

このシステムは、虐待やいじめ、不登校、発達障がい、引きこもりなど、様々な問題を抱える子ども・若者への支援に有効であると考えていた。しかし、発達障がいについては、乳幼児期の個別な対応では気づかず、集団生活に入ってから明らかになるケースが多く見られていた。また、障がい者手帳の対象にならない程度の場合もあり、適切な対応が遅れてしまう例もあった。さらに、幼保小の接続・連携において、重要な事案として引き継がれるケースの中には、発達障がいが要因である例が多く見られた。幼稚園・保育所（園）等においても、発達障がい児に対しての対応に苦慮している現状もあった。

そこで、保育者や保護者が発達障がいの特性に早期に気づき、一人一人に合った適切な対応と継続的な支援を行うことで、子どもたちが学校や社会に適応できるようにしたいということから、「三条っ子発達応援事業」を平成 26 年度に立ち上げ、現在取組を進めているところである。

(2) 三条っ子発達応援事業の基本的な考え方

三条っ子発達応援事業の基本的な考え方を紹介したい。子どもの育ちや個性は一人一人異なっており、中には発達の凹凸がある子どももいる中で、子どもの育ちや個性に気づかない、理解されない、そして支援されないと、その子どもの自尊心や意欲が低下し、ひいては二次障がいを招き、社会不適応になりやすくなってしまう懸念がある。

一方、保育者や保護者が子どもの育ちや個性に早期に気づき、一人一人に合った支援がなされれば、意欲が向上し、自信が持てるようになり、学校や社

会に適応できるようになると考えており、その考えのもとで、子どもの発達を応援していくための取組を進めている。

(3) 三条っ子発達応援事業の概要

この事業は、発達障がいの「気づき事業」、子どもの発達に関する「相談事業」、子どもの持てる力を発揮できるようにする「支援事業」の3つを柱に構成している（【図4】参照）。

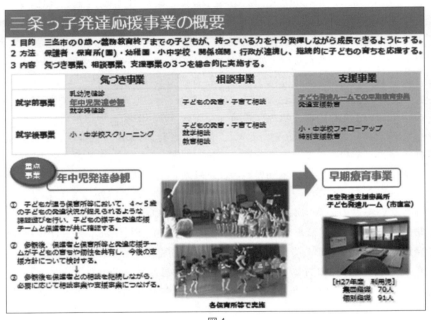

図4

その中で、重点事業として位置付けている「気づき事業」の「年中児発達参観」をはじめ、主な取組について紹介したい。

ア　年中児発達参観（気づき事業）

年中児発達参観は、子どもの特性に保護者・保育者が早期に気づき、保健師・保育士・指導主事（教員）・臨床心理士が「発達応援チーム」を組んで連携して子どもの成長を支えることを目的としている。

年中児発達参観の流れは、市内の幼稚園・保育所（園）・認定こども園に通う全年中児（4歳～5歳）を対象として、各園・所において集団課題遊びを行い、子どもの発達状況を発達応援チームと保護者が共に確認する。集団課題遊

びの活動後、観察者（発達応援チーム）が保護者との個別面談を行う。その後、園・所の職員とのカンファレンスを行い、園・所での支援状況の確認と今後の適切な子育て支援方針の検討を行う。そして、必要に応じて、相談事業や支援事業につなげていくものである。

年中児を対象とする意図は、事業実施以前は、子どもの発達状況を確認する時期が３歳児健診の後は小学校入学前の就学時健診までなかった中にあって、３歳頃は社会性の発達にばらつきがある時期であるが、５歳頃になると集団生活の中でそれぞれの育ちや特性が見えてくることから、社会性が芽生え、友達や仲間を意識した行動が見られるようになる４歳

集団課題遊び（お店屋さんごっこ）

児から５歳児の育ちを確認するためである。また、年中時に子どもの特性に気づくことで、年長時の１年間で就学に向けた支援を実施することができると考えた。

イ　子どもの発育・子育て相談（相談事業）

子どもの発育・子育て相談は、臨床心理士等が発達や心理面に不安のある子どもの発達状況や特性を確認し、保護者や保育者が子どもの特性に適した対応ができるよう、就学前から就学後まで一貫して教育委員会内で相談を受け付け、総合的支援につなげていくことを目的としている。

子どもの発育・子育て相談の流れは、子どもの育ちサポートセンター及び教育センターを相談窓口とし、相談内容に応じて、各センター職員（臨床心理士、保健師、保育士、言語聴覚士、家庭児童相談員、指導主事等）が、電話相談や来庁相談を行うものである。

事後フォローが必要な場合は、相談の継続や療育相談（県主催事業）、医療機関等の受診を勧める。また、療育機関や保育所等と連携を図り適切な支援が受けられるように調整を行っている。

ウ　子ども発達ルームでの早期療育事業（支援事業）

こうした気づきから、相談、そして支援につなぐ流れの中で、支援事業の１つに、児童福祉法に基づく児童発達支援事業所の「子ども発達ルーム」での早期療育事業を実施している。このルームは、市が直営で開所しており、発達障がいを含め、精神・運動・言語等において発達の遅れが認められる子どもに対

して、専任指導員が日常生活の基本動作の習得と集団生活適応訓練、言語指導等の専門的療育を行い、子どもの健やかな成長を促すことを目的としている。また、保護者に対しては、家庭療育に関する指導助言を行っている。

エ　発達支援教育（支援事業）

当市では、子ども一人一人の特性に応じた健やかな成長発達を支援する幼児期の教育を「発達支援教育」と呼んでいる。

子ども発達ルーム（集団指導室）

保育所等に通う障がいのある子どもや個性に合った個別の配慮が必要な子どもを対象として、担任保育士等と各保育所等で選任した「発達支援コーディネーター[※1]」を中心に、保護者とともに「個別の発達支援計画[※2]」を作成し、一人一人のニーズに合った適切な指導・支援を行っている。

定期的に振り返りを行い、支援内容の再検討又は次の課題を計画するとともに、就学後も必要な支援が継続されるように、「個別の発達支援計画」を小学校に引き継いでいる。

※1：発達支援コーディネーター
　　発達支援教育のリーダー的役割を担い、保育所等内部の連携を推進するための調整役、内部研修や会議の企画・運営、保護者の相談窓口、教育委員会等の関係機関との連携窓口、担任保育士等が作成する「個別の発達支援計画」に関する指導・助言などをその役割とする。

※2：個別の発達支援計画
　　一人一人の教育的ニーズを的確に把握し、保護者と共有しながら子どもの育ちや個性に合わせた目標や指導内容、配慮事項を示した計画をいう。

オ　小学校フォローアップ（支援事業）

保育所等で行ってきた支援が就学後も継続され、必要な支援が途切れないようにすることを目的に、幼稚園・保育所（園）等で「個別の発達支援計画」を基に支援を行ってきた児童を対象に、就学後の適応状況を把握し、必要な支援について学校教職員とともに検討するものである。

(4) 三条っ子発達応援事業の成果と課題

三条っ子発達応援事業の立ち上げから2年半が過ぎ、成果や課題が見えてき

たところである。この事業の重点事業として位置づけている「年中児発達参観」の実施状況から、その成果及び課題について述べることとする（実施状況は【図5】のとおり）。

平成27年度は、29施設（平成28年度は31施設で実施中）において実施し、全年中児の約98％の年中児及び保護者から参加いただいた。

保護者アンケートの結果では、この参観の取組について、「自分の子どもの良いところや弱点が分かって良かった」、「個別面談で専門職からいろいろと話を聞くことができた」などの声が多く、概ね好評価をいただいている状況である。

年中児発達参観　実施状況

実施状況

実施年度	実施施設数	実施回数（延べ）	対象児数	参加児数	参加保護者数	参観判定		
						要支援	要観察	支援不要
H26	29施設	49回	688人	672人	655人	48人	150人	474人
				97.7%	95.2%	7.1%	22.3%	70.6%
H27	29施設	51回	702人	685人	671人	52人	109人	524人
				97.6%	98.0%	7.6%	15.9%	76.5%

※各年度の下段は参加率　※各年度の下段は全参加者に対する割合
■要支援児については「個別の発達支援計画」により事後フォローを実施

保護者アンケート結果

実施年度	回答数	年中児発達参観の取組について		
		良かった	どちらでもない	良くなかった
H26	647人	609人	34人	4人
		94.1%	5.3%	0.6%
H27	664人	651人	12人	1人
		98.0%	1.8%	0.2%

「良かった」の主な回答内容
・集団の中での子どもの姿を見て（学校に入る前に）良い所や弱点がわかって良かった。
・個別面談で子どもの話を聞いてもらい、肩の荷が下りた。

図5

しかし、年中児発達参観に取り組んできた中で、課題として捉えている部分がある。参観の結果、特別な配慮を必要とすることから「要観察」や「要支援」と判断された子どもであっても、保護者の理解が得られないことにより早期支援につなげることが難しい場合があり、保育所等と保健師等が連携することにより、保護者の理解が図られるよう、根気強くアプローチをしていかなければならないと考えている。

また、年中児発達参観の場面では、緊張などで、日頃の姿とは異なる反応を示す子どももおり、子どもの発達状況を捉えるには限界があるため、参観後の事後フォロー等により、対象児の成長や状況を確認していくなど、保育所等と子どもの育ちサポートセンターで継続した観察が必要であると考えている。

　保護者支援の在り方については、幼児期に限らず、小中高、障がい福祉サービス事業所等においても、それぞれ同様の課題があると認識している。例えば、発達障がい等に対する保護者の受容拒否、家庭での困り感と支援者（学校等）側の困り感との乖離、複雑な家庭環境や保護者の特性などにより、保護者との情報共有を図ることがかなわないといったケースも多くあり、保護者支援の方法・在り方が課題となっていると捉えている。

　さらに、三条っ子発達応援事業の取組により、支援が必要な子どもの早期発見に努め、その子に合った適切な支援が就学後も学校に引き継がれることが大変重要なポイントでもある。特に、年中児発達参観は平成26年度から実施しており、その最初の参観の子どもたちが今年4月に就学していることから、幼保小の連携がスムーズにいくよう、あらゆる機会を捉え、義務教育でのフォローアップに取り組んでいかなければならないと考えている。

5．まとめ

　三条市の発達支援体系を【図6】に示したが、「気づき」「相談」「支援」の流れ、子どもの発達に関わる事業の流れは、全て「子ども・若者総合サポートシステム」の体系に位置付けている。

　「三条っ子発達応援事業」は、子どもの育ちサポートセンターが主管となって進めているが、その中に、小中一貫教育推進課の指導担当の指導主事も加わり、より効果的に進められるよう、共に検討を重ねている。

　早期に保護者も指導者もその子の特性に「気づき」、気づきに応える「相談」と「支援」の事業体制を確立することは、教育・子育て行政の意義を更に高めるものと考えている。

　これらの事業の中核となるものは、やはり「連携」である。幼保と小、小と中、幼保・学校と保護者、行政と保護者、様々な関係機関、教育委員会内での子育て支援課と小中一貫教育推進課など、それぞれの連携の絆を太く確かなものにしていくことが、子どもたちの幸せにつながると信じて、日々の取組の充実に全力で向かっているところである。

　こうした子どもの育ちへのきめ細やかな支援を通じて、次代を担う全ての子ど

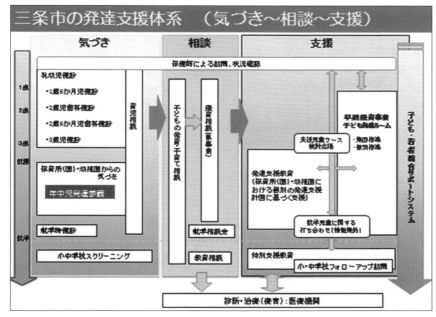

図6

もに生きる力を育んでいきたい。

参　考
- 三条市子ども・若者総合サポートシステム
  三条市ホームページ
    http://www.city.sanjo.niigata.jp/kosodate/page00234.html
- 三条っこ発達応援事業
  三条市ホームページ
    http://www.city.sanjo.niigata.jp/kosodate/page00337.html

5　滋賀県湖南市の取組

1. はじめに

　ある冬の日、高校1年生の生徒Aが発達支援室に相談に来た。部活の先輩に腹が立って仕方がないという。後輩に偉そうに指示を出すが、先輩としての振るまいがなっていないというのだ。イライラして、つい母にあたってしまう・・・。

　Aは、小学校では通級指導教室で個別指導やグループ指導を受け、中学生になってからは、必要に応じて市のことばの教室で教育相談を受けていた。Aの個別の指導計画は、小学校低学年で初めて作成され、確実に引き継がれた。調子の良い時期もあったが、それは、Aを取り巻く環境が整っていたからであり、発達の特性が大きく変わった訳ではないと教員は理解し、次の担任へ次の担任へと個別の指導計画は引き継がれた。中学3年になり、保護者はもちろんのこと本人も参画して作成された個別支援移行計画（資料1）は進学先の高等学校へ引き継がれた。義務教育終了後の相談支援は発達支援室が担っている。よって、発達支援室はAの通う高等学校との連携はいつでも可能である。私はAに尋ねた。「学校の先生に連絡して先輩を指導して欲しいのか、イライラする自分の捉え方について考えたいのか、どちらを望んで来ましたか。」

　一呼吸おいたAは、後者であるというのだ。この生徒とのこれまでの自立活動や相談支援の積み重ねに思いを馳せ、胸を熱くした。そして、自分から「発達支援室に相談に行きたい」と行動を起こしたこと、自分の捉え方の特徴を理解し相談に来たことを大いに評価した。高等学校へ引き継いだAの個別支援移行計画には、「0か100かの極端な考えになり葛藤が大きくなったときには支援が必要である。本人の主張を受け止めつつ第三者と冷静に話すと納得できる。」と記載されている。これまでの教育活動の中で見出されたことであり本人も自覚していることである。この生徒を含め、年度末に湖南市の中学校から高等学校等へ個別の指導計画または個別支援移行計画を引き継いだ生徒の割合は卒業生全体の13.9%であった。

第４章　地域の取組

資料１

湖南市個別支援移行計画（記入例）

●作成日　　　　　年　　　月　　　日
●作成に関わった者
　　所属（　　　　　）氏名（　　　　　　）
　　所属（　　　　　）氏名（　　　　　　）

●プロフィール

フリガナ 氏　名		性別 男・女	生年 月日	年　　月　　日	
保護者氏名		住　所			
出身校		進路先			
障害についてわかる情報（手帳・診断名・発達検査等）	医療受診をしていたら、診断名・受診日・病院名等を記入。WISC-Ⅲ等発達検査の結果は、言語性ＩＱ、動作性ＩＱ、全ＩＱとともに群指数の数値の記入をしておく。また所見の中で特に支援の具体的な手立てが書かれてあれば転記する。手帳を取得していたら、取得した日等の記入。				

●将来の生活についての希望

本人の希望	実現の可能性に関わらず、本人・保護者が将来について希望していることを記入する。
保護者の希望	

●目標

卒業後の目標 （長期）	本人・保護者が将来について希望していることを実現するために、具体的な行動で目標を書く。例（短期）：朝、6：45に起床し、7：40発の電車に乗り休まず登校する。
１年間の目標 （短期）	
短期目標実現に必要と思われる指導支援目標	上記の短期目標の実現のために必要な指導や支援の目標を、具体的な行動で書く。例：１日でも遅刻したときには、朝の起床時間を確認する。欠席したときには、正当な理由であるか保護者と連絡を取り合う。行き渋りであれば登校したときに話を聞く。

●本人の状況

・本人が落ち着ける環境・・・例：不安になったときには職員室のＳ先生の机の周辺に来る。

・好きなこと（得意なこと）・・・例：電車。貨物列車をはじめ、時刻表を図書館で借りて東海道線の運行を把握している。

・嫌いなこと（苦手なこと）・・・例：周囲のクラスメートがふざけてもみくちゃになりながら、大きな声を出すこと。修学旅行など普段と違う行事。

131

(特に支援が必要な場面のみ記入)	支援が必要な場面	具体的支援の方法
健康管理	例：昼食後服薬。	すべての項目に記入するよりも、特に支援が必要な場面について記入する。
意思疎通	例：相手の話の中に自分の興味がある事象についての単語が出てくるとくいついてきて持っている情報を、相手の嫌がる様子もかまわず一方的に話す。	例：その場面をキャッチしたときには、別の話題に本人を誘う。その後、先ほどの会話の状況を伝え、別の機会に「電車の話」を十分に聞く時間をとることを伝える。
活動場面	例：(体育祭での集団行動の状況)	
生活場面	例：(肢体不自由の生徒の介助の状況)	
葛藤場面	(誘発要因・予兆) 例1：時間割が変更となり、得意な理科がその日なくなることを朝登校して知る。 例2：電車通学中、電車が停車する。 例3：昼休みには図書館に行こうと考えていたが、部活動のミーティングが急に入ってきた。	例1：時間割変更をどうしてもしなくてはならないときには、事前に本人に伝えておく。 例2：電車は定時運行できるときとできないときがあることを知らせておく。遅刻したときの連絡の仕方を事前に学習させておく。 例3：(視覚認知が強いことから)「昼休みに図書館」「部活動ミーティング」と1枚ずつカードに書き、優先順位をつけて見せる。

●本人の生活を支援できるネットワーク

	支援内容	所在地・連絡先
福祉サービス	進路先から相談の連絡が取れるように、相談実現可能なネットワークのみを記入する。記入の際には「ここあいパスポート」の関係機関等を参照のこと。	
余暇・地域生活		
医療・健康	例：(医療機関名)	例：医療機関からの情報が必要なときには保護者を通じて得る。
相談	例：湖南市発達支援室(石部保健センター内)	例：TEL0748-77-○○○○ FAX0748-77-○○○○

私は以上の内容を了解し、進路先に引き継ぐことを了解します。

　　　　平成　　　年　　　月　　　日

　　　　　　　　　　保護者氏名(自署)＿＿＿＿＿＿＿＿＿＿＿

以上の内容を了解し、進路先に引き継ぎます。

　　　　平成　　　年　　　月　　　日

　　　　　　　　　　中学校長名(自署)＿＿＿＿＿＿＿＿＿＿＿

湖南市発達支援システムがスタートして十数年、やっとここまできたと実感できたのは、切れ目なく個別の支援情報を引き継いだ割合だけではない。これまで、関係機関と共に本人や家族の相談支援を積み重ねながら発達を支えてきた結果、本人自身に自分を見つめる力と相談支援の力がついたことに意義を感じた瞬間であった。

2. 湖南市の概要

湖南市は滋賀県の南部に位置し、平成の大合併で誕生した人口約 5 万 5000 人のまちである。国道 1 号線が通過する交通の要衝にあり高度成長期の昭和 30 年代後期に湖南工業団地が造成され全国から人口が流入した。

障がい福祉の父といわれる糸賀一雄氏らが設立した滋賀県立近江学園が大津市南郷より湖南市に移転したのは 1971 年のことである。学園との交流学習やふれあいのイベント等も学校や地域で日常的に行われ、比較的重度な障がいのある人の暮らしが地域の中に溶け込んでいる。また、市民の約 4％は外国人で、多文化共生のまちでもある。

市内の学校規模は、小学校 9 校（全児童数 2954 人）、中学校 4 校（全生徒数 1496 人）である。学校は、市の発達支援システムの理念に基づいた特別支援教育の取組や学力向上に向けた授業の湖南市スタイルの実践など、教職員が一丸となり教育活動を進めている。

市長部局と教育部局との風通しが良いのも湖南市の特徴である。教員を市長部局の社会福祉課発達支援室長に、また市職員の社会福祉士を教育委員会部局に配置し現場レベルでの教育と福祉の融合が実現している。

3. 湖南市発達支援システムの概要

平成 14 年、発達に支援の必要な人に対して、乳幼児期から学齢期・就労期まで、保健・福祉・医療・教育・就労の関係機関の横の連携による支援と個別の指導計画による縦の連携による支援を提供する「湖南市発達支援システム」（図 1）が構築された。平成 18 年には、「障がいのある人が地域でいきいきと生活できるための自立支援に関する湖南市条例」が制定され、システム構築の根拠が明確にされた。この条例は、障がいのある人の発達及び自立の支援に関し、市、市民及び事業所それぞれの責務と取り組むべき方向性を明らかにしている。そして、障がいのある人、一人ひとりに応じた保健・福祉・医療・教育及び就労に関する施策を横断的かつ計画的に推進し、障がいのある人がいきいきと安心して生活でき

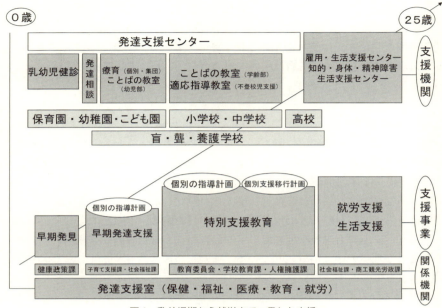

図1　乳幼児期から就労まで一貫した支援

る地域社会の実現をめざしている。また、「早期発見・発達支援」「就労支援」「生活支援」とライフステージごとの支援の充実についても定めている。湖南市発達支援システムは、法的根拠に基づき、その理念の完成に向けて施策の充実・発展に努めている。

4. 関係機関の横の連携によるきめ細かな支援
(1) 発達支援室の役割

　発達支援システム構築・発展のための司令塔として健康福祉部社会福祉課内に発達支援室を設置している。甲賀市・湖南市からなる甲賀地域では、障がいのある人の働きや暮らしを支える地域づくりに多くの先達が尽力されてきた。しかし、特別支援教育が進んでいなかった頃は、様々な不適応を起こしていた子どもが数多く見られ、地域の支援につながるまでに至らない状況があった。課題解決のためには、教育の段階から発達支援の視点でつないでいく必要があった。そこで、湖南市では、発達支援室長には教員身分の者を置き、保健・福祉・医療・就労との連携を図ることはもちろんのこと、その連携から見える教育における体制整備をどのように進めていけばいいのかを提案し続けてきた。

(2) 関係機関をつなぐ

　発達支援に関わる関係部局との連携強化を組織的なものとするため、発達支援関係課会議を開催している（図2）。ここでは、各課の取組を報告し成果や課題を共有している（表1）。また、発達支援システムについて各課が取組項目を定め、評価の観点、成果と課題・改善点を明確にし、達成状況をABCDの4段階で内部評価している。学識経験者に取組について講評いただき、新たな取組へと発展させてきた。

　日々の連携においては、情報交換のためにITネットワーク（KIDS）を利用している。（図3）ケースに関わる複数の支援者が迅速かつ確実にケースワークできるという利点がある。関係者間の連絡調整はもちろんのこと、保護者了承のもと、子どもの状況や指導記録を蓄積する。KIDS内で支援を必要とする子どもへの適切な関わり方を関係者が共に考え、サポートを丁寧・確実につないでいる。

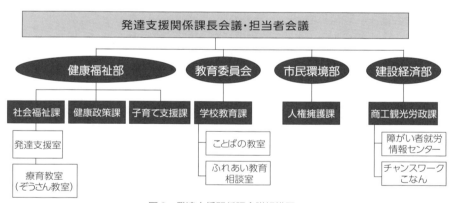

図2　発達支援関係課会議組織図

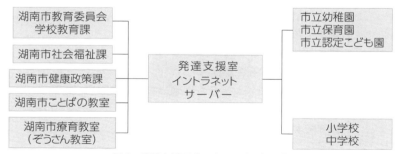

図3　発達支援ITネットワーク（KIDS）

表1　平成28年度　発達支援関係課会議計画

会　議	内　容
第1回 課長会議 第1回 担当者会議 4/12	●湖南市発達支援システムについての取組確認 ●発達支援システム関係活動計画 　1）発達支援室室長・保健師　活動計画 　2）発達支援センター会議計画 　3）発達支援関係課会議計画 ●湖南市発達支援システム評価についての取組確認
第2回 担当者会議 6/17	●発達支援システム評価についての取組確認（評価システムについての検討） ●事例①（発達支援室より）
第3回 担当者会議 8/24	●発達支援システム評価についての取組の確認（各課より「取組項目」の報告） ●事例②（人権擁護課より高校訪問等について） ●事例③（健康政策課より母子保健の取組について）
第4回 担当者会議 10/7	●発達支援システム評価についての取組確認（各課より「評価の観点」の報告） ●事例④（商工観光労政課より障がい者就労情報センター・チャンスワークこなんについて） ●事例⑤（学校教育課より特別支援教育について）
第5回 担当者会議 12/2	●事例⑥（子育て支援課家庭児童相談室より） ●事例⑦（社会福祉課より現行の障害福祉サービスについて）
第2回 課長会議 第6回 担当者会議 2/24	●発達支援室室長・保健師活動報告 ●発達支援センター会議報告 ●発達支援関係課会議報告 ●湖南市発達支援システム評価についての取組（各課より年間評価の報告） ●講師より講評

5. 個別の指導計画等による縦の連携による切れ目のない支援
（1）乳幼児期から学齢期へ「保護者を支えながら」

　子どもに何らかの支援が必要であるという気づきは、乳幼児健診や保護者からの相談でスタートすることも少なくない。保健センターでは、保護者の困り感をより早期に受け止め、子どもの課題に気づき、保護者支援・子どもへの支援ができるように、「子育てに何か困ったら地区担当の保健師等に相談すればよい」と思っていただけるような出会いに心がけている。それは、妊娠届提出のときから始まる。保護者を取り巻く状況や不安等について保健師や看護師が聞き取り、その後、電話をしたり訪宅したりといった寄り添いが始まる。新生児訪問は全数を対象に生後2～3か月頃の間に行っている。乳幼児健診は、4か月・10か月・1歳6か月・2歳6か月・3歳6か月の5健診を行う。各健診の受診率は高く96％前後である。何らかの事情で未受診の場合については、翌月・翌々月の健診案内をし、訪宅等で保護者の思いや子どもの成長を確認している。健診で、医師・歯科医師・保健師・看護師・栄養士・発達相談員等のスタッフが、疾病や発達上からくる様々な課題の早期発見・早期対応に努め、発達相談につないだり、健診後に保健師が電話や訪宅でつながりをもったりと切れ目なく支える体制をとっている。

　子どもにとって、早期からの適切な発達支援が大切なことはいうまでもない。いかに、子どもの発達の特性や適切な関わりについて保護者と共有できるかが重要である。平成27年度は、年長児童の24％の子どもに個別の指導計画が作成され、合理的配慮を実施した（通園率96.2％）。

　発達支援室では、早期支援の中心となる園を支えるために、年間を通して園への巡回相談を実施している。発達相談員が園を訪問し、クラスの環境、保育の内容、気になる子どもへの支援の在り方、保育士・教諭の関わり方等を参観し研修会をもっている。園にとって巡回相談は、個別の見立てのアドバイスを受ける機会となっている。子どもの様子を園の先生と発達相談員が共有しながら、①特性としての発達課題が予想されるのか　②養育環境の問題がどれほど発達に影響を与えていると考えられるのか　③専門機関（療育教室・ことばの教室）での指導が必要かどうか　④就学支援の対象と考えるべきか否か　⑤どの時期に発達相談を受けるのが適切かなどの観点について、相談・検討する場でもある。巡回相談を経て園は自信を持って保護者に発達相談を投げかけている。発達相談は、発達相談員が保護者の子育ての困難さやニーズを傾聴した上で発達検査を行う。結果は、保護者が前向きに子育てに向き合えるように伝え

第2部　発達障害者支援の今後の展開

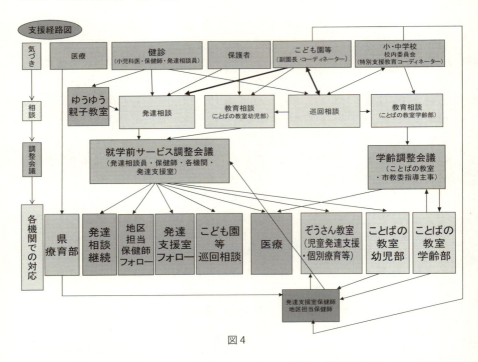

図4

られる。園での支援についても共有し、そこで個別の指導計画作成の同意が保護者から得られるのである。発達相談の結果は、毎月の就学前サービス調整会議にかけられ、個々の処遇が決定する（図4）。年長児童の15％前後の子どもが療育教室やことばの教室に通う。親子で専門機関に通うことで子ども理解が深まり、一人ひとりに応じた関わりが明らかになる。

　湖南市のめざす早期発見・早期対応とは、就学までの段階で、日常生活場面や集団保育の中から発達に支援の必要な子どもを見極め、保護者や身近な養育者である園の先生に子どもの発達特性についての理解を促し、子どもの発達が保障される環境をつくることと考えている。

(2) 学齢期から高等学校等へ「教育活動の中から自己理解を促す」

　ことばの教室と学校が連携し、小学1、2年生を対象に聴写チェックを行っている。読み書きの困難さをもつ児童を把握し通級による指導につなげるとともに、特殊音節の指導法について学校に紹介している。

　学校では毎年、新担任が保護者の願いを聞き取り、専門機関や関係機関からの情報を生かして合理的配慮の提供に努めている。学校での葛藤のある場面を

含め、様々な教育活動からより顕著になった得意や苦手、捉え方の特徴、支援の必要な場面、具体的支援の方法を明らかにし、徐々に本人へも自分についての客観的な気付き〈自己理解〉を促す。

　ケースに応じて、支援のネットワークを構築し、チームで本人・家族を支えていく。小中学校でのケース検討会議に県立特別支援学校の教員、相談支援事業所のスタッフ、家庭児童相談室職員、民生児童委員、発達相談員、ことばの教室指導員、保健師等が出席することも少なくない。また、医師や看護師を招いて専門家チーム会議や思春期相談会を開催し、事例について医療面からの指導助言を受けている。

　義務教育終了後への支援移行のため「甲賀地域障がい児・者サービス調整会議」（障害者総合支援法に基づく協議会）が主催し、引き継ぎ会をもっている。市内の中学校から20校以上の高等学校へ、個別の指導計画・個別支援移行計画を手渡しで引き継いでいる。顔の見える引き継ぎ会により支援者同士がつながり、その後の連携もスムーズになっている。引き継いだ生徒の適応状況の確認のため、人権擁護課は、年間4回程度高等学校等を訪問し、発達支援室に情報をつないでいる。

6. 青年期・成人期の支援「就労・生活の支援機関と共に」
（1）義務教育終了後の相談支援「自己実現によりそう」

　園・学校を軸として、ここまでつながれた個別の指導計画・個別支援移行計画の写しが発達支援室に引き継がれる。各専門機関からの情報は原本を受け継ぐ。義務教育終了後の相談支援は発達支援室が担うからである。義務教育までの期間の適切な時期に、必要な場面で相談支援をしながら情報を引き継いできたことのメリットは、青年期・成人期に顕著になる。自己理解を深め相談支援のメリットを実感してきたことで、その後においても社会的障壁に対して大きく不適応が生じる前に本人が発達支援室を訪れることができる。発達支援室では、まずもって「本当の願い」を本人と共に見出すことから始まる。話すこと、書くこと、的確に説明することが決して得意でない方と経験や生き方を整理しながら紐解く営みが相談支援の始まりである。本人の言葉の真意をつかみ、本人と明らかにすることから生き方支援が始まる。そうして、社会福祉課はじめ、地域の関係機関や就労・生活を支える相談支援事業所、学校や職場、医療機関等とチームを結成し、連携しながら本人・家族へのきめ細かな支援が展開する。

(2) 就労支援「障がい者就労情報センター・チャンスワークこなん」

　身近な地域において就労に関する情報を一元的に集約・提供し、人と仕事とのきめ細やかなマッチングを図ることで、就労支援の効率化と企業の負担軽減を図り、障がい者の働く機会を拡大することを目的として、平成21年に湖南市障がい者就労情報センターを開所した。本センターの就労情報コーディネーターが、障がい者の就職や職場の定着に向けて、企業と障がい者就労支援事業所との橋渡し役をしている。県働き・暮らし応援センター、市商工会・工業会、企業代表、地域生活支援センター、相談支援センター、社会福祉法人、作業所代表、市社会福祉協議会、市関係課等を委員に運営協議会を設置し運営に関する調査検討をしている。また、本協議会に作業所部会を設け、企業や学校等の緑化・美化事業等の共同受注を請け負ったり、地域イベントに模擬店を出店し、啓発活動をしたりといった事業を展開している。

　平成24年には、国の「生活保護受給者就労自立支援促進事業」を活用したハローワークの出先機関「チャンスワークこなん」を開設した。障がいのある人や福祉施策を受けている人を対象に就労相談から職業紹介までを行っている。障がい者就労情報センターと「チャンスワークこなん」、そして、働き・暮らし応援センターの就労サポーターが本人・家族と就労先とをつなぎ、就労の定着までサポートしている。

(3) 地域生活支援「一歩一歩、地域の中に居場所、居人づくり」

　発達支援室では、精神疾患や障がい等が背景にあり、社会とのつながりがもちにくい状態にあり、生活課題を抱え支援につながりにくいといった相談を本人や家族から受けることもある。本人または家族と面談を継続しながら、適切な時期を見極め、県のひきこもりセンターや市内の社会福祉法人による地域活動支援センターの利用へとつないでいる。支援が届きにくい人には、相談支援事業所や社会福祉法人、青少年自立支援ホーム等の支援者と細やかな連携を取りながら、訪問型支援や居場所づくり支援につなげている。

　湖南市の具体的な取組については、糸賀一雄生誕100年を記念して出版した「発達支援をつなぐ地域の仕組み」（ミネルヴァ書房）を参照いただきたい。

6 東京都日野市の取組

＝福祉と教育が一体となった総合支援＝
日野市発達・教育支援センター「エール」

　平成 26 年 4 月、発達障害などで特別な支援を要するお子さんに対し、福祉と教育が一体となって総合支援を行う「日野市発達・教育支援センター」（愛称：エール）が開設されました。エールが開設された経緯と事業概要及び特徴的な取り組みなどについて紹介します。

1．日野市の概要
　日野市は東京都の南西部に位置し、人口は約 18 万 2 千人。水と緑が豊かな住宅都市。市内には幼稚園が 15 園（公立幼稚園 5 園、私立幼稚園 10 園）、保育園が 36 園（公立保育園 11 園、私立保育園 25 園）、小学校が 17 校、中学校が 8 校、都立高等学校が 3 校、都立特別支援学校が 1 校あります。小学校の児童総数は 9,224 人、中学校の生徒総数は 4,307 人です（平成 28 年 5 月現在）。
　平成 26 年 3 月に策定された第 2 次日野市学校教育基本構想（期間は平成 26 年度～ 30 年度の 5 年間）では、下記の基本方針を掲げています。
　①かかわりの中で知恵を出し合い、自立・協働・創造に向けた「21 世紀を切りひらく力」を豊かに育みます
　②質の高い教育環境を整え、「次代をつくる特色ある学校づくり」に取り組みます
　③人が豊かに生きるために体験を充実させ、学校、家庭、地域・社会が一体となった「つながりによる教育」を推進します

2．エール開設に向けての時代的な背景
　エールの開設に当たっては、発達障害者を取り巻く状況の変化がありました。
　その一つが、平成 17 年 4 月、発達障害者を総合的に支援することを目的に「発達障害者支援法」が施行されたことです。これにより発達障害者の定義と法的な位置づけが確立され、支援体制が明確化されました。
　平成 19 年には特別支援教育が学校教育法に位置付けられ、発達障害の児童・生徒に対し、全ての学校において適切な教育を行うことが規定されました。

この二つの法律の制定、改正がエールの開設の時代的背景となります。

3．エール開設までの流れ

　エールの開設の発端は、老朽化し手狭になった「希望の家」（就学前の発達に不安のある子ども及び障害のある子どもの育ちを支援する日野市の施設）の拡大と発達障害のお子さんたちへの支援体制を強化するということでした。いわば、当初は「発達支援センター構想」から始まりました。ここでエール開設までの沿革を紹介します。

■平成 17 年 3 月　「障害者保健福祉ひの 5 か年プラン」策定
　「希望の家」（日野市の療育事業施設）の発展的再編として相談、療育、移行支援の拠点となるセンターを構想
■平成 20 年 11 月　「（仮称）日野市発達支援センター基本構想」策定
　発達に遅れや偏りのある発達障害の子どもへの支援体制を構築するため「希望の家」（日野市の療育事業施設）を再編整備し、施設整備と仕組みを明らかにするための基本構想を策定
■平成 21 年 3 月　「障害者保健福祉ひの 3 か年プラン」策定
　（仮称）発達支援センターの開設目標年次を平成 26 年度に設定
■平成 22 年 12 月　「（仮称）日野市発達支援センター基本計画書」策定
　基本構想における事業を実現するための施設整備基本計画書を策定
■平成 22 年 10 月　「切れ目のない支援検討委員会」設置
■平成 23 年 3 月　「第 5 次日野市基本構想・基本計画」での位置づけ
　「発達に遅れや偏りのある子どもの支援」として、平成 26 年度のセンター開設に向けて準備を明記
■平成 24 年 4 月　「発達支援の充実に向けた組織・業務の在り方検討会」発足
■平成 26 年 4 月　日野市発達・教育支援センター「エール」開設

4．「切れ目のない支援検討委員会」での議論

　「切れ目のない支援検討委員会」は、学識経験者、幼稚園・保育園・小中学校の代表者、市民及び行政職員をメンバーとし平成 22 年 10 月に設置され、平成 25 年 3 月に最終報告書を提出しました。この委員会では、国や東京都の動向を踏まえ、発達の支援を要する日野市の子どもの状況を把握し、どのような対応が必要かを検討しました。
　国の動向で特筆すべきは、平成 24 年 12 月に文部科学省から「通常の学級に

在籍する知的発達に遅れはないものの発達障害の可能性のある特別な教育的支援を必要とする児童生徒の割合は、約6.5％と推計される」との調査結果が発表されたことです。

　委員会ではこの調査結果の発表と前後して日野市の支援を要する子どもを取り巻く状況について分析し支援の在り方を検討しました。

　分析では、就学前の児童デイサービスの利用が増加しているとともに、就学、進学の時に提出するシートも増加傾向にあること、また、特別支援学級の児童・生徒数の推移を見ても、「情緒」や「言語」の学級の人数が増加していることが分かりました。

　このように幼児期や学齢期において、発達支援の必要性の高まりとともに、保護者の理解が進んできており、できるだけ早期からの適切な支援やライフステージを通じた切れ目のない一貫した支援の必要性が浮かび上がりました。

　また、委員会の議論の中では、子どもの情報の共有と管理及び連携体制について下記のような課題が出されました。

　①支援対象となる子どもの情報について、移行元から移行先への情報提供時期が遅い
　②支援を必要とする子どもの情報を関係機関や行政の関係部署が別々に把握しているため、ライフステージの移行期に情報を共有していく仕組みが必要である
　③支援を必要とする子どもの情報は、ライフステージごとに積み重ねていくため、総合的に一元管理する仕組みが必要である
　④子どもや保護者を支援する関係機関（幼稚園、保育園、学校）、行政の関係部署の連携が十分でないため、ライフステージに応じた適切な支援体制が必要である

　このような課題を克服し、ライフステージを通じた切れ目のない支援のために必要な施策として、「切れ目のない支援検討委員会」から下記の3点が提言されました。

　①かしのきシートの導入（後述）
　②(仮称)発達支援システムの導入（後述）
　③日野市発達支援関係機関連絡協議会の発足

5.「発達支援の充実に向けた組織・業務の在り方検討会」での議論

　「発達支援の充実に向けた組織・業務の在り方検討会」は、福祉部門と教育部

門の職員をメンバーとして平成24年4月に発足し、平成25年5月に検討結果報告を提出しました。この検討会では、(仮称)発達支援センターの開設に向けて、福祉、教育という枠にとらわれることなく、一人の子どものステージに応じた支援ができる体制を構築することを検討しました。
　検討の結果、下記のようなセンターの運営方針が確立されました。
　①センターの理念は「福祉と教育が一体となった切れ目のない総合支援」
　②取り組むべき施策は「発達や教育に係る相談・支援の一本化」「発達・知能検査の一元化」「切れ目のない一貫した支援」
　③組織体制としては、センター内に発達支援課(旧:発達支援室)と教育支援課(旧:教育委員会特別支援教育推進チーム)を置く
　これにより、福祉と教育が一体となり子どもと保護者、関係機関に対する総合相談、支援体制を構築するという組織体制が固まりました。

6. エールの開設

　これまで「(仮称)発達支援センター」として議論されてきた施設名称は、福祉と教育が一体となって支援を行うことから「発達・教育支援センター」となり、平成26年4月、「日野市発達・教育支援センター(愛称:エール)」が開設されました。なお、「エール」という愛称は、一般公募を行い、応募の中から「子どもの育ちを応援する」という意味が好感を持てるということで決まりました。
　エールの設置目的は、発達面、行動面、学校生活面において支援を必要とする子ども(対象年齢は0歳～18歳)、子どもの育ちについて不安のある保護者、関係機関に対し福祉分野と教育分野が一体となって、継続した支援、専門的で総合的な相談や支援を実施することです。
　エールは、福祉と教育が一体となってお子さんのライフステージに応じた切れ目のない支援を行うため、施設の中では、市長部局である健康福祉部発達支援課と教育委員会の教育部教育支援課が机を並べて仕事をしています。

7. エールの3つの特徴

　「気づく」「育てる」「見守る」「つなぐ」をキーワードに子どもの育ちのステージに応じたサポートを行うエールには、3つの特徴があります。
　①発達や教育に係る相談・支援の窓口が一本化したこと。お子さんに対する心配事や困り感について、エールに電話をすれば適切な相談・指導につながる
　②多様な専門職を配置して、様々な角度から総合支援を行うこと。臨床心理士

による相談をはじめ、言語聴覚士による言語指導、作業療法士による感覚統合指導、特別支援教育につなぐ就学相談員、不登校のお子さんなどに家庭、学校と連携し支援を行うSSW（スクールソーシャルワーカー）などを配置
③福祉と教育が一体となって切れ目のない支援を行うこと。その具体的な施策が「かしのきシート」の取組

8．エールの相談支援体制の流れ

エールの相談支援体制の流れは、下図のとおりです。

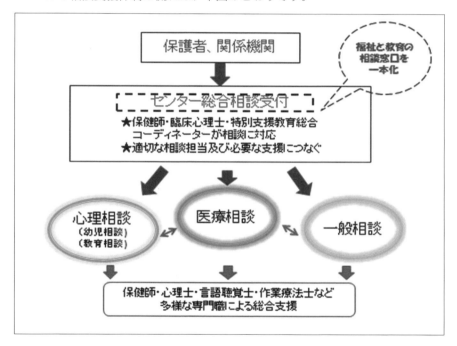

相談はそれぞれの専門職が担当し、相談内容の見立てから言語指導や感覚統合指導などの専門指導につなぎます。

9．エールで実施している事業

エールでは、様々な事業を実施しています。概要は次表のとおりです。

内容	実施事業【担当】
発達や教育に関わる相談	○一般相談【保健師】 ○心理相談【臨床心理士】 　・幼児相談（就学前） 　・教育相談（就学以降） ○医療相談【専門医】 ○就学相談、入級・転学相談【就学相談員等】
専門職等による適切な支援	○通園事業（児童発達支援事業） ○個別専門指導【言語聴覚士・作業療法士】 ○集団専門指導 　・幼児スキルトレーニング【臨床心理士】 ○集団トレーニング 　・中・高生へのライフスキルトレーニング 　　【臨床心理士】 　・ペアレントトレーニング 　　【臨床心理士】 ○プレイセラピー、保護者カウンセリング
地域の施設への支援	○巡回相談事業（保育園・幼稚園・学童クラブ・小中学校に心理等の専門家が定期的に巡回し、子どもへの適切な支援の在り方を職員に助言）
家族等へのサポートの充実	○一時預かり事業 ○保護者交流事業
切れ目のない一貫した支援	○かしのきシート（0歳から18歳までの個別の支援計画）の作成・活用
地域交流の場	○一般貸出し（地域コミュニティ室、会議室） ○近隣施設等との地域交流事業
就労など自立を見据えた支援	○日野市障害者生活・就労支援センター 　「くらしごと」との連携

10.「かしのきシート」の取組

　事業の中でもエールの設置目的を具体的な施策として展開しているのが「かしのきシート」の取組です。

　これまで未就学児については福祉が中心で、小学校に進級する際には就学支援シートにより情報が移行していきました。小学校以降は教育委員会が中心となり子どもの対応を図ってきました。いわば、とぎれとぎれの情報が福祉と教育の間で移行されていたのが現状です。

　これに対し「かしのきシート」は、福祉と教育が一体となった切れ目のない支援の取組で、子どもの幼児期の記録をはじめ、保育園、幼稚園、小中学校での様子や支援を受けた内容を１年ごとにシート化し、積み重ね、就学・進学先に引き継いでいくというものです。これにより０歳から18歳まで一貫した支援方針で子どもをサポートすることができ、また、関係機関の連携が深まることにより、子どもや保護者にとってより良い支援体制を組むことができるようになります。

　かしのきシートは、平成27年度に「発達・教育支援システム」としてシステム化を図りました。これを機にこれまで各学校で作成していた「個別の教育支援計画」とかしのきシートの一本化を図りました。そのイメージは下図のとおりです。

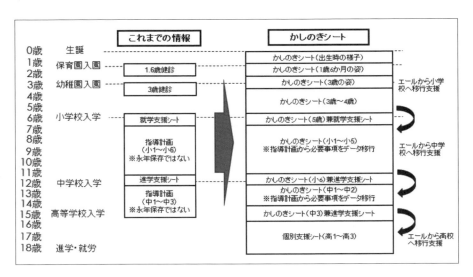

11. かしのきシートの電子運用「発達・教育支援システム」の取組

　かしのきシートは、切れ目のない支援の経過を記録していく「個別の支援計画」であり、情報の迅速な移行と共有化を目的とした情報管理の仕組みです。これまで紙ベースで取り組まれていた「かしのきシート」は平成27年度にシステム構築し、平成28年度から「発達・教育支援システム」として本格稼働しています。

　このシステムは、校務支援システム（日野市の専用回線で教育委員会と各学校を結ぶシステム）を活用し、「個別指導計画」を入力することで「発達・教育支援システム」にデータを移行処理し「かしのきシート」を作成するものです。また、インターネット回線で市内の幼稚園と保育園にもつなぎ情報を的確に引き継ぎます（平成28年度の接続は小中学校と公立保育園、公立幼稚園の合計42拠点。平成29年度には民間保育園、民間幼稚園を新たに加え、合計77拠点となります。）。なお、7つの高校で「かしのきシート」に取り組んでいますが、現段階では紙ベースとなっています。

　「発達・教育支援システム」の稼働に当たっては、極めて高度な個人情報が関わるため、セキュリティ対策には万全の対応を図りました。

12. 文部科学省委託事業「系統性のある支援研究事業」の取組

　日野市では、文部科学省が平成27年度・28年度に募集した「発達障害の可能性のある児童生徒等に対する支援事業」のうち「発達障害早期支援研究事業」と「系統性のある支援研究事業」の両事業に取り組みました。

　とりわけ「系統性のある支援研究事業」は、「かしのきシート」と「発達・教育支援システム」そのものの研究です。平成27年度事業では下記の4点を中心に取り組みました。
①かしのきシートの運用等の見直し
②「発達・教育支援システム」の開発
③教育委員会とのシステム連携
④小中学校（指定校）と市内都立高校による情報の引継ぎ方法の研究
また、平成28年度の事業では下記の3点を中心に取り組んでいます。
①「発達・教育支援システム」の運用マニュアルの作成
②「かしのきシート」の内容が高校で活用できるかの検証
③支援の引継ぎについて高校連携の拡大

13. エールの支援による成果と課題

　子どもたちの支援を今後充実させていくためには、取り組みの成果と課題を明らかにすることが重要です。成果については下記のとおりです。

①障害のある子どもの施設というイメージから相談施設というイメージにシフトし、保護者にとって敷居が低くなった

②福祉と教育の相談窓口が一本化したため、施設内で様々な相談が対応でき、相談が継続的、一元的になるなど利用者にとっては便利になった

③エール開設以降、相談件数は増えている。特に特別支援教育につながる就学相談の件数が増えており、子どもの特性に合った適切な教育の場の提供になっている

④保健師や心理士などによる初回相談　→　心理士による心理相談　→　言語聴覚士・作業療法士などによる専門指導という流れの中で適切な相談・指導につなげることができるようになった

⑤福祉と教育がそれぞれの立場で取り組んできた相談・支援について、両者が一体となった取組ができるようになった（例：スクールソーシャルワーカーが対応する事案について保健師がともに積極的に対応する。）

⑥「発達・教育支援システム」を構築したことにより、福祉と教育を貫く切れ目のない支援体制ができた

　福祉と教育が一体となって子どもの支援を行うことにより、子どもや保護者にとって便利性が増したことは事実です。その反面、エールの取組に当たって課題も見受けられます。課題については、下記のとおりです。

①エールに寄せられる相談は、多様化、複雑化を極めるケースもある。あらゆるケースにも対応できるよう、相談・指導体制は今後も工夫・改善を図っていかなければならない

②相談件数の増加は、相談体制や事務機能の充実につながるものである。困難ケースや関係施設ごとのケースの把握と進行管理を組織的に行う必要がある

③子どもの発達に関わる相談が増えることに伴い、言語聴覚士や作業療法士の個別指導や発達・知能検査の件数も増えている。指導員や検査員など専門職員の人数や指導室等施設面での限界もあるため、待機者が出ないように工夫をしていく必要がある

④就学相談や入級・転学相談の件数増加に伴い、特別支援学級のニーズも高まり、教育環境の整備を充実させなければならない

14. まとめに変えて

　子どもに対する支援は、「これで十分」ということはありません。常に現状を把握し、課題を洗い出し、工夫・改善を図っていかなければなりません。いわば、エールにおける取組についてPDCAサイクルを確立し、より良い支援につなげて行かなければならないと考えます。その意味では、「発達・教育支援システム」による切れ目のない支援体制を確立し、全ての子どもたちが、それぞれの特徴を生かし、地域で生活、成長していくサポートをしていく所存です。

第 4 章　地域の取組

アジア太平洋障害者センター（APCD）とアセアン地域における発達障害関連活動

アジア太平洋障害者センター ゼネラルマネージャー　佐野竜平（執筆）

1．アジア太平洋障害者センター（APCD）とは

タイ・バンコクに位置するアジア太平洋障害者センター（APCD）は、国連アジア太平洋経済・社会委員会（ESCAP）決議に基づいて、2002 年にタイ政府（社会開発・人間の安全保障省）と日本政府（国際協力機構：JICA）によって設立されました。2009 年 10 月からはタイ王室財団による運営となりましたが、引き続きタイ政府及び日本政府の連携を土台にアジア太平洋地域の障害者エンパワメント、連携活動を行っています。特にアセアン 10 カ国[18]が主な活動エリアです。発達障害関連では、メコン川流域国（カンボジア、ラオス、ミャンマー、タイ、ベトナム）における自閉症当事者・家族団体の強化を重点活動の一つとしています。

2．アセアン自閉症ネットワーク（AAN）の発展

「発達障害」がアセアンレベルで初めて本格的に取り上げられたのは、2010 年 12 月に行われた第 1 回アセアン自閉症交流会でした。JICA による APCD への技術協力プロジェクトの一環として開催された本交流会には、日本発達障害ネットワーク（JDD ネット）から短期専門家が派遣され、日本での取組が紹介されました。東南アジアにおける「発達障害」の認知度は高くありませんでしたので、まず自閉症に関する活動を強化したいという意向を背景に、各国の自閉症当事者・家族団体で構成される AAN が設立されました。2013 年 4 月にはブルネイで第 2 回アセアン自閉症交流会が開催され、アセアン域内の政府・民間・大学等関係者が広く集う機会となりました。

他方、アセアン域内の自閉症当事者・家族による AAN の活動への主体的な参画が不足しているという課題が浮き彫りになってきました。2015 年に予定されていた第 3 回交流会の延期をきっかけに、交流会の在り方が見直され、APCD は AAN の事務局として、自閉症当事者・家族団体によるアセアン自閉症交流会及びその他関連活動への参画について、AAN メンバー間のやり取りを促しました。

転機は、2015 年 7 月にタイで行われた国連・障害者権利条約第 30 条「文化的な生活、レクリエーション、余暇及びスポーツへの参加」に関するアセアン域内研修でした。これは、APCD が JICA 及びタイ国際協力機構（TICA）と協力して実施したものです。JICA を通じて日本自閉症協会から派遣された研修講師の力添え

18　ブルネイ、カンボジア、インドネシア、マレーシア、ミャンマー、ラオス、フィリピン、シンガポール、タイ、ベトナムの 10 カ国

もあり、自閉症当事者・家族が主体的に参加しやすいスポーツ・レクリエーション活動を通じて、各国の自閉症関連施策の拡大・深化を目指していこうという機運が高まりました。

2016年1月、APCDはアセアン事務局、フィリピン社会福祉開発省（DSWD）、国際交流基金等と連携して、「第1回アセアン自閉症フレンドシップゲーム」と約1万5千人が参加した大規模な「自閉症ウォーク」を中心とする第3回アセアン自閉症交流会を開催しました。AANメンバーによる国際協力・交流活動の参加手法を大幅に変えた初めての試みでしたが、複数のメコン川流域国の自閉症当事者・家族団体から具体的な活動プランが提案されるなど、今後に大きなインパクトを残しました。

第4回アセアン自閉症交流会は2018年にインドネシアで行われることになっており、インドネシア自閉症協会を中心に準備会が発足しています[19]。

3. 発達障害を含む全障害の理解をアセアン地域で広げていくために

ブルネイ政府による障害者権利条約批准（2016年4月）により、アセアン加盟10カ国すべてが障害者関連法・施策を実質的に進めていくことになりました。一方、発達障害関連の法律や施策を正面から取り上げていこうというアセアン加盟国はまだ多くはありません。

この点で、日本の立法府及び厚生労働省をはじめとする行政府の皆さま、発達障害関連の当事者・家族団体、そして障害に関する専門家等とのつながりの強化が欠かせません。アセアン地域で官民がようやく様々な障害に言及するようになってきたところ、日本の発達障害者支援法制定・改正の内容およびそのプロセスには、多くのアセアン諸国にとって様々なヒントが含まれているはずです。発達障害のみに焦点を当てるというよりは、あらゆる障害を視野に入れた上での発達障害への取組という点で、日本の知識や経験が生きると理解しています。発達障害を切り口にインクルーシブな社会づくりを進める視点を、日本からアセアン地域に紹介していただけないかと期待しています。

(2016年11月)

19　近年の主要な動きを国別にした資料を第5部に掲載

第3部 座談会

【発言者】

○野田　聖子（発達障害の支援を考える議員連盟　会長代理）
○中根　康浩（発達障害の支援を考える議員連盟　副会長）
○山本　博司（発達障害の支援を考える議員連盟　副会長）

○市川　宏伸（日本自閉症協会　会長）
○藤堂　栄子（EDGE　会長）
○岡田　祐輔（発達障害者支援センター全国連絡協議会　会長）
○奥村　健志（大阪府障がい福祉企画課　課長）

＜司会＞
○高木美智代（発達障害の支援を考える議員連盟　事務局長）

～発達障害者支援法の改正をめぐって～

高木：皆様、本日は大変ありがとうございます。それでは、始めさせていただきます。本日、発達障害者支援法の改正にご尽力いただきました議員連盟の代表の先生方、また、立法に当たって大きな流れを作っていただき、今後の発達障害の支援を一層推進していっていただく有識者の方、また、施策を実行していく自治体の担当者の方にもお集まりいただきました。改正をめぐっての経過や思い、また今後の発達障害者支援についてお話をいただきたいと思っております。

　この発達障害者支援法は、平成16年12月議員立法で成立をしたわけですが、ちょうど10年ということで改正の機運が盛り上がりまして、障害者施策はできる限り多くの党派の合意によって進めていくことが大事ですので、超党派である議連の先生方や、多くの関係団体の方たちのご意見をしっかり伺って成立させるというのが、福島豊先輩（元衆議院議員）からバトンタッチされた事務局長としての私の仕事であると思ってまいりました。

　議連では、平成28年3月から7回にわたり、発達障害関係団体等からのヒアリングを行い、さらに実務者ワーキングチームとして、中根康浩先生、山本博司先生にご尽力を頂きまして、関係する役所も入って、12回、集中的に検討いたしました。そこで、第190回通常国会での成立に向けて、議連の先生方には多大なご尽力をいただき、5月25日、最後、滑り込みながら成立させることができ、8月1日から施行されたわけでございます。議連の先生方はじめ、関係者の方々には、本当に感謝をしております。

　そこで、まず初めに、改正法成立までのご苦労や思いなどを語っていただければと思います。野田聖子会長代理におかれましては、平成16年のこの発達障害者支援法の成立から今回の改正まで、全てに関わっていただいているわけでございまして、まず、野田聖子会長代理からご発言をお願いしたいと思います。

野田：本当にこのたびは、皆さんのお力で改正法の成立、「おめでとうございました」と言うべきか、「よかったですね」と言うべきか、いい仕事をさせていただいて感謝しています。今、高木さんから福島さんの名前が出ましたので、あの当時どんな活動をしていたのかを思い出していました。確か、私は地元の仲の良

～発達障害者支援法の改正をめぐって～

い友人から、ある日衝撃的なメールをもらいました。内容は、友人の子どもは発達障害で、学校でトラブルを起こしたから、どうにかならないかという相談でした。そして、そもそも発達障害とは何なのだろうと思い、その友人にいろいろ教えてもらいました。当時は法律もありませんでしたから、発達障害というのは一部の医療従事者やその周辺の関係者が使っている言葉でした。そのため、関わっていない人には全く縁のない言葉だったのです。その後、教育機関で同様のトラブルが多発していることは分かりましたが、発達障害について勉強したことをどうしていいか分からずにいました。そんな時、予算委員会で質問をする機会を得ましたので、森総理と中曽根文部大臣に対し、「発達障害という言葉を知っていますか？」という質問をしました。「知らない」という答弁から始まり、「こういう子たちなんですよ」と。それで、「何とかしていかなくちゃいけませんよね」という質疑となりました。そして、その発言を機に、多くの方々から連絡をいただくようになり、福島さんと何とかしなくてはいけないと相談を始めました。

　福島さんと私はすごく良いコンビでした。「知恵の福島、力技の野田」といって、お互いの役割分担がありました。議員立法を作るには、しっかりとした法律を作る知恵と、国会運営を乗り越える力技とが相まって、初めて成立できます。

　なぜなら、議員立法は政府提案に比べ後に回されがちだからです。そこで、「我々はまだ若手だから、しかるべき人に協力してもらおう」と考え、断られる覚悟で橋本龍太郎先生にお願いをしました。結果は、快くお受け下さり、これがこの法律を成立に導けたきっかけになったと思います。色々な場面で立ち止まった際、すぐ「橋本先生が」と名前を出せば、大体通ったという（笑）ありがたい切り札でした。そして、福島さんは知恵の部分で丁寧に法整備をまとめていただきました。まずは、全国津々浦々に発達障害という特性があるということを認知させる法律としては、第1号は成功したのだと思います。

　しかし、成立から10年が経過し、様々な問題が顕在化してきていました。例えば、全国に発達障害の支援センターができていましたが、相談を受けてもらえるのは軽度の方が多く、知的障害を持つ自閉症の方はなかなか対応してもらえないということがありました。また、発達障害という言葉だけが先行して、その担い手の育成が遅れているということもありました。他にも、軽度の人ほど就職難だったり、就職しても特性に対する理解が得られず辞めてしまったり。その中でもやはり一番は、例の裁判の判例です。そういったことを何とかしなくてはいけないということで、知の女王である高木さんや山本さんなど、多くの皆さんにご相談しました。発達障害という特性を少なからず理解できるようになってきたこ

のタイミングで、今度は現実に直面している問題を一つずつ改善していけないと。でも、議員提案には限界がありました。国会議員は専門家や現場の人間ではないですから、「まずは現場の人から、こういうところを変えるべきではないかということを宿題として出してください」ということから始まったと思います。私は選挙区が中京大学の辻井先生と近いから、色々なご提案をいただきました。今回は皆さんの力で精査してもらい、第2号として、赤ちゃんに例えればはいはい歩きから伝い歩きぐらいの法律になったかなという感じがしています。

高木：ありがとうございました。
　それでは、続きまして、この10年間の政策の進展などにつきまして、各団体の方たちからご発言をお願いしたいと思います。自己紹介も含めて、お話しいただければと思います。
　まず、日本自閉症協会会長の市川宏伸先生、よろしくお願いいたします。

市川：今日は、こういう集まりに呼んでいただきまして、どうもありがとうございます。私自身は、子どもの精神科で、自閉症などは40年以上前から診療していました。医者になって、自分の子どもが自閉症だというのが分かりまして、すごい確率だなと思ったのを覚えています。当時は、これからは老人が増えるのだから、子どもにはお金を出さないという風潮の時代で、子どもの精神科病院もだんだん縮小される雰囲気でした。平成10年少し前に、神戸で大きな話題になる事件があり、それ以来、「子どもも大変なことになっている」とマスメディアの流れが変わりました。
　平成16年の2月から10月に、高木先生や野田先生がおっしゃっていた検討会が厚労省の中で開かれて、私は、学識経験者として入っていました。そこで、「こういう経過で法律ができるのだ」と勉強させてもらいました。
　平成17年の発達障害者支援法の施行までは、役所の窓口へ行っても、「発達障害は支援の対象になっていません」という一言で終わりでしたが、「何が支援できるか、考えましょう」に大きく変わりました。その後、いろいろな新しい法律が出ていく中に、「精神障害の中には発達障害を含む」という文言を入れていただきました。行政は、法律に文言があるか、ないかで全く動きが違うので、本当に助かりました。
　この11年の間に、発達障害という言葉は非常によく知られるようになりました。内閣府のアンケートだと、「9割ぐらいが知っている」ことになっています

が、言葉だけ知っていて、内容が知られていない」というのが私の印象です。今回、本来、3年と書いてあったのが10年ちょっとたって、また今回も議員の先生方が先頭になって改正していただきました。現在、発達障害議連の先生方は150人ぐらいいらっしゃるのですか。

高木：190人（平成29年1月現在）です。

野田：すごい勢力です。

市川：すごい勢力で、「ほかの議連の場合は、法律ができると解散するんですよ」と言われたのを覚えています。そういう点で、われわれは本当にありがたいと思っています。まだまだ不十分な点もありますが、11年の割には、発達障害がよく知られるようになってきたと思います。これも先生方のバックアップのおかげと思って、感謝しております。今後ともよろしくお願いします。

野田：よろしくお願いします。

高木：ありがとうございました。それでは、エッジの藤堂会長、お願いいたします。

藤堂：はい。藤堂です。NPO法人エッジは、ディスレクシアという読み書きの困難の支援と啓発を行っております。LDの中の、またその中の読み書きの困難というところで、私自身もそうですし、私の息子もそうです。すごい当事者性がある中で、一生懸命勉強して、「ああ、こういうことなのか」と納得してきました。見た目は分からないし、「ほかの人と頭の構造がどう違うの？」というのが分からないので、大変です。

　そのころ、ちょうど動きとして、親の会の方たちが勉強会みたいなものをずっと続けていらして、文科省のほうからも言われました。「一つの団体だけで『あれしてくれ、これしてくれ』と言われても、なかなか物事は進まないので、連携して大きなところで合意できるところで頑張って、小さいところはお互いに譲り合ってみたいなかたちでやったらどうだ」ということを言われて、日本自閉症協会、全国LD親の会、それからえじそんくらぶ、アスペ・エルデの会という4つの団体が動いていたところに、最後のほうでポンと、「どう？」と声を掛けてい

ただいて、入ったようないきさつがあります。

　確かにそのときまでは、「LDと自閉症は違うんだよね」みたいな感じで、お互いにツンツンし合っていたのが、そうではなくて、「やはり新しい、これまでカバーされていなかった部分として考えたほうがいいよね」という、ちょうど、時を選ぶのだろうなと、そのときにそういう人たちがちょうどいるのだなという感じがして、なかなか面白い役者がそろっていたという感じがいたします。

　うちは親の会ではないのですけれども、そのときに、「初めの法案、通しちゃうぞ」、「この国会で通らなければ、なくなってしまう」みたいなことを言われていたときに、橋本龍太郎さんが、「いや、焦るな」とおっしゃったのです。「このまま通したら、一つ一つの障害が出るたびに法律を作らなくてはいけない。もっと包括的に、理念法になっても、もう少し、具体ではなく、理念で行きましょう」とおっしゃって、半年ほどずれたという気がするのですけれども、それでよかったと思っています。

　10年の間に何が起きたかと思うと、やはりLDという言葉が入っているというだけで、「入っていないのとどう違うの？」と言ったら、全然違うわけです。法律に書いてあるということで、まずお役所が動いてくれるということがあります。ただ、やはりそのときそのときの社会で起きている現象に、どこかで犯罪が起きたとか、こういう悲しい事件が起きたとかというたびに、その障害に関しては浮き彫りにされて、「だから、発達障害は」みたいな感じで言われました。よく思うのですけれども、大きなゾウを目の見えない方が触って、尻尾を触って、「これがゾウだ」と言ったり、鼻を触って、「これがゾウだ」と言うのと同じような状態が、つい最近まで、発達障害について、言葉は知っているけれども、全体像が分からないということがある、というのはずっと活動しながら感じてきています。

　ちょうどエッジの事務所にJDDnetの事務局が入っていたり、全国LD親の会の事務局も入っていたということで、で、場所が港区ですので、何かあると、議員会館でのヒアリングなどに「お前、行ってこい」と言われて出入りしていました。法学部卒でもありますので、法律を作るというのはとても面白い作業でした。現実に起きていることと、法律があってもなかなかカバーされていないことの間のギャップというのは、10年の間にだんだん感じてくるものがありましたので、今回の改正というのはとてもありがたいと思っているところです。

高木：ありがとうございました。

続きまして、発達障害者支援センター全国連絡協議会の岡田会長、お願いいたします。

岡田：はい。このような機会にお呼びいただきまして、ありがとうございます。発達障害者支援センター全国連絡協議会は、もともと平成14年、自閉症・発達障害支援センターができたときに誕生して、支援法の施行に伴って、全国連絡協議会としてスタートしたという経緯があります。ですから、大本をただせば、自閉症支援をやっていた先進的な12のセンターから始まっています。
　私は、ちょうど自閉症・発達障害支援センターができたころに、自閉症や発達障害の医療や福祉や教育のことに関わっていたのですが、センターができるということで、そういう領域に自分も進みたい、ぜひそういうところで働きたいと思ったことを覚えています。そして、支援法が成立し、発達障害の概念の下にいろいろな支援が組み立てられていく過程を、外からですけれども、ずっと見ていました。そんな中で、私も、平成20年から発達障害者支援センターで働くことになりました。
　支援センターは、全国の都道府県と政令指定都市にあります。現在は、全国連絡協議会に加盟しているセンターが74センターです。分室等もありますので、実際は、全国だと八十数カ所になります。
　この10年の間に、先ほどから出ていましたけれども、発達障害の概念自体が広がってきました。そして、支援センターの業務の一つである普及啓発や研修ということにおいても、各センターがいろいろ努力をしてきました。一つその中で、難しい経過もありました。支援センターの職員は、もともとは発達障害者支援をやっていた本当の直接支援の現場の人たちが中心だったのです。それが、普及啓発や研修や体制作りや、そういうことに、より踏み出していこうということで、確かにいい成果を上げたセンターもたくさんあります。
　一方で、そちらのほうがメインになって、実際の支援のところが少し手薄になる傾向や、行政組織とあまり変わらないような傾向が一部見られたセンターもありました。私たちの団体としては、その辺りに問題意識を持ちながら、やはり発達障害の支援を直接支援も含めて考えていく、その上で、普及啓発や研修を行い、発達障害の人たち、ご家族が本当に共生できるような社会を作っていきましょう、そういう理念を、10年目のときにあらためて確認をしました。
　それから発達障害者支援センターは、各都道府県、政令市のセンターごとに、本当に多様性があるのです。運営母体も、行政が直営でやっているところもあれ

ば、社会福祉法人に委託されているところもあります。支援の内容も、直接支援を中心にやっているところも中にはありますし、間接的な普及啓発や研修、体制作りを中心にやっているところもあります。そういう多様性は、やはり各地域の多様性と関係しているのです。地域の実情がそれぞれ違っております。それを分析して、その地域に必要なことをやっていきましょうというのが支援センターの理念かと思います。別な言い方をすれば、そういう多様性を認めていただいているこの法律ですとか、皆さんのご理解が、地域や自閉症、発達障害の方たちの支援に役立っているのではないかと考えております。ですから、動きの中では、「センターのやることや形態をもっと画一的にしましょう」という意見もないではなかったのですけれども、本当に地域の実情に合わせて考えていく、それをきちんと分析して、行政とタイアップしてやっていきましょうというのが、私たちに課せられた役割かと思っております。今回の法改正においても、さらに行政との連携ですとか、地域のきめ細かい支援のことを入れていただきましたので、また一段とやりやすくなった面もありますし、逆に私たちが負わなければいけない責任もひしひしと感じております。この法律が、本当に実効性のある、実体を伴ったものになるように、また努力を積み重ねていきたいと思います。

高木：ありがとうございました。
　続きまして、この10年間、実際の現場でどのように施策が進展してきたか、大阪府で先駆的な取り組みを展開されているということで、ご担当の大阪府の奥村課長にお越しいただきました。それでは、どうぞよろしくお願いいたします。

奥村：大阪府の障がい福祉室の障がい福祉企画課長の奥村と申します。実は、今年の3月まで、同じ障がい福祉室の中で、3年間、発達障害の担当をさせていただきました。4月からは、担当を若干外れてはいるのですけれども、私が担当していた3年間の取組を中心に、ちょっとご説明をさせていただきたいと思っています。
　先駆的な取組と言っていただいて非常に恐縮なのですけれども、平成17年度にこの法律ができまして、大阪府でも発達障害児への個別療育などを行う拠点を圏域ごとに整備していくということで取り組んできました。特に平成24年度に、大阪府では、障害者計画の見直しを行ったのですけれども、この中で、あらためて発達障害については、まだ支援の谷間になっているということが明確に位置付けられまして、平成25年度からさまざまな取組を行うということで、発達障害

に関するプランを策定し、そのプランに基づいた事業を開始いたしました。

プランの中では、例えば、早期発見の取組や、発達支援体制の充実ですとか、学齢期や成人期といったライフステージに応じた支援の充実、家族への支援というふうな９つの柱立てをしまして、それぞれあるべき姿と今後の具体的な施策展開などを明確にし、そのプランに基づいて、今、事業を展開しているということでございます。

一方でこのプランや事業の推進に当たりましては、特に進捗管理ということが大事になってまいりますけれども、大阪府の場合、障害者自立支援協議会の下に、発達障害に関する部会を設けています。ここでは、親の会の方、あるいは支援者の方、それから学識経験者、市町村など、関係者に参画いただきまして、そこでさまざまなご意見をいただきながら検討を進めているということでございます。

恐らく、これが新しい法律でいうところの発達障害者の支援の地域協議会的な役割を今、果たしてもらっているのかなと思っております。

また、発達障害の支援は非常に広範囲にわたるものですから、この部会の事務局ですが私どもは福祉部ですけれども、福祉部だけではなくて、例えば、健康医療部ですとか、教育委員会、商工労働部など、関係部局で構成します庁内推進会議というものを設けまして、そこが部会の事務局を担うというかたちの体制を取っております。これまでそれぞれの部局が別々で発達障害に関する施策をやってきていましたが、庁内の推進会議でお互いが定期的に意見交換や情報共有を行うことにより、より一体的な取組をしていこうというものです。

こういう庁内の推進会議なり、あるいは部会などによりまして、関係者の意思疎通を図るような体制がようやくできつつあるのかなということで考えてございます。ぜひこういう枠組みを大切にしながら、進めていきたいと考えております。

いずれにいたしましても、この法律ができて、先ほどから出ておりますけれども、発達障害に関する注目とか認知度が上がっている中で、今回の改正も踏まえて、私どももますますしっかりと取り組んでいかなければいけないと考えているところでございます。よろしくお願いいたします。

高木：ありがとうございます。

ここからは、法改正検討の議論の様子について話を移していきたいと思います。法改正に当たりまして、議連の下に実務者ワーキングチームを作りまして、12回にわたり、議論をし、その中でいろいろな論点が提示され、検討をしてまいりました。

今回の法改正のポイントとしては、一つは、目的に「切れ目のない支援の重要性と共生社会の実現」を視点として追加しまして、基本理念を新たに設けたという点です。２つ目に、家族なども含めたきめ細やかな支援など、発達障害者の支援のための施策について、状況の変化やこの10年間の障害者施策など変化に応じた見直しを行ったことです。３つ目に、地域の身近な場所で支援が受けられるよう、発達障害者支援地域協議会に関する規定を新設し、地域連携をしやすくした点などが挙げられます。ワーキングチームでは、いろいろな議論がありました。長時間、議論をしたこともありました。そこで、議連副会長の中根議員に、そうした様子、また今回の改正の趣旨、目的など、お考えのところをお話しいただきたいと思います。

中根：民進党の中根康浩でございます。この法律の作成過程につきましては、一言で言うと、とても面白かったというか、楽しかったという、そんな思いがあります。われわれは専門家ではありませんので、法律の細かい専門用語みたいなことについては、十分知らないまま取り組んだわけなのですけれども、それでも当事者の方々からいろいろなお話を承ったり、あるいは、有識者の方々からご指導をいただいたり、また、役所から厚労省、文科省、法務省、警察庁、あらゆる関係の省庁にご参加いただいて、議論をさせていただいて、その法律を作ること自体が大変、何か、有意義だったというか、面白かったと言ったら語弊があるかもしれませんけれども、一回一回がすごく、そういう充実した議論だったという思いがあります。
　で、やってみて分かったのは、10年前に、野田先生はじめ、先輩の議員の皆さんが本当にいい法律を作っていただいていたのだなということで、実は、そんなに意気込んで、「さあ、よし、10年たったんだから、思い切って変えてやろう」というふうに、そういう意気込みで取り組んだのですけれども、実は、よくできている法律だということが分かったというのが、その議論の過程なのです。
　ただ、その10年間の間には、例えば、虐待防止法であったり、あるいは、差別解消法であったり、自立支援法が総合支援法に衣替えをしたり、あるいは、難病についても新しい法律ができたり、子ども・子育ての新しい法律ができたりと、発達障害を取り巻く環境は、よくできた法律であったと言いつつも、外部の環境はいろいろと変化があって、それを改正法案の中に盛り込まなければいけないという作業はあったのだろうと思います。
　そういう中で、今、高木先生が基本理念を新たに設けたということであります

けれども、これも、もう既に多くの皆様方からご理解いただいていたことを新たに法律に、ある意味、後追いのような形で付け加えたというか、新設をしたということでありますけれども、これはいわゆる医療モデルを社会モデルという形にきちんと規定をし直したということであったり、あるいは、家族支援ということも、当然、現場のほうがもう進んでいて、ペアトレとか、ペアレントメンターだとか、ペアプロだとか、もう現場のほうが法律よりもはるかに先進的、先駆的な取組をしていただいたものを法律にきちんと位置付けたということであったものですから、10年間というのは、そういう意味では、何というか、発達障害を取り巻く状況においては、かなりいろいろな変化があったというか、前進をした10年間であったのかなと思っております。

やはり僕たちは、いつも意識して取り組んできたのは、発達障害をお持ちの当事者の方々、あるいはそのご家族の方々の生きづらさみたいなものを、どうしたらこの法律によって、個性だとか、特性だとか、あるいは多様性だとか、こういう捉え方に社会が考えてもらえるかと、こういうことに役立つような、寄与できるような法律にしていきたいとずっと思って取り組んでおりました。つまりは、生きづらさみたいなものを個性と捉え直して、発達障害をお持ちの方々の強みに変えていけるようなことを後押しできるような法律にしていければと思っておりましたし、また、親の方々、ご家族の皆さんが発達障害を肯定的に捉えられるような、よく障害を持った子どもを持ったというときに、その受容というものが親にとっては一つのとても大きなハードルなのですけれども、それを肯定的に捉えられるような、それを後押しできるような法律でありたい、法律にしたいと思って、ずっと取り組んできたのかなと、今、思い返しているところであります。法律の中身を作るについては、それこそ、専門家の方々や当事者の方々や役所の方々に本当にお世話になったという思いであります。議員として、最後、先ほど野田先生が力技というふうに表現したところなのですけれども。

野田：よくやってくれましたよね。

中根：ここが、議員としては一番やらなければいけなかったというか、お役に立てたところなのかと思っています。やはり議員立法というのは、どうしても閣法より後回しになって、国会の最終盤になるわけなのです。しかも、この間の通常国会というのは、参議院選挙が控えておりまして、延長がありません。場合によっては、解散もあり得るというような、結構緊張感の高まった最終盤だったの

です。で、最終盤というのは、やはり特にわれわれ民進党、野党第一党の立場とすると、対決モードを盛り上げていかなければいけないという中で、議員立法で仲良しこよしをしている場合ではないだろうと国対から言われがちな状況があるのです。その中で、どうやって通していくか。そういうときに、高木先生は、経済産業委員長だったのです。あまり身動きが取れないというか、取りづらい立場で、たまたま僕も高木先生の下で経済産業委員会にいたのですけれども、障害者総合支援法の3年後の見直しの法改正があったものですから、経産委員会と同時に、厚労委員会のほうにも国会の途中で回していただいたことが少しはお役に立てたのかなと思っているのですけれども、厚労委員会のほうで、何とかこれをやってもらいたい、衆議院のほうは自分がいる院だからいいのですけれども、やはり参議院のほうがいつも、なかなか厄介と言えば厄介なのです。

　参議院のほうが「そんなに議員立法を送ってくるな」という雰囲気の中で、幾つか送った中で、この発達障害者支援法を通してもらうのには、なかなかしびれる状況であったのは間違いないです。

野田：一番頑張ったじゃないですか。

中根：いえ、ありがとうございます（笑）。

高木：本当に頑張っていただきました。

中根：それで、やはりそういうときに、日ごろのお付き合いというか、日ごろの人間関係というものが大事だなということはつくづく感じた中で、参議院の、今引退された津田弥太郎先生にご理解をいただきまして、「お前の法律、やってやったぞ」と、「通してやったぞ」と、散々言われたのですけれども。

野田：色々と話を聞いています。

中根：ええ。そうなのです（笑）。同時に、また同じような法律で、がんに関する法律があったのですけれども、これは、残念ながら、通らなかったというのはあるのですけれども、発達障害者支援法は、そういったもろもろの状況の中で成立を見たというのは、本当にこの国会と団体の皆さんと役所が一体となって取り組んだ成果であると思い起こしているところでございます。

高木：ありがとうございました。

野田：功労者です。

中根：本当にもう、みんなの気持ちが一つになった結果です。

高木：それでは、続きまして、ワーキングチームのメンバーであります山本博司議連副会長、よろしくお願いします。

山本：公明党の参議院議員の山本博司でございます。今、中根先生がお話になりましたが、私も立法府で法律を作るということが、こういうことなのだと、あらためて実感させていただいた、発達障害者支援法の改正だったと思います。本当に感謝しています。
　私は、娘が、重度の知的障がいを伴う自閉症です。2歳のときに自閉症の診断を受け、初めてお医者さんから「自閉症」という言葉を言われて、それがどういう意味なのか、全く分かりませんでした。そういう意味では、個人的にもこの発達障害の方々、障害者施策については、議員になってから10年間ずっと、高木先生の下でいろいろな障がい者支援の法律に関わらせていただきました。
　そういう中、地域を回ると、発達障害を抱えている自閉症のお母様の声であるとか、もしくは、大人になってから発達障害になった方、また支える家族の会とか、私は主に中四国を回っていますので、その地域を回るたびに、発達障害に関係する方々の切実な声が聞こえてきました。
　では、それが具体的にどう支援されているかという意味では、なかなか制度の狭間になって、ご苦労されているという事を本当に感じていましたので、議連で法改正に携わらせていただいたということは、私にとりましても、すごく感謝をしている思いが致します。
　このワーキングチームの検討会は、4カ月ぐらいの短期間に12回ですから、大体1カ月に3～4回ぐらいのペースで、2時間ぐらいを超したこともありましたね。

高木：ありましたね。3時間ぐらいです。

山本：結構、各省の方々が、一つ一つの条文ごとに追っていくわけですけれども、

先ほど中根さんが言われたように、10年前の発達障害者支援法は、かなりよくまとまっており、ほとんど網羅されています。
　検討会では、各団体の方のヒアリングをした結果について、私もその一回一回のやりとりをした事。例えば、検討会で発達障害者支援センターや協議会が大変大事だが、地元では様々な課題があるというふうな話を聞きますと、その後すぐ、地域の発達障害者センターに行って、お話を直接お聞きしました。
　検討会と現場の往復作業のやりとりをさせていただく中で、本当にこれは必要な法整備で、早く支援環境をつくらないといけないと痛感をさせていただきました。
　今回の法整備の中で、ライフステージごとの支援を具体的な形で明記をした事や、国の役割、県の役割、そして市町村の役割など其々の役割が明確に条文ごとの中に盛り込まれたという部分など、私は、本当に実効性のある内容になったのではないかと思います。
　また発達障害といっても、トゥレット症候群とか、吃音の方々が発達障害の分類に入っていた事も初めて知る内容でした。
　吃音の方々の全国の会「言友会」という会があるというのも初めて知りました。そこで実際、言友会の会合に参加し、吃音の方々とお話をしますと、やはり8割の方は吃音は治っていくのですけれども、2割の方は全く治らない。
　また吃音が原因で、結婚であるとか、もしくは仕事であるとかで、支障が出たり、また子どもの時からいじめに遭ってきている事など伺いました。さらに吃音の方々の支援が十分でない事も聞かされました。
　今回の法整備の中で、「個々の発達障害の特性」という言葉が明記されました。国の責務や国民に対する啓発普及など各章の条文の中に、明記をされたということも、やはりすごくよかったのだなと思いました。
　最後に、やはり力技ということでは、参議院に法律が移り、参議院の民進党は、中根先生が責任を持って根回しをするという事でしたので、私は、小会派、特に議連に入っていない、役員に入っていない党の方々に説明をして、全会一致に持っていく活動を進めました。
　維新の会とか、社民党の方とか、次世代の方とか、その当時あった政党の方の事務所に行ってお話をさせていただいて、これをご了解いただく事も、本当に最後の部分で、お手伝いができたということも、非常に思い出深い法整備でございました。本当にありがとうございました。

高木：ありがとうございました。
　今のお話の通り、私が衆議院の少数会派をずっと回って、山本副会長が参議院の少数会派をずっと回って下さって。本当に真面目な方なので、「ここはまだ行っていません。ここは行きました」というふうに、もう逐一報告をいただきました。
　それでは、今のことも踏まえて、野田会長代理から何か。

野田：まず、中根先生には、本当に難儀な国会で、参議院選挙の前ということもあり、民進党では超党派の議員立法は与党に利するから駄目という通達が出てしまったものですから。それを盾に廃案になるか、別々に出すか、要は決裂です。そんな中で、話を纏めた中根さんは、いつも冷静ですごい人だなと。あの困難な中、本当に砂漠の中でダイヤモンドを見つけるぐらい大変なシチュエーションで、民進党をはじめとする野党を説得してくれたというのは相当の人格者ですよね。

中根：いいえ（笑）。

野田：津田先生を口説いたというのは、さらにすごいことです。感謝します。

中根：ありがとうございます。

野田：本当にこういう力仕事というのは大事なのです。そういうことで、異例なる勉強会でした。それは、高木さんの采配の下、12回に及ぶ大仕掛けの勉強会を開催したことです。通常の議員提案、ましてや改正案で行う作業ではなかったので。

高木：全体では7回です。

野田：何しろ毎回大きな会議室にたくさんの方に来ていただいて。ああいう仕掛けはほとんどやらないですよね。

高木：そうですね。

野田：通常は小さな会議室で、数人の関係者で改正案を作成していますが、今回は前人未到の法案を作っていると錯覚するような大仕掛けだったことが目に焼き

付いています。

　そして、前回は発達障害という名前を知ってもらうための法律だったのかなと。それが今回の改正によって初めて理念として定着していくのかなと思います。先ほど市川先生がおっしゃった医の世界から社会の世界。これがポイントで、現在、障害の分野は、身体、知的、精神の3分野なのです。「障害者は何人いますか」と聞くと、この3分野だけで約788万人と言う。でも発達障害者はもっとたくさんいるはずで、人口の10分の1という話もあります。しかし、実数の把握はできていません。そのため、法改正をすることによって実態調査をする必要がある。発達障害は、身体、知的、精神のような障害ではありません。そのため、意見の対立が起きたりしますが、全ての役所で形容詞に発達障害が付く様々な施策を築いていかなければいけないのかなと。ですから、まだまだやれることがたくさんあると思います。その中でも一番やらなければいけないのは実態把握。発達障害者はどのくらい存在していて、市川先生のようにきちんと診断できるお医者さんは何人いるのかなと。今はまだそういう情報がないのです。そういう、漠然としているものを数値化することによって、もっと力強い政策を作っていけたらいいなと。

　一方で、議連では本当に知的で高いレベルの議論ができてよかったと思うのですが、党に持っていくと、色々な意見がありました。例えば「この法案を改正すると、治るんですか」とか。「は？」ですよね。これまでの障害者施策の考え方はノーマライゼーションといって、障害を様々な方法で補うことで、健常者に近づけるというものでした。その考え方が自民党では未だスタンダードのため、「法律を改正すると、治る人が増えるんですか」みたいな議論が起きてしまうのです。ですから、治すのではなくて、発達障害でよく言う「特性を生かす」という考え方。それは他の障害区分ではなかなか出てこない話です。特性を生かし、それぞれがちゃんと生きていくという意識改革が、この発達障害者支援法改正案でできてくるといいなと。

　一方、最初の法案を作成した時に、身体障害者の人から、「我々は就労まで欲張っていないのに、何で発達障害は」と言われました。だから、もうどんどん先駆けて法整備をしていき、他の障害区分もそれに追随できるようにしてあげるといいと思います。

市川：社会が変わって、発達障害を受け入れやすくなる社会にしていただければ、批判はなくなりますよね。

野田：そうですよね。

高木：そうですよね。

野田：相当数いるということが明らかになれば。今は分からないので。

市川：医療の世界も、発達障害を診る医者はそれなりに増えているのです。ただ、掘り起こしが進んでしまっていて、さらに患者さんが増えていますから、結局、待ち時間は変わらなくなっているのです。

野田：自民党の総務会でも、患者である障害者よりも、それを診る先生たちの社会的地位、特に医学界での地位が決して高くないのではないかということを指摘されました。この支援法によって、その医療従事者の地位向上に繋がるといいなと。医学会では、外科医や内科医の立場が強く、発達障害の専門医はちょっと片隅にいるらしいのです。
　それをやはりメインストリームに持っていくことで、結果として相乗効果が出ると思います。

市川：一つは、数が少ないということもあるのですけれども。

高木：そうですね。

野田：すみません。よろしくお願いします。

高木：はい。ありがとうございました。
　今回、実務者ワーキングチームを誰にするかについては、事務局長一任と言っていただきましたので、迷わず、これまで障害者政策を一緒に作ってきたお二人（中根先生と山本先生）にお願いをしまして、お付き合いいただいて、本当によかったと思います。野田先生は、いろいろなご意見の方たちがいらっしゃる自民党の中を、まさに腕力でご調整いただきました。そういう政局になりそうな状況の中で、ともかく丁寧に議論を進めて、ともかく全会一致を目指して行こうと、7回にわたって、大勉強会をやりまして、あと、実務者で細かく詰めさせていただきまして、そこをまた議連の役員の方たちには温かく見守っていただきながら

支持していただいたというのが一番大きくて、全会一致で成立できました。

中根：もう本当にそれしかないですものね。

高木：本当にお一人お一人のお力と思っております。
　それでは、続きまして、各団体のほうから、また今回の改正の思いなどをお話しいただければと思います。日本自閉症協会の市川先生、どうぞ。

市川：私は、発達障害者の家族への支援が重要な視点だと思います。
　自閉症を例に取り上げると、母親が相当責任を負うような構造になっていまして、結局、子どものことに関わるので、働きたくても働けないわけです。経済的にも疲弊するし、場合によっては、母子家庭になってしまいます。「私たちは、年を取っても年金なんか絶対もらえない」、「もう諦めています」、「何とかならないんですかね」と、言われることがあります。「もう生活保護しかないんですかね」と言われると、こちらも、「これは何とかしないと」と考えます。
　自閉症を例に取ると、50年以上前、世界的に心因論という考えが盛んだった時代があるのです。「子どもが自閉症になるのは、母親の愛情が足りないからだ」、「母親が悪いのだ」ということで、世界的に母親が責められた時代があり、日本でも母子心中が出てしまったのです。これらの経過を考えると、「支援する側をしっかり支援していかないと、当事者も困ってしまう」という視点を持たなければいけないと思っております。
　それからもう一つ、成年後見制度については、その制度そのものに対する批判もありますが、うまく制度を使っていかなければいけないと思います。特に、重い知的障害の方とか、重心の方などもそうだと思いますが、そういう方々は、「当事者を重視しなければいけない」と言われても、本人の意思が完全に確認できないわけです。多くの障害者団体が「当事者を大切にする」と盛んに訴えていらっしゃいます。それは重要な視点ですが、「当事者の意思はどうやって確認するか」という点を明確にする必要があります。特に発達障害で言いますと、知的障害のない、高機能と言われる方、あるいは、高次脳機能障害の方などもそうなのです。一見、普通に見えて、言われれば、「はい、はい」と返事をしてしまうのですが、相手の意図が全然読めません。私は、講演会のときは、「発達障害は、おれおれ詐欺に引っ掛かりやすい」と、「そのときに、本人の意思だけ尊重していたら、どんどん詐欺は成立してしまう」と訴えています。もちろん、多くの障害者団体

が、「当事者を大切にしたい」という考えは分かりますが、自分の意思をうまく訴えられない当事者を何とかしていただかなければいけません。これは先生方のお力を借りなければいけない部分もあると思っております。

それから発達障害の合理的配慮というのは、厚労省などからわれわれも呼ばれるのですが、「発達障害の合理的配慮をどうすればいいんですか」と一言で言われても、なかなか答えにくい課題です。これは、ほかの障害と比べると数も多いのですけれども、幅が広いので、一人一人の抱えている困難さがうまく説明しにくい点があるのです。

野田：まだ分かっていないということですよね。

市川：そうですね。逆に言えば、そういうことです。

ただ、最近、先生方はご存じかもしれませんが、インターネットなどで、企業側の弁護士さんたちが、「発達障害をどうやって追い出すか」ということを書いています。差別解消法の中に合理的配慮ということが書かれていますが、民間の会社は、「これは努力目標だから、守る必要はない」とか、「実施に伴う過重な負担は負わなくてよいと書いてあるので、会社に主語を持っていけば、断れる」としています。「就労するときに、発達障害を申告していなかった場合は、職場で問題を起こしたら、それを口実として、首を切ることができる」との事です。差別解消法の趣旨と逆のことです。結局この論理は、裁判所の一審で、会社側が勝っています。控訴していますから、そのまま通らないかもしれませんが、逆に、「就労のときに発達障害を申告したら、雇わなくてもよい」という論理なのです。排除の論理が民間（会社）に出回っているというのは、本来の趣旨と逆のことだと思います。例えば、「過重な負担がない場合というのは、主語をはっきり入れておいていただければよかった」と思っております。

それから先生方はご存じかもしれませんけれども、障害年金の問題があります。5年ぐらい前に、厚労省の年金局に、発達障害を障害年金の対象に明記していただいたのですが、その際、診断書では、一応、精神障害、知的障害、発達障害を一緒にしております。先ほどの野田先生のお話も関係あるのかもしれませんが、盲・ろう・身体のほうの診断書にはないのですが、こちらの診断書には、当事者の収入を書くようになっているのです。厚労省のご説明だと、年収350万と言っているのですけれども、実際、都道府県によっては、年収100万以下でも、発達障害の人の障害年金は切られることが起きています。年金局に、「どうして知的

と精神と発達障害だけ収入欄を書く欄があるのだ」と何回も言っています。作ったときは、「いかに収入が少ないかを示したい」と、当時の厚労省の担当者は説明したのですが、今考えると「事実ではなかった」と思っています。障害年金の診断書の書き方には、医者のほうに問題があります。最近は、社労士さんたちが「お手伝いします」といっていただくことはありがたいことなのですが、障害者に下りるはずの障害年金の2カ月分、ないしは、20%を社労士さんが成功報酬として受け取ってよいと、厚労省の年金局は認めています。ほかの職種が手伝っても、成功報酬になりません。本来、障害者に出るお金が別の方向に流れるというのは納得いかないと思っています。発達障害だけではないですが、本来と異なる方向に行っている部分もあります。

　2点中心に、ちょっとお話させていただきました。ありがとうございます。

高木：ありがとうございます。
　では、続きまして、EDGE（エッジ）の藤堂会長、いかがでしょうか。

藤堂：はい。先ほどの力技の最後のところで、参院で参考人として呼ばれました。

高木：そうですか。ありがとうございました。

藤堂：面白い経験、大変良い経験、めったにない経験だと思います。本当におかげさまで、先生方が前もって地ならししておいていただけたので、意地悪な質問が一つもありませんでしたね。
　通すための質問をいっぱいしていただいたと思っておりまして、答えやすかったと思っております。言いたい放題言わせていただけたかなと思いました。今日ちょっと整理していましたら、ちょうどそのときの議事録がポンと出てきましたので、これについて話せということかなと思いました。最後の質問が、「この10年、通って、どこがよかったですか」というものでしたので、そのときお答えしたのは、やはり切れ目がないというのを、縦軸、横軸、両方で考えてくださっているということ。あと、縦軸で、現在では例えば中学校から高校に行くときに、または行政区が変わるだけで、知らぬ存ぜぬになって支援がつながらないのです。同じ教育委員会の中でも、障害を受け持つ部署と通常学級を受け持つ部署が背中合わせでいるのにもかかわらず、情報が共有されていないという現状があります。連携、連携という言葉で、横軸にもきちんと言葉として連携という言葉が随分

入ってきていますので、それが実のある連携になってほしいと感じているところが一つあります。

　あと、私も女性なので、医療モデルから社会モデルへというのは一つあるのですけれども、もう一つは、発達障害というのは、男性モデルなのです。男性のほうが多いと言われているのですけれども、実は、そうではないのではないかと思われる部分もありまして、やはり男性のほうがひどく出るというのもあるかもしれないというので、診断基準とかも男性を基準に考えているようです。そこまで行かないのだけれども、苦労している女性もいっぱいいるということとか、女性ならではの苦労というのも発達障害の方には随分ありまして、それが今回、最後にポンと入ってきたというところで、性別問わずというところ、一言だけなのですけれども、そこに込められたと思っています。大人になってから困っている女性の方は随分いらっしゃるのです。学校の中では、目立たないのです。静かにしている分には、先生方は気が付かないのです。それから、多分、これは日本の社会は変わりつつあるのですけれども、女性に対して社会から求められているものが、やはり低いのです。だから、愛嬌があればいいとか、かわいければいいとか言われたり、男の子が、お花が好きとかと言っていたら、「ちょっとあなたはもう少ししっかりなさいよ」と言われるけれども、女の子が、お花が好きだったら、「いいわね。かわいいわね。絵を描いていていいのよ」と見逃される。相当性差があるのです。それによって、気付かれないままというのがあったりしていまして、そこら辺がきちんと、本当の一言なのですけれども、多分、そのワーキンググループで、一言、一言にそれだけの思いを詰めながら作ってくださったのだなというのが感じられています。

　最後に、本人の意思というところですが、保護者の方がいっぱい相談にみえているのを聞いていると、「いや、保護者の意思と本人の意思ってやっぱり違うんだよね」と感じます。知的に高くて、マルチ商法とか振り込め詐欺にかかってしまうという正直さというか、裏を読まないというところはあるかもしれませんけれども、それとは別に、保護者が安定のために「こうしなさい」と言って決めてしまうと、その子が非常に不幸になるという場面をいっぱい見てきています。そこら辺は、どうやって本人の意思をうまく聞き取っていくのかというところは、丁寧に見ていってほしいと思うのです。これは法律の範囲から出ていくところだと思うのですけれども、現場のところで、特に学校などでは、進路を決めるときに保護者の意向を聞いてしまうのですけれども、実際に大学に入ったけれども、うまくいかないのでといって、違う道を自分で見つけてうまくいっている子も

いっぱいいますので、いかに生き生きとした大人になっていくのかというところは、法律ができたところで、現場でどういうふうにそれを当てはめていくのかなというところなのかなと感じでいます。

市川：確かに、本人の意思を尊重するというのは正しいと思うのです。うちの娘なども、言語がないですから、「これでいいの？」と言ったら、「うん」と意思表示しますし、「駄目なの？」と言うと、「うん」と意思表示しますから、果たして、そういうときにどうしてあげたらいいのかというのはものすごく悩みます。

野田：分かります。私も悩んでいます（笑）。

市川：そういう点の視点をやはり入れなければいけませんし、高次脳機能障害と申し上げましたけれども、高機能のアスペルガーの方なども、結局、本人の判断力がどこまであるかが分からないのです。それを考えないと、「本人を尊重」だけで行ってしまうと、ご本人が不利になってしまうケースがあると感じていますので、先ほど、申し上げました。

高木：そうですね。

藤堂：あと、やっと医療モデルから社会モデルに行って変わってくるといっても、今度、お役所の方たちは、やはり医療の診断がないと駄目という部分がありまして滞っています。特に教育の部分では、医療の診断以前の問題として、すぐに合理的な配慮や環境調整に入ってほしいと思っているのです。ここで必要なのは、意識の改革のほうであって、法律ではうたっているのだからといっても、なかなか、「どうやって見分けたらいいんですか」というのと、あと、「合理的な」という言葉が、「では、何をもって合理的と言うんですか」というところが、まだまだ、先ほどの「何人いるの？」というのと一緒に具体的に進みません。何かをすると、パラリンピックでもそうなのですけれども、パラリンピックのほうがオリンピックと同じ競技でも成績がいい場合があるわけですよね。

野田：そうです、そうです。

藤堂：それと同じで、配慮をすると、ダントツでできてしまう子がいるわけです。

野田：そうです、そうです。

藤堂：そうしたとき、それはフェアなのか、どうなのかというのを誰が判断するのかというのがまだできていないのです。だから、熱い栗を手渡すみたいな状態が現場では起きていてだれも責任を取らない状況があります。合理的な配慮を求めても保護者からの説明を「お母さん、ちゃんと説明してください」と言われても、そこまでできるお母さんの子どもは幸せかもしれないですけれども、ほとんどのお母さんがそこまでの知恵を持っていなかったりするというのがありますので、まだまだ現場でやらなくてはいけないことがあるかなと思います。

市川：僕は医療関係者で、岡田先生もそうですけれども、精神科は、初めから医療モデルなど使えないのです。手術もできませんし、「この薬なら治ります」などというものはなかなかありません。特に発達障害の世界は、初めから、医療モデルは使っていないのです。外科医と一緒にされてしまって、「患部ばかり見ていて、本人を見ていない」とか言われると非常に心外なのです。あの論理というのは、誰が作った論理か分からないですが、われわれの世界では全くナンセンスな論理で、優秀な精神科医であればあるほど、医療モデルなど使えないことは分かっています。医療者として一緒にされるのは、昔、武見太郎さんが「精神科医なんて牧場主と同じだ」と言ったと同じくらい、困ってしまう話なのですけれども。

高木：ありがとうございました。
　先ほどおっしゃった女性というところですけれども、この件は、取りまとめがほぼ終わって、法文にして、最後もう一回、議連の総会をやったのです。そのときに、自民党の石井みどり参議院議員から、「障害と女性という観点から、やはり女性という観点を入れたほうがいいのではないか」、5回目の勉強会でヒアリングも行っていましたので、「それをきちんと反映させるべきだ」というご指摘がありまして、そのとおりだと。実は、国連障害者権利条約には、障害と女性ということはうたってあるのですが、こういうふうにきっちり入ったのは、この発達障害者支援法の改正が初めてなのです。ほかは、確か入っていないのです。

野田：また先駆けました。

高木:まだ入れていなかったのです。
　それでは、発達障害者支援センター全国連絡協議会の岡田会長、よろしくお願いします。

岡田:先ほどからのお話を伺っていて、発達障害者支援、支援法もそうですが、そこが取り掛かりになって、ほかの障害やいろいろな社会的な施策の中で、新たな展開が広がっていくというような経緯を本当に感慨深く聞いていました。
　そして、議連の先生方が大変な努力してくださって、ここまで来たこと、その基盤の下に私たちが現場で支援を行えているのだということをあらためて感じて、本当に感謝申し上げます。
　発達障害者支援法によって、発達障害の概念が広がってきて、普及しましたよね。そして、取り扱う問題や対象の方が非常に広くなったのです。自閉症支援のところから私たちの協議会は始まりました。それから ADHD、LD、今は、さらに、協調運動障害、トゥレットや吃音の方、しかも、その幅が本当に広がっています。ある意味、社会の縮図のように、女性の問題、貧困の問題ですとか、司法関係、それから家庭環境の問題とか、虐待等も含めて、ありとあらゆる問題が関係します。対象が広いですから、当然、それをある専門機関だけでやることは、到底不可能です。発達障害の切り口でやることはできますけれども、いろいろなほかの機関と連携しなければいけないわけです。その意味において、法律で連携について書かれているということは、私たちが支援をしていく上で、大変心強いことです。
　一方で、やはり問題が複雑化していて、特にセンターが扱う相談というのは、ほかの支援機関でなかなか難しかったりするものが来ます。そうすると、センターでの相談や支援を経て、地域の機関につないでいこうとすると、「いやいや、ちょっと勘弁してください」とか、「難しいので、発達障害は駄目です」ということも起きています。これは医療機関においてもそうなのです。「発達障害は、ちょっとうちでは」とか、「専門性がないので」という話になっていってしまいます。企業については、先ほど話が出ました。企業からのご相談の中に、もちろん前向きに発達障害の方を支援しながら生かしていきたいというものもあります。でも裏は、「できれば、何とか辞めていただきたい」というようなご相談も含まれていることがあります。いろいろな問題があるのですけれども、社会の中できちんと受け止められていくために、私たちがやらなければいけないことは何なのか、その辺が課題かなと思っています。

例えば、福祉の現場でいうと、既存のいろいろな施設の中で、少し対象の範囲を広げるという流れもあります。知的障害の重い人たちを中心にやっていたところが、「知的障害のない発達障害の人も支援していきましょう」というようなことです。それから今新しく出てきているのは、発達障害に特化した、ある種の事業所を作っていこうという流れです。確かに、そうでないと、利用できない方たちがたくさんいらっしゃいますので、これは大変重要な流れだと思っています。

　そして、領域が多岐にわたっていますから、障害者施策の中だけでは対処できない。一般の施策の中で、あるいは、一般の人たちが接しているそれぞれの人間関係の中で、社会として受け止めていく仕組みをつくっていかなければいけないと思っています。その意味で、その一般施策の中に発達障害に配慮した、発達障害のことを念頭に置いたものをどう入れていくか、これが支援法で新たに求められていることでもあると思いますし、私たちが現場でやっていかなければいけないことなのかなと感じています。支援法の中にも、「個々の障害の特性に応じた」ということが、今回、盛り込まれています。発達障害者支援センターの専門性で言えば、対象が広がれば、個々の障害についての専門性をより深めなければいけないということですが、全ての専門職を置くとか、専門家などを全部そろえるというのは非常に難しいことです。それでも、やはり支援において、ある意味、中核を担う機関だと思っているので、必要な専門性を可能な限り身に付けながら、地域のそれぞれの専門家と連携しつつ、行政とも連携しつつ、支援法の理念を実行に移していく、現場に落としていくという作業をこれからも続けていきたいと思っています。

高木：ありがとうございました。
　それでは、今後、この改正された法律をどう生かしていくかについて、まず自治体で施策を実行していくというお立場から、大阪府障がい福祉企画課の奥村課長、よろしくお願いいたします。

奥村：はい。大阪府ですが、特に都道府県レベルで、その障害者施策というのを考えたときに、いわゆる障害者総合支援法に基づく負担金などの部分については、義務的経費ということになりますので、当然、対象者の裾野が広がれば広がるほど、その予算も増えていく、それだけ制度として成熟していくというふうな面がありますが、一方で、それ以外の裁量的経費といいますか、府が独自で事業をするというふうなところについてはなかなか予算が付きにくい。これは多分、大阪

府だけではなくて、ほかの都道府県もそうなのかと思うのですけれども、非常に予算の裁量の幅が狭くて、そういう中で知恵を絞りながらいろいろやっていく現状がございます。そういう中で、やはり個別の法律の中で、国、それから都道府県、市町村の役割を明確にしていただくということについては、やはり施策を実施している立場としては、本当に動きやすいといいますか、考え方もクリアになりますし、かつ、やはり庁内で政策議論をする中でも大きな後ろ盾にもなってくるということがございます。

　また、大阪府でいきますと、広域的自治体ということでありますので、やはり住民に身近な市町村にいろいろと取り組んでいただきたいという思いがあります。そういう部分でも、都道府県や市町村の役割を明確にしていただくことは、「こういった法律があって、さらにこういう改正がされたので、ぜひ市町村でも取り組んでください」といいやすくなります。そして「大阪府としては、人材養成などにより市町村の体制整備が整うようバックアップをしていきます」という形が取れるということで、そういう意味で、こういった法改正をしていただいたということについては、本当にありがたいと思いますし、これから市町村と一緒に体制整備に向けてしっかりやっていかないといけないと思っています。

　あと、今回、改正法の中で、特にライフステージを通じた切れ目のない支援ということが強調されておられます。大阪府のほうでは、以前、「支援の引き継ぎのための手引き」というのを作ったことがございます。これは、それぞれ、さまざまな場面で支援に携わる方が、ライフステージのつなぎ目の引き継ぎでありますとか、その情報の共有の重要性ということについて理解していただいて、全ての支援機関の中で引き継ぎがスムーズに行えるようにということを目的に作ったことがございます。

　例えば、幼稚園から小学校、小学校から中学校、高校から就労先といったライフステージのつなぎ目のところに、支援情報を引き継ぐに当たって、当然、個人情報の保護というふうな観点はあるのですけれども、いつのタイミングで、誰と誰が、どういう情報を引き継いでいくかということをポイントにしてまとめました。ただ、やはりこういったものは、先ほどもお話がございましたけれども、実際、現場でどのようにワークしているかというのが一番問題だと思っています。やはりこういった手引きなり、そういうものが支援現場でどういうふうに定着しているかということを、これから状況を把握して、現場の支援の状況というのをしっかり検証していく必要があるのかなと思っています。

　もう一つ、今回の法改正の中で、ライフステージを通じた切れ目のない支援と

いうことなのですけれども、私たちが以前作ったプランというのは、ライフステージごとのさまざまな施策を提示しているのですけれども、実は、そのライフステージは、就労までを想定している形になっているのです。そういう意味で、今回の法改正議論の中では、高齢期とか、より幅の広い生活支援といいますか、そういった部分についても議論されています。難しい課題だと思いますが、今後、そのようなことも考えていかなければいけないのかなと思っております。

　また、改正法では、司法関係における配慮とかいう部分も位置付けられてございます。正直なところ、大阪府では、まだそういった司法との関係などの部分については、まだこれからという状況ですが、新たな関係機関としてどういう関係を築いていくのかとか、そういうところもこれから考えていかなければいけない、課題の整理をしていかなければいけないかなと思っています。

　いずれにしましても、この法律の改正を一つのきっかけにしまして、国、市町村とこれまで以上に連携をしながら、支援施策の充実を図っていければと考えているところでございます。

高木：ありがとうございました。
　それでは、同じ問いでございますけれども、この改正された法律を今後、どのように生かしていくかということで、市川会長、いかがでしょうか。

市川：1点だけ挙げると、発達障害者支援地域協議会を明記していただけたということだと思います。これまでも、似たことが書いてあったのですが、縦割りの弊害があって、下に行けば行くほどうまくいかないという現実がありました。きちんと法律の中に明記していただいたことで、この辺りで連携がうまくいくと、当事者にとって非常にプラスになると思っております。

　それから、やはりこれだけ数が多いとなると、当事者が何とかするというより、社会の受け入れを変えていっていただかないと大変かなと思います。JICAに頼まれて、中国へ行って、発達障害の話をしたときは、「お宅の国には1億3,000万人います」と言って帰ってきました。「中国では、まだ発達障害という言葉はないですけれども、似た様な人はいます」ということをおっしゃっていました。そういう発想に持っていかないといけませんし、そういうふうに努力しないといけないと思っております。よろしくお願いいたします。

高木：ありがとうございます。

では、続きまして、エッジの藤堂会長、この法改正を、今後、どういうふうに生かしていくかということについて、いかがでしょうか。

藤堂：先ほどおっしゃっていた社会の受け入れというのがまだまだだなというのと、本人がきちんと受け入れるということが両輪なのです。だから、親も本人もそれを受け入れられないというスティグマというのがありまして、例えば就労する前に、きちんと「自分はそうなんだ」ということを言って断られたほうが、後、絶対楽なのです。きちんと自分のことを伝えて、それで、「では、面白いから、来たまえ」と言ってくれたら、その人は、多分、その仕事をずっと継続してできると思うのです。その先、今度、雇用したところが、「この人が入ったことによって、こんなにこの会社にはいいことが起きたのだ」ということをきちんと広めてくれるというのが大切です。ただ心理的なこととか、場の雰囲気が良くなっただけではなく、会社とかは利益を求めているわけですから、本当に利益もちゃんと見て、それをぜひ検証してほしいと思います。この人たちが何も対応されずに不登校になってしまったりとか、うつになったりとか、何か事件を起こしたりという、社会的なマイナスの影響と、この人たちがきちんと自分が受け入れられる社会の中で生き生きとその人なりの仕事をするなり、生き方をすることによっての経済効果というのをきちんとシミュレーションをして比べていくといいかなと思うのです。

　そうすると、少子化の今、人口の10％いる発達障害の人たち、が持っている力を生かさない手はないのではないかと思っているのです。それを経済界がきちんと「自分たちのためになるんだ」というふうに理解すれば、多分、こぞって雇うようになると思いますし、そういうような動きをつくっていく必要があり、これは私たちの役割でもあると思うのです。そういうイメージ、発信をきちんと出していく必要があると思いますし、それを可能にする就労支援だとか、企業の支援も必要になってくると思うのです。そういうことがこの改正を契機に起きていくといいかなと思っています。

高木：そうですね。岡田さん、いかがでしょうか。

岡田：先ほど市川先生が言われました発達障害者支援地域協議会ですかね。これを明記していただいたことは、すでにとても効果があって、私は静岡県なのですけれども、静岡県においても、行政と一緒に取組が進んできています。全国の各

地域で、いろいろな取組がさらに進むのではないかと思っております。それから司法関連のことも、今回、強調していただきました。警察、司法との連携、研修や、相談も増えています。弁護士さんとのやりとりも随分増えて、私たちも勉強になりましたし、これから権利擁護の観点からも踏み出していけるのではと思っております。

　発達障害者支援センターは、やはり発達障害の切り口で相談を受ける一つの重要な機関だと思うのです。障害全般や、ほかのいろいろな問題の切り口で、相談を受けるところはたくさんあるのですけれども、発達障害の相談というと、そこだけを受けているところはあまりないのです。静岡県のセンターも、年間1,500ぐらいの新しい相談をお受けしますが、その中から、重要な地域の課題をきちんと抽出して、整理をして行政に提供したり、地域で生かすための情報収集、整理、この辺りが重要なことではないか、それを発信する役割も私たちは担わなければいけないと考えております。

高木：ありがとうございました。
　それでは、発達障害の支援施策について、今後とも、ぜひ推進をお願いしたいと思います。今回の改正を踏まえて、今後の課題や展望について、議連のお立場のほうからご発言をお願いしたいと思います。
　では、まず中根議員、いかがでしょうか。

中根：今までのお話を聞いていまして感じますし、日ごろから感じてもいることなのですけれども、われわれは法律を作っても、実際にそれを運用、機能させてもらえるのは、特にこの福祉の世界の法律というのは、市町村なのです。だから、市町村の、特に首長さんの意識がどうなのかということが、もう決定的に大事なことだと思っていまして、ぜひそういうところに意識のある首長さんを、住民の方、市民の方がご選出をいただくということでないといけないわけでありまして、どうしたらというのは難しいのですけれども、そういう人が選ばれるような雰囲気をぜひ私どもが作っていくことができれば、そういう意識のある人に市長さんになってもらう、町長さんになってもらうと。それが、そういう人であるか、ないかということが、絶対的にこれは違う、左右するということになるのだろうと思うのです。その意味では、今、岡田先生が、静岡はもう既に協議会の効果が出ているというか、協議会の動きが出ているということ、これは、8月から施行されていきなりということは、素晴らしいです。

高木：そうですね。

岡田：すみません。まだ、以前の「発達障害者支援体制整備検討委員会」で動いています。
　ただ、今回、明確に位置付けられたので、よりやらなければいけないという意識が高まっているのです。

中根：残念ながら、僕の住んでいる地域では、まだそういう動きはあるという話は聞いていないものですから、とにかくそういう、自治体における先進的な事例を厚労省や文科省はきめ細かく拾い上げてというか、情報をキャッチしていただいて、その先進事例、あるいは好事例みたいなものをほかの自治体に積極的に推奨してもらうというか、広報をしてもらうということが国の役所として期待していきたいところかなと思っております。
　それと、話は変わりますけれども、藤堂さんが先ほど、お医者様の診断のことについておっしゃっています。社会モデルになったとはいっても、まだ診断から始まるという、確かにそのとおりだと思うのです、特に、特にというか、僕が経験したことの中で言っても、僕は私立幼稚園の理事長をしているのですけれども、その園長から聞いた話なのですけれども、診断書が出ないと支援員さんが付かないのですが、それが、特に県の私学助成のほうがなかなか厳しいのです。この間、具体的に出た例は、診断の中に（疑い）とあったのです。発達障害（疑い）とあったのです。疑いと書いてあると、私学助成のほうは、もう補助金が出ないのです。ところが、これは面白いところと言ったらあれなのですが、子ども・子育て支援制度のほうからは、疑いがあっても出るのです。

高木：そうです、そうです。そういうふうにしたのです。

中根：ここは、子ども・子育てのほうがちょっと進んでいると言えば進んでいるのですが、内閣府のほうが文科省よりも頑張ってくれているのかなというような話になるのかもしれません。そういう診断から始まるという、ある意味、行政的な、手続き的な必要性があるというのはやむを得ないところがあるのかもしれませんけれども、そういう現場の声を十分聞いていただいて、柔軟な対応をしていただくというようなことも、これもまた自治体の首長さんの資質とか、政治的な判断とかというようなことにも関わるようなところでもあります。そういう発達

障害にご理解のある首長さんが一人でも増えて、そのことが、そういうところ、そういう自治体に住むと住みやすい、暮らしやすい、それでそこに人が集まる、集まれば税収が増えるという、発達障害を中心とした好循環を作ってくれるような首長さんが誕生してくれるということを期待したいと思いますし、われわれは国会でより良い法律を作っていくということ、特に高齢者という話は、言葉として盛り込みましたけれども、では、具体的にどう支援していくかということについては、まだ少し漠然としたところがありますので、そういったところを、今後、詰めていかなければいけないというふうには思います。まだまだやることはたくさんあるという思いです。

高木：ありがとうございます。
　私は子ども・子育て支援法に携わっていまして、一貫して、疑いがある段階から支援するのだと。しかし、障害福祉の世界は、やはり診断とか、線を超えないと、なかなかできません。でも、この発達障害者支援法は、疑いがあるところから支援できます。子ども・子育て支援制度も、疑いがあるところから支援できるようにしたいとずっと強く推進してきまして、今、お話を伺って、ちゃんとそうなっているのだなと思いました。

中根：そうなっていました。

市川：もともと、スペクトラム（連続体）なものですから。

高木：そうなのです。

市川：線がピシッと引けないスペクトラムですよね。

高木：そうですね。それでは、山本議員、いかがでしょうか。

山本：はい。私も今、中根先生が言われたとおり、この法整備が実効性あるものであるように、やはりしっかりフォローしていかないといけないと思います。
　法改正の意義や内容について、しっかり訴えていかないといけないと思い、成立・施行されて後、中四国を回り、公明党の議員の方々、300名ぐらいの方々に、この発達障害の法整備の内容、特に今回、県、市町村の役割は非常に大きい点、

今、先ほどのお話にありましたとおり、その例では大阪府の先進的な事例のお話などをいたしました。

また、愛知県の大府市では家族支援で大変頑張られている事例を含めて訴えてきました。

実際、市町村を含めて県ごとの、家族支援をやっている地方の事例（ペアトレなど）議員にお話をしながら、やりとりをしてきまたが、「なかなか、市長とか、認識はまだまだ薄いんです」とか、「いや、自治体の県の担当の福祉部長がなかなかその理解がないんです」等いろいろ地域によって実状は違いますが、やはり地域格差をどうなくしていくかということはすごく大事です。

特に県であれば、発達障害者支援センターの地域支援マネージャーという役割を、まだ全国では21カ所ぐらいしか設置していないとの事ですから、こういうところをしっかり支援をしていくという事や家族支援は、厚労省がペアレント・プログラムという素晴らしいマニュアルを作られて、全国のそれぞれの市町村の担当する福祉の部局もあるし、児童の部局もあり、いろいろな部局がありますから、6月に通知を出されています。そういうことも含めて、議員の側としても、しっかり実効性があるということをどんどん訴えていく、もしくは、それぞれ議会等でそういった意識がある方々が議会質問を通してやっていくということもやりながら、地域格差がないように、大阪府を目指してやれるように、事例の中に大阪府の事例も入っていましたね。

奥村：そうですか。

山本：ええ。地域の役割の重要性をすごく痛感いたしました。地域格差をなくす為には、国としても財源をしっかり手当をしないといけません。先ほどの裁量的経費というのがありましたけれども、家族支援とか、発達障害者支援センターの支援は、障害総合支援法の地域生活支援事業です。

ここはやはりその財源をしっかりこれからも確保して、例えば、発達障害者支援センターを複数で設置したいといっても、その財源がしっかり裏付けされて、なおかつ、県がそのうち半分を持たないといけないということでしょうから、しっかり地方自治体のほうも理解をしながら出していくというふうなことをやはりやらないといけないだろうと思っています。

また中に、今回、教育の分野でも、文科省に頑張っていただいて、通級の教員を増やしていくということで、今、9万人ぐらいいる通級の人たちを15万人ぐ

らいに拡充の計画。特に発達障害の方が多いと言われている通級の生徒たちを15万人にするためには、毎年890人の教員を増やしていく事も文科省が方針を打ち出しました。しかし、これも結局は財源に掛かってきますから、われわれ政治の側もしっかり財源の手当てをしながら、工夫をしながらやらないといけないと思います。平成29年度予算編成の過程で、議連として麻生財務大臣に発達障害の通級指導の教員確保の要請活動を行った結果、教職員数が児童・生徒数に応じて自動的に決まる基礎定数化を予算案に盛り込むこととなり、毎年約602人の教員増となりました。

　また医療ということでは、この発達障害児を診断する山口県の医者の方で、年間3,000人、発達障害児だけ支援するという小児科医の先生とお会いしました。先生は1日10人ぐらい診ていますが、さらに他の小児科医の医師が山口県の多くの発達障害児のことを診られるように、先生の名前を冠した「林塾」作り、そこで教えておられました。

　そこでお話しになったのは、実際、発達障害のお子さんを診ると、1回、1時間ぐらいかかり、普通の診療時間の2〜3倍の時間がかかります。今の診療報酬だと価格が安いために、小児科医の先生方は発達障がい児の診療を敬遠するということを言っていらっしゃいました。ですから、実際回ってお話を聞きますと、法整備の中でも、専門医だとか、医師の支援というのが必須でしたが、具体的に報酬について課題が出ていますので、法整備後のフォローも大事だと思います。

　今後、そういうことも含めて、親亡き後の生活支援、就労支援であるとか、まだまだこの施策自体、より進めていかないといけない事が多いと思います。今後検討しながら、法整備後のフォローについて、議連としても見ていかないといけないという思いがいたしました。

高木：ありがとうございました。
　それでは、最後に、座談会の総括を野田議員にお願いいたします。

野田：長時間、お疲れさまでした。

高木：ありがとうございました。

野田：最初の法律ができて10年です。
　その前は世間で発達障害という言葉が認知されていない状況で、悩み苦しんで

いた親子がたくさんいたわけです。世間からしつけができていないとか、できが悪いとか、迷惑ばかり掛けるとか言われて。そういうことで本当に追い詰められた人たちが、かつて多くいたことを忘れてはいけないと思っています。それだけに、法律というのは世の中を大きく変えるきっかけになるということを改めて実感しました。そして、これからも法律を通じて、物事をより良い方向に改善していかなければいけないと思っています。しかし、議員立法にしたことが良かったかどうかというのは、少し心に残っています。

　そもそも、何で議員立法になったかというと、当時の文部省と厚労省が担当できなかったというのがきっかけでした。要は、「一つの役所で処理できない法律なので、できません」と。決してそれが悪いわけではありません。本来ならば、法律というのは国会議員しか作れないはずですから。だけど、政府提案に比べ、議員提案というのは本当に不利だというのを実感しています。だから、3年ごとに見直すという付帯決議も、結局は10年かかってしまった。

　一方で、医療ケア児という言葉があります。私の子どももそうですが、法律で定義されていない宙に浮いた障害児をどうにかしなくてはならないと思い、ずっと勉強会をやってきました。その医療ケア児に関する法律は、閣法であった障害者総合支援法に含んでもらいました。そうすると、すんなり国会を進んでいくわけです。閣法は省庁の担当部局が動くので人手もありますし。

　しかし、議員提案は各党の根回し、要するに「少しでも厚労関係に携わっている人のところに行ってくれ」と言われて、議員が説明に行くわけです。その人的な労力に関しても本当に不利です。今回はそれを痛感しました。また、最初に手掛けた人が落選したりしてしまうと、後が続かなくなる。今回はここにいるみんなが継続してくれたおかげです。今回は3年の見直しを入れてないですよね？

高木：入れていないですね。

野田：そこがやはり発達障害者支援法の不安材料です。

　今言ったみたいに、まだやらなくてはいけないことがたくさんあるのです。だからこそ、「法律ができました。これでおしまい」というわけにいきません。発達障害者の実数は分かっていませんが、当事者やその家族も含めればおよそ3,000万人を超えるという推計もあります。要は、日本人口の3分の1ぐらいが関わっている。これは一障害のカテゴリーという捉え方では足りません。やはり次の見直しを入れておけばよかったですね。

高木：来年、WHO（世界保健機関）のICD-11が発表になれば見直すことになるので、「あえて書かなくていいね」という話をしていました。

野田：その時に私たちがいればできますけれども、選挙などによりいなくなったら、という話になるわけです。

高木：そのときは、もう引き継いでいただいて。

野田：そう、今回の座談会の大事なところは、三本の矢ではないですけれども、プレーヤーとして立法府、行政府、そして当事者がいる。だから、立法府が欠けたとしても、他の2本の矢がしっかりとレガシーを受け止めてくれないといけないということです。議員提案の脆弱性を受け止めながら、引き続き繋いでいけるように切磋琢磨していきたいと思っています。
　この発達障害者支援法は非常に素敵な法律で、今までの日本の均一国家を大きく変えていく、つまり多様性を与える本当に大きな法律です。この点をもっと私たちも自覚して、こうやって本を通じて世にアピールしていきたいと思っています。ありがとうございました。

高木：ありがとうございました。
　今回の法改正は、今お話がありましたように、本当に多方面、そして多省庁にまたがる改正でございまして、それだけに大きな仕事でしたけれども、ただ、議員立法の脆弱性というお話が今ありましたが、逆に、議員立法だからこそ、ここまで各省庁にガンガン言いながら、特に法務省とか、警察庁とかを突き動かしたというのが大きな成果だったかと思います。

野田：せめて、役所は資料を配るのだけでも手伝ってほしいです。自民党は多過ぎて本当に大変でした。

高木：また各役員の秘書さんたちも、献身的にサポートしていただきまして、感謝しております。議連としては、この法改正で新しい段階へ行って、また次の段階は、実効性をこれからどういうふうに確保していくか、総合的に見直ししていくことも大事ですし、また、何よりも、来年、ICD-11が明確になれば、またそれに基づいて、どうしても見直しをしていかなければいけないところも十分出て

くると思います。

市川：秋と言われているのですが、遅れる可能性があります。

高木：それを踏まえて、個々の障害についての理解を深めていく、いずれにしても、国民への普及啓発をもっともっと進めていきませんと、先ほど来、皆様からお話がありました「社会全体で受け入れて共に生きる社会」にたどり着かないという思いもあります。私たちがいても、いなくても、これだけの議論の集積を次の世代に引き継いでいくためにも、この書籍をしっかりまとめていきたいと思っておりますので、この本は遺言という意味で。

野田：やめてください。まだやることがいっぱいあるのですから。

高木：いや、今の段階で、やはりきちんと残しておくことが大切です。

野田：レガシーですね。

高木：レガシーとして残しておかなければ、こういう議論も、またこれからの次への期待もわからなくなりますので。

野田：例えば、役所では「3年目の見直しをやりますから」と、きちんとアナウンスが来ますけれども、これは私たちが気付かない限り、見直しがない。だからこそ常に意識をしていなければならない。我々は他にも法案や仕事を抱えていますので、そうしなければついつい「そういえば」みたいになってしまいます。

高木：そうですね。でも、これだけのことをやろうとすると、「内閣府に推進本部を置いて、事務局も置いて」とやらないと、できないですよね。

野田：何度も申し上げますが、実数も把握できていない発達障害ですから、実数が出たら、今の障害者数をはるかに超えるはずです。

高木：そうでしょうね。

野田：そういうときは行政でケアしていかないといけないと思います。

高木：そういう今後の検証の在り方も大きな課題といたしまして、それでは、定刻となりましたので、これで座談会は閉じさせていただきたいと思います。長時間ありがとうございました。

（拍手）

第4部

団体等での取組

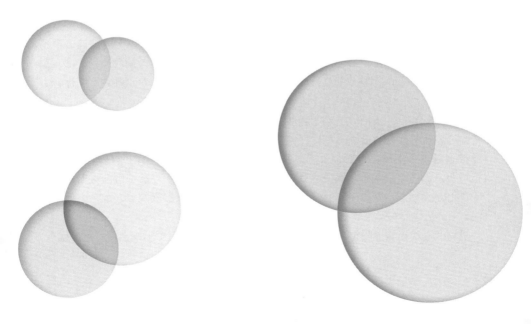

第1章

一般社団法人日本自閉症協会の取組
―改正発達障害者支援法を活かそう―

一般社団法人　日本自閉症協会　副会長　今井　忠

1　はじめに

　私は日本自閉症協会（以下、当協会）の政策担当役員の一人として、山﨑晃資会長（当時）、柴田洋弥常任理事、石井啓常任理事などとともに、この法律の改正に少し関わった。当協会の取り組みに加えて、私見も交えて書かせていただいた。

　当協会は平成27年3月27日に「発達障害の支援を考える議員連盟」（以下、発達議連）に要望書（この拙稿の後部に添付）を提出した。これは、発達議連の発達障害者支援法（以下、支援法）の改正の第2回検討会（関係団体からのヒヤリング）に提出したもの。日本自閉症協会は同法の改正を意識して、平成24年9月に、発達障害に関係する諸団体の有志と共に「発達障害者支援法の見直し検討会」を立ち上げ、協議を続けた。これは、山﨑会長が発達議連会長代理の野田聖子議員から改正についての意見を求められたことが発端だと聞く。

　私は、平成27年3月頃から、発達議連の会合を傍聴したり、発達議連の事務局長の高木議員のところでの意見交換に参加した。改正法案の検討過程では、鋭い対立点があったというより、むしろいかに良いものにするか、各党も関係者も建設的だった。

　平成28年4月14日の発達議連の総会で最終的な改正法案が承認された後、衆参の厚生労働委員会ならびに、衆参本会議で採決されるよう、両議員会館の各党代表議員の部屋にお願い文書を持って回った。これは、柴田常任理事が主に担った。どんな法案も、採決されるまでは最後まで手抜かりなく万全を期しておくことが大事だった。5月12日に衆議院で、25日には参議院で、全会一致で採決されたときは安堵した。

　最終的な改正発達障害者支援法（以下、改正法）は、よく出来上がったと思う。

それができたのは、やはり、発達障害に関わる人たちの真剣さ、当事者の思い、超党派である発達議連の方々の熱意に加えて、衆議院法制局の職員たちの卓越した力によるところが大だった。とくに理解しにくいと言われている発達障害について、衆議院法制局の職員たちは多方面の意見を正確に理解し、論点を整理し、法の体系のなかで矛盾がない形で法文にしてくれた。

改正法のどの部分を重要と考えるかは人によって異なる。私はいわゆる医学モデル（個人モデル）から社会モデルに転換したことを強調したい。これは、国連の障害者権利条約、国内の障害者基本法、障害者差別解消法と軌を一にするもの。発達障害者は周囲から排除されやすい。改正法で「社会的障壁」を追加し、その障壁の意味を規定したことはとくに重要だ。もう一つは、「個々の発達障害者の特性」の文言が多くのところに入ったこと。発達障害の個々人における多様性を前提に、発達障害一般ではなく、その人の特性に応じた理解や支援、雇用管理を行うよう規定された意義は大きい。

2　旧法以降の成果

この本でどなたかが整理されている前提で私の印象を列記する。
・発達障害が法的に位置づけられ、関連する各種制度の対象に入った
・民間も含め幼児から成人まで支援の仕組みが増えた
・発達障害者支援センターなどが出来、相談支援体制が強化された
・支援程度区分が改定され、自閉症の特性がある程度反映された
・障害年金、障害者雇用率に反映された
・いじめや不登校、社会的不適応問題などの分野との連携
・４月の自閉症啓発デー＆発達障害啓発週間での各地の様々な団体や自治体による自主的な取組が活発化した
・理解・啓発の催しや報道番組、書籍出版が活発化し、質も向上した
・自閉症を含む発達障害の認識が国民レベルで浸透した
・大人の発達障害が話題になった
・アート、スポーツ、文化での当事者本人とその分野の支援者の活躍
・著名人において開示の傾向が出てきた
・不可解な事件と障害を結びつける報道は減った（ゼロではないが）
・従来の医療、保健、福祉、教育、労働の分野に加えて、司法、警察、消防、運輸、後見制度などの分野の取組が出てきた

言わば、「いま話題の発達障害」という状態。しかし、一方で現状次の問題があると私は思う。
- ・警察官などの不適切な対応、司法関係者や裁判員の理解不充分
- ・雇用・労働分野での排除傾向
- ・ラベリングと分離の拡大と誤解や先入観
- ・精神科薬の投薬開始の若年化
- ・いまだ福祉・教育の分野における無理解と対応力の不足

3　日本自閉症協会の要望書の中心課題

　添付した要望書を一読していただきたい。その検討会の事務局を担当していた石井啓氏に検討会での想いを聞いた。

　発達障害者支援法が10年前にできたものの、自閉症を含む発達障害のことを本当に理解した支援者や先生が少ないこと、適切ではない関わりがまだまだされているという問題認識が強くあったようだ。現在、発達障害や自閉症という言葉を知っている人は8割以上になる。だから支援人材の育成や支援者を支援するシステムという質的強化が意識されたと思う。第14条（発達障害者支援センター等）や第23条（専門的知識を有する人材の確保等）に期待したい。

　（補足：なお、改正法とは離れるが、要望書にある「発達障害手帳」の問題と、学校教育法での「自閉症」の明記の問題は、その後も当協会内で意見が交わされている。自閉症スペクトラム固有の課題の重要性の認識に変わりはないが、それを満たすための制度については、協会内で様々な意見があり、まだ考えが固まっていないと判断している。）

4　旧法の問題点

　当初、私は改正について意見を求められたとき、法文のどこかがおかしいとは思わなかった。むしろよく出来ていると思った。いま思うとそのわけは、この法が基準や報酬などの手段を細かく規制していないし、罰則があるわけでもないからだ。だから理念法と言われてきた。この法の縛りのために何かが進まないというような壁を感じなかった。

　そんな気持ちで旧法をあらためて読んでいるうちに、部分ではなく、基本に流れているこの障害のとらえ方に違和感を持った。そして、この10年間の障害に

対する考え方や関連法の変化を思い出し、さらに障害当事者がいま置かれていることを考えた。現在、自閉症は知的障害を伴う場合から、伴わない場合まで幅広く存在することが認識され、自閉症スペクトラムと呼ばれるようになった。これを反映させる必要を思った。

　旧法は障害者本人への支援が中心になっている。しかしよく考えれば、本人が困っている原因の多くは本人にあるのではなく、理解しない周囲にある。学校や会社でのいじめは、障害者本人に関わるだけでは解決しない。違いを理解しあい、集団を健全にすることこそ最重要命題だ。その役割は学校なら校長や先生、職場なら管理者にある。総則には「共生」「社会的障壁」が、教育等には「いじめ防止」が、事業主に対しては「適正な雇用管理」などが明記されたことを重視している。

　旧法検討時に日本自閉症協会で関わっていたメンバーの一人、氏田照子氏に聞いて思った。10年前、当時の自閉症児の保護者にあった大きな問題意識は知的障害のある自閉症児のこと。知的障害の支援者の中でさえ自閉症児のことが認識も理解もされず、支援が正しく行われていなかった。支援法ができて、この領域の問題はまだまだ不十分かもしれないが少し前進した。

5　旧法成立時の懸念事項の評価

　当初の発達障害者支援法を議員立法で作る過程でどんな意見があったのだろうか。旧法成立の最終段階でロビー活動をしたメンバーの一人に当時のことを聞いた。

- 発達障害者支援法は一人の母親の想いがあった。岐阜在住でアスペ・エルデの会の後藤ちとせさん。アスペルガー症候群と診断されていた息子さんは感覚過敏が強く、センシティブなタイプ。しかし周囲の理解が得られず、学校でいじめ＆からかいを受けていた。掃除の時間にパニックになりドアの小窓のガラスを割ってしまった。その破片で他の子が顔にケガをしてしまう。学校側には障害のことをよく分かってもらえず、孤立状態だった。後藤さんを支えたのがアスペ・エルデの会と野田聖子議員。もちろんこれはきっかけの一つ。自閉症を含む発達障害の法的位置づけを多くの関係者は願っていた。
- 野田聖子議員、福島豊議員を含む多くの議員が動いて超党派の議員連盟ができた。
- 法制化の大きな狙いは「発達障害を定義づけること」「障害者基本法の対象

とし、自立支援法の中に入れ込むこと」「必要な人が福祉サービスを使えるようにすること」「法をつくることで、啓発を進めること」など。「理念法で実効性がない」などの批判もあったが、当時、運動を進めていたメンバーの目的は明確だった。
- しかし、発達障害を定義づけることについて、インクルーシブや統合教育を訴えてきた議員から、「子どものラベリングになる」「排除につながる」「インクルーシブから逆行する」との懸念の声があがる。
- 反対していた議員さんたちも、発達障害の人が支援の対象になっていないために、2次障害状態にある人の再出発が難しい、教育現場でも不登校やいじめなどの課題があり理想と現実が異なる……などの状況を知り、徐々に必要性を理解してくれはじめ、手ごたえを感じた。
- 2004年12月に発達障害者支援法が成立。

さて、ここで考えなければならないのは、一部にあった、「ラベリングになる」「排除につながる」という懸念。現実はどうだったか。この法律のおかげで、たしかに療育、教育、福祉、障害者就労は前進した。しかし懸念されたことも残念ながら生じている。教育も結果的には分離の傾向が強まった。なかでもとくに一般就労は懸念が当ったと思う。その主な対象者は、発達障害を有するが知的には問題がない人たちだ。

6　雇用・労働分野の壁

とくに就労では、発達障害が広く知られるようになった結果、企業内の発達障害の特性が窺がわれる社員の排除が進行していると感じる。入社後に障害を開示したら退職に追い込まれたり、障害を理由に仕事が限定され、キャリアアップの機会が奪われることが多い。

一般求人の採用時においても、発達障害特性を有する者を鑑別する手法が広まったと思われる。非開示での一般就労は難しくなっている。しかも、障害を開示した就労ではほとんどが有期雇用。昇給も少ないと聞く。障害があっても個々人の特性を活かし一般社員と同格に処遇している企業も現れていると聞くが、残念ながらごく一部だ。それゆえに、改正法の主旨を今後実現していくときの最大の壁は雇用・労働分野だと思う。障害者専用求人であってもキャリアアップが保障され、一般求人の採用との違いは、たんに入り口の違いということにしなけれ

第1章　一般社団法人日本自閉症協会の取組　―改正発達障害者支援法を活かそう―

ばならない。

　ではこの法律が無かったらどうだったか。非開示のままで会社生活を送れたのか。自分の特性に気づかないほうが良かったのか。診断など受けなかったほうが良かったのか。人によって違うが、多くはもっと悲惨だった可能性が高いと思う。別の名称で差別されたかもしれない。それゆえに、改正法10条3項で事業主に「個々の発達障害者の特性」に応じた「適正な雇用管理」を行うよう規定した意義は大きい。

7　付帯決議二項の解釈

　最終盤の平成28年5月24日の参議院厚生労働委員会で全会一致で採択された付帯決議のうち第二項に付いて記しておきたい。
　「二、小児の高次脳機能障害を含む発達障害の特性が広く国民に理解されるよう、適正な診断や投薬の重要性も含め、発達障害についての情報を分かりやすく周知すること。……」（下線、筆者）
　小児の発達障害に投薬が重要だという意味にとる人がいるかも知れない。実は新法では旧法にあった「治療」の文言は、対処療法としての薬の処方が安易に行われないよう削除された（山屋祐輝氏著、実践成年後見　No.55／2016.11 論説・解説「発達障害者の支援の一層の充実」58P、なおこの解説は有益）。
　5月26日発達議連総会（法成立報告会）で私は付帯決議を初めて見て質問し、確認させてもらった。答えは「適正な診断や適正な投薬の重要性」であって、「投薬の重要性」ではないとその場で確認された。

8　津久井やまゆり園の殺傷事件

　改正法が6月に公布になった翌月の7月にこの事件があった。容疑者は「障害者は不幸を作ることしかできない」と言った。表現は異なるが、「障害者はみんなのお金や善意で生かしてもらっているのだからもっと感謝すべきだ」と思っている人は世の中に少なからず存在する。
　障害者は生かさせてもらっている命なのだろうか。社会的なお荷物なのだろうか。断じてそうではない。むしろ活かす機会が奪われている人たちだと考えている。国連の障害者権利条約の前文（m）を見てみよう。

前文〔m〕　障害者が地域社会における全般的な福祉及び多様性に対して既に貴重な貢献をしており、又は貴重な貢献をし得ることを認め、……（以下略）……（日本政府公定訳）

（補足だが、「全般的な福祉」に貢献しているという日本語は不思議かも知れない。原文は、overall well-being。平たく言えばみんなの幸福に貢献しているという意味だと思う。なので、公定訳での「福祉」は通常イメージする福祉サービスのことではない。）

このように条約の価値観は前述した「社会的なお荷物」という考えとはまったく違う。私が所属するNPO法人東京都自閉症協会の同事件に関する声明文ではそのことを強調した。とは言え、言葉の上だけでは人々の考えは変わらない。条約が言っている意味を誰もが実感として「そうだね」と思えるまでには、障害者を含めたあらゆる人々の長い良好な関係構築が必要だ。改正法が発達障害の分野において、その役割を果たして欲しい。私たちはそのために改正法を活かしたい。

この原稿を書いているときに世界で大きな選挙があった。色々な分析がされているが、気になる意見があった。マイノリティーばかりが尊重され、自分たち（多数派にいると思っている）が置き去りにされていると思う人たちの気持ちだ。これは特定の国だけではなく日本も他の先進国も同じかもしれない。置き去りにされている主原因はマイノリティーにあるのではない。そう思うのは錯覚。しかし、錯覚を煽る人、対立を煽る人もいるのが現実社会。周囲が抱きやすいこのような感情を理解しつつ、臆せず、障害がある人もそうでない多数の人もハッピーに感じるまぜこぜの良さを実感できるようにしたい。それが改正法の立脚点だ。

9　改正発達障害者支援法を活かそう

昨年秋に来日したミャンマー国家顧問のアウン・サン・スー・チー氏は、11月3日京都大学でのスピーチで、「民主主義は努力を怠ると衰えてしまう。筋肉のように運動で維持しなければならない」と言った。このことは改正法についても言える。当事者も保護者も、そして支援者も、この法律を活かし、使いこもうではないか。学校であれば、発達障害の生徒も普通級で適切な配慮を受けてもっと学べるようにしたい。企業であれば、発達障害の社員が排除されず、持てる力でもっと意味ある仕事に従事できるようにしたい。活かす場面はたくさんある。そして、実際の経験を通して、この法律の不十分さや限界に気付き、さらに良いものに改正したいということになれば、それはすばらしいことだと思う。

|資料|

平成 27 年 3 月 27 日

発達障害の支援を考える議員連盟
  会　　　長　　尾辻秀久　殿
  会長代理　　野田聖子　殿
  事務局長　　高木美智代　殿

「発達障害者支援法」改正に関する要望書

一般社団法人　日本自閉症協会　会長　山﨑晃資

　平成17年に発達障害者支援法が施行されてから10年が経過しました。この間、自閉症をはじめとする発達障害の人々（以下、「発達障害の人々」と言う）への理解が進むとともに、発達障害の人々の置かれている困難に満ちた状況も明らかになって参りました。また障害のある人々に関する制度が大きく改革され、障害者総合支援法において発達障害もその対象とすることが明記されました。

　さらに、一昨年5月に米国精神医学会から刊行された「精神疾患の診断・統計マニュアル　第5版（DSM-5）」では、「神経発達障害」という新たな大項目が新設され、そこには、①知的発達障害、②コミュニケーション障害、③自閉症スペクトラム障害（ASD）、④注意欠如 / 多動性障害（AD/HD）、⑤特異的学習障害、⑥運動障害、⑦チック障害、⑧その他の神経発達障害が含まれることになりまし。また、近く世界保健機関（WHO）から刊行予定の「国際疾病分類　第11版（ICD-11）」においても「神経発達障害」が採用される予定です。

　このような状況の変化を踏まえて、平成24年9月、発達障害に関係する諸団体の有志と共に「発達障害者支援法の見直し検討会」を立ち上げ、協議を続けて参りました。

　発達障害の人々、とくに自閉症スペクトラム障害の人々には感覚や認知に偏りがあり、興味や関心の対象が非常に限られていることが多く、そのために、健常者の感覚・認知のあり方に基づいて作られてきたこの社会は、発達障害の人々にとっては理解しにくく、生きにくい環境であることを重視することが必要であります。そうした社会の中で生きていく上で、発達障害の人々、とくに自閉症スペクトラム障害の人々は、次のような固有の困難をもっています。

① 　コミュニケーションが成立しにくい
② 　対人関係が育ちにくい
③ 　生活する上での困難さや問題点が理解されにくい

このような困難は、知的障害や精神疾患などの有無に関わらず存在し、生涯続きます。現行の法制度下では、発達障害の人々も教育や支援の対象となってはいますが、実際の運用では、サービスはあるものの支援を受けられない例も多くあります。障害者支援施設などで支援を受けているケースであっても、発達障害の特性に見合った適切な支援を受けられず、そのことから強度行動障害が顕在化し、職員が対応し切れずに施設崩壊の危機に瀕している例もあります。

このように発達障害の人々への支援においては、家庭・教育・生活・就労・社会参加などのあらゆる側面で、本人との信頼関係の基に、個別の状況に応じて社会的環境との調整を図る専門性の高い支援者を配置する必要があります。

先進諸国の例を参考に、我が国でも個別的支援体制を順次構築していくことが必要であります。

ここに「発達障害者支援法」の改正について、以下の点を要望致します。

記

1．この間の障害のある人々に関する制度改革との整合性を図ると共に、発達障害の人々が受け入れられ、かつ適切な配慮が行われるように、都道府県・市町村・事業者に義務づける。
   1) 「発達障害者」の定義「発達障害を有するために日常生活又は社会生活に制限を受ける者」を、「発達障害及び社会的障壁により日常生活又は社会生活に制限を受ける者」に修正する。
   2) 「意思決定の支援」を明記する。
   3) 障害児福祉サービス・障害児施設での発達障害の人々の受け入れを都道府県・市町村に義務づけるとともに、発達障害の人々への適切な配慮を事業者に義務づける。
   4) 障害福祉サービス・障害者施設入所支援での発達障害の人々の受け入れ努力を都道府県・市町村に義務づけるとともに、発達障害の人々への適切な配慮を事業者に義務づける。
   5) 障害のある人々に対する相談支援事業が適切に実施されるように、都道府県・市町村に指導を義務づける。
   6) 学校教育法第1章第1条に規定されている学校のみが対象になっているが、第11章に規定されている専修学校なども条文に加える。

2．インクルーシブ教育システムを構築する。
   障害のある子どもにわかりやすい授業・環境は健常な子どもにもわかりやすいという視点から、例えばユニバーサルデザインの考え方などを導入する（同じ方向・考え方で

一貫性を持って取り組むことにより、学校間の格差が解消される)。その中で特に発達障害の子ども達には、障害特性に応じた個別の配慮、その子どもの生活や能力のアセスメントに基づき設定する目標に向けての本人の発達に合わせた個別教育計画・発達訓練が必要である。そのためには、障害特性に合わせた教育技術の研究と実践により提供される体制作りが必要である。

学校現場における自閉症をはじめとする発達障害のある子ども達の教育の充実には、その障害特性に応じた教育課程の編成と、指導内容についての実践的な研究の積み重ねが必要であり、特に特別支援学校と特別支援学級における喫緊の課題となっている。こうした現状に的確に対応し、インクルーシブ教育システムの構築のために、自閉症をはじめとする発達障害のある子ども達への教育における合理的配慮の観点からの施策を推進するためには、学校教育法に「自閉症」を明記して位置づけることが必要と考える。

1) 学校教育法(第72条、75条、80条、81条)、合わせて関係する法令(学校教育法施行令第22条の3)に「自閉症」を明記し、その障害特性に応じた教育が進められるよう、教育課程上の位置づけを明確にする。
2) 自閉症をはじめとする発達障害のある児童生徒のために、障害特性に配慮した教科書及び指導書について研究開発を進める。
3) インクルーシブ教育システム構築のために、通常の小学校、中学校、高等学校における自閉症をはじめ発達障害のある児童生徒に対する各教科等の指導内容・方法等の研究事業を展開し、次期の学習指導要領改訂時には必要な事項を明記する。

3.保育・教育・権利擁護・就労支援における制度改正との整合性を図ると共に、それらの制度により発達障害の人々に適切な配慮が行われるように、各関係機関に義務づける。

「適切な配慮」とは、以下のような事項が考えられる。
① 幼児期における適切な相談支援・生活支援の提供
② 学齢期における個別的配慮に基づく共生的な教育環境の設定
③ 青年期以降における手厚い生活支援(障害特性を理解した支援者の確保など)

なお、「不利益となる勧誘からの保護」という観点から、契約などの場面において、意思決定支援を徹底する。ここでいう「勧誘」は、風俗・投資・寄付・物品購入・団体加入等である。

4.支援人材育成及び支援者支援のシステムを確立する。

障害者総合支援法や児童福祉法による諸サービスが発達障害の人々に適用されることとなったが、実際にはこれらの諸サービスが発達障害の人々にとっての適切な支援となり得ておらず、発達障害の人々がより困難な状況に置かれている実態がある。そのため、

発達支援専門員を養成して各サービス事業者等に派遣し、各サービス事業者等の職員一人ひとりが発達障害の人々を適切に支援できるようにしていくための拠点機能を発達障害者支援センターが持つことは極めて重要である。

そのため、支援センターの機能に、新たに、①発達支援専門員の養成と派遣、②圏域内の発達障害者支援システム構築を加える。

また、発達障害者支援センターを核として、相談支援事業や日常生活支援などの個別的で重層的な発達障害の人々の支援システムを構築することが重要である。さらに支援困難事例などに関わる支援者への支援システムを構築する必要がある。そのためにも、都道府県一律の設置基準を改め、人口や地域性に見合った設置数や職員配置を義務付ける必要がある。

5．発達障害の人々ための手帳制度を確立する。

現状では、知的障害を伴う発達障害の人々は療育手帳の対象とされ、また知的障害を伴わない発達障害の人々には精神保健福祉手帳が適用されているが、発達障害の人々への一貫した支援体制を確立するために統合した手帳制度を確立する必要がある。特に精神保健福祉手帳の適用は、病状の変動がある統合失調症の人々とは異なって、発達障害の人々は長期的継続的支援が必要であるため、制度的に馴染まない面がある。

1) 対象者が明確な「身体障害者手帳」と並ぶ「発達障害者手帳」を創設する。
2) あるいは、次の①と②の両方を実施する。
   ① 「精神保健福祉手帳」の中で発達障害を明記する。
   ② 「療育手帳」を法的に位置づけて、その中で発達障害を明記する。さらに知的障害の定義を明確にする必要もある。

6．司法における権利擁護・合理的配慮を確保する。

コミュニケーションや対人関係の障害がある発達障害の人々に対して、意思疎通の支援を行う支援者（通訳的機能を持っている人）が弁護人と同席することなどを合理的配慮として認めるよう、司法その他の法整備を進めることを本法に明記する。また、取り調べの段階からの可視化が不可欠である。

1) 適正な裁判がおこなわれるための対応
   ① 捜査段階における心理・福祉などの専門家などによる立会い
   ② 取り調べにおける可視化
   ③ 公判段階における適正な手続きの確保
   ④ 司法・警察関係者の発達障害に対する理解の促進
2) 事件を起こした被告への対応
   ① 受刑中の発達障害者の特性に応じた処遇プログラムの提供

②　専門的な医療施設の設置
③　社会復帰を想定した適正な体制の構築

7．高齢期の発達障害の人々への支援体制を開発・整備する。

　発達障害の人々が高齢になると、厚生労働省の調査や全国自閉症者施設協議会の加盟施設での現状を見ると、行動障害が多少沈静化する傾向があるものの、本来的な社会性やコミュニケーションの障害は不変で支援の困難さは変わらず、感覚の鋭敏さや衝動性が増し、こだわりが強固になったり、新たな行動障害が発生したりするなど、むしろ支援の困難さが増す場合が多い。身体的な老化も急速で介護的な支援、車椅子での生活が可能なように環境面での対策を迫られる施設もあるが、制度上の保障はない。また、介護老人施設などでは、発達障害の人々への対応は立ち遅れている。さらに、地域で暮らす発達障害の人々の多くが家族の支援を受けて生活しているが、親・きょうだいも高齢化するに伴い、本人の世話が出来ない状況に陥った場合、さらには本人が介護的な支援を必要とするようになった場合の支援体制は不十分である。このような高齢期への支援体制を開発・整備することが喫緊の課題である。

　一般社団法人日本自閉症協会では、「高齢期対策検討委員会」を既に立ち上げ、事態調査と対応策について検討をはじめている。

以上

　一般社団法人日本自閉症協会は、平成24年9月から「発達障害者支援法見直し検討会」を立ち上げ、下記の方々から、個人的に貴重な意見を聴取し、議論にも参加して頂いた。
・石井哲夫（(一社) 日本自閉症協会顧問）
・柴田洋弥（(一社) 日本自閉症協会理事・政策委員会副委員長）
・関水　実（全国自閉症者施設協議会理事）
・藤平俊幸（発達障害者支援センター全国連絡協議会副会長）
・宮武秀信（全日本手をつなぐ育成会事務局長）
・計野浩一郎（日本自閉症スペクトラム学会評議員）
・田中　齋（日本知的障害者福祉協会副会長）
＜事務局＞
・石井　啓（(一社) 日本自閉症協会政策委員会・作業小委員会委員長）
・小池　朗（(一社) 日本自閉症協会政策委員会・作業小委員会委員）
・北川　裕（(一社) 日本自閉症協会政策委員会・作業小委員会委員）

第2章

一般社団法人日本発達障害ネットワークでの取組

 はじめに

　一般社団法人日本発達障害ネットワーク理事長の市川宏伸です。日本発達障害ネットワークの取組について述べる前に一言ご挨拶させていただきます。

　一般社団法人日本発達障害ネットワーク（JDDnet）は、発達障害のある方々が社会生活を送る上で様々な困難を来すことがないよう、あるいは困難に直面した際に支援をするために活動しています。創設以来、さまざまな方々にご協力をいただきまして、改めて感謝を申し上げます。

　日本発達障害ネットワークは、発達障害者支援法の成立と深い関係があります。発達障害者支援法は、超党派の議員による議員立法として、平成16年12月3日に参議院の本会議を通過して成立しました。この日に、検討会に関係した団体や個人が中心になって、この法律の円滑な運営を見守るためにJDDnet準備会が発足しました。超党派による「発達障害の支援を考える議員連盟」も設立され、現在は尾辻秀久会長を中心に190名の国会議員が参加して発達障害の支援が行われています。平成17年12月3日にはJDDnet設立フォーラムが成蹊大学で開催され、正式に発足しました。

　発達障害は、社会のさまざまな面で話題になり、"からかい"、"いじめ"、"不登校"、"ひきこもり"、"虐待"、"嗜癖"、"理解できない行為"など発達障害の裾野は拡がっているように思われます。多くの社会的話題は発達障害への理解が不十分なことに基づいていると思われます。法律が成立して約10年経ち、発達障害は徐々に認知されつつありますが、その本当の理解はまだまだ不十分な面が多いように思います。今回、発達障害者支援法の改正が行われ、時代のニーズにきめ細かく対応するものとなりました。今後の、各会員団体などが力を合わせて、発達障害の理解啓発に努めるとともに、当事者・家族の立場に立った支援の充実に努めて行きたいと考えていますので、よろしくお願いします。

1　日本発達障害ネットワークの概要

1．設立の目的

　日本発達障害ネットワーク（JDDnet）は、発達障害関係の全国および地方の障害者団体や親の会、学会・研究会、職能団体などを含めた幅広いネットワークです。わが国における発達障害を代表する全国組織として、従来制度の谷間に置かれ支援の対象となっていなかった、あるいは適切な支援を受けられなかった、自閉症、アスペルガー症候群その他の広汎性発達障害、学習障害、注意欠陥多動性障害等の発達障害のある人およびそのご家族の権利と利益の擁護者として、理解啓発・調査研究・政策提言等を行い、発達障害のある人の自立と社会参加の推進に向けて活動を行うために設立されました。

2．沿　革

　第161回臨時国会に、超党派による議員提出法案として、「発達障害支援法案［衆法第13号］が衆議院に提出され、2004年11月25日に衆議院本会議において全会一致で可決され、同年12月3日には参議院本会議において全会一致で可決され、成立しました。また同日に、NPO法人アスペ・エルデの会、NPO法人えじそんくらぶ、NPO法人EDGE、全国LD親の会、社団法人日本自閉症協会の5団体が中心となり、平成17年に「日本発達障害ネットワーク：通称JDDネット」を設立するための準備会が設置されました。平成17年12月3日にはJDDnet設立フォーラムが成蹊大学で開催され、NPO法人として正式に発足する運びとなりました。その後、平成22年12月から一般社団法人として、幅広い社会のニーズに応える組織となりました。

3．組　織

　当事者団体、職能団体、関連学会・研究会を中心に2016年3月10日現在の会員数は、正会員団体は19、エリア会員団体は43、サポート会員は12（団体5、個人7）から構成され、加盟団体の会員数を加えると15万名に達しています。
　日本発達障害ネットワークは、以下の様な各種委員会を組織して活動しています。
- ● 財務委員会
    - ➢ 発達障害普及啓発活動
        - A）セミナー事業の実施（地方のJDDnet団体と共催）

B）地方の JDDnet と JDDnet との関係改善・協業の検討
- ➢ 安定した会費収入の確保
- ➢ 事務局体制の整備
● 広報委員会
- ➢ 情報管理
- ➢ 情報発信
- ➢ 広告宣伝活動
● 災害支援対策委員会
- ➢ 冊子制作
- ➢ 専門家派遣
● 多職種連携委員会
- ➢ 年次大会シンポジウムの実施
- ➢ 人材育成研修会の実施
- ➢ 発達障害支援における多職種連携のあり方検討
● 認定委員会
- ➢ 認定基準WGの設置
- ➢ 「認証事業規定」「認証細則」策定
- ➢ 「認定基準及びその適合性評定方法」策定
- ➢ 「放課後等児童デイサービス事業所別認証評価受審の手引き」制作
- ➢ 講習用教材WGの設置
- ➢ 講習用教材案作成
- ➢ 講習会細目WGの設置

理事会及び代議員総会を定期的に、各種委員会を随年開催しています。

2　日本発達障害ネットワークの活動

1. 政策提言

　日本発達障害ネットワークは、さまざまな形で発達障害児者の施策について提言を行ってきました。特に、法律や制度がめまぐるしく変化する中で、国会・政党への発達障害者への制度・施策に関して意見表明、意見陳述を行ってきました。「発達障害の支援を考える議員連盟」とは、発達障害者支援法が施行にあたって緊密に連携しながら法制度や施策の発展に協力しあいながら活動を行ってきました。平成28年5月に成立した発達障害者支援法の改正に関しても、密接な連携

を行ってきました。
　また、各省庁が主催する審議会・委員会等へ参加し、積極的な意見陳述をしてきました。

　例えば、2014年度の活動として、発達障害の支援を考える議員連盟総会への参加があります。2014年5月8日（火）15：00～16：30に、衆議院第2議員会館（B1）第1会議室でおこなわれました。その内容は、平成26年度発達障害支援施策関係予算について（厚生労働省、文部科学省）、強度行動障害の理解と対応について（入所施設の支援体制も含めて）「のぞみの園」の取り組みについて、高齢期の発達障害の人々への支援について（一般社団法人日本自閉症協会）関係者から報告があり、その後、活発な意見交換が行われました。文部科学省、厚生労働省も参加することにより、関係省庁と施策を調整する場ともなっております。

　2013年度の発達障害の支援を考える議員連盟総会は、2013年4月23日（火）の16：30～17：30に、衆議院第2議員会館（B1）第1会議室で開催されました。内容は、課題について各省庁からの報告がありました。
・発達障害（アスペルガー症候群）被告に対する大阪地裁判決、大阪高裁控訴審判決について（法務省）
・高校、大学進学について（文部科学省）
・就労支援について（厚生労働省）
・自閉症児と家族からの報告
・被災地支援について
出席省庁は、法務省、最高裁判所、警察庁、文部科学省、厚生労働省でした。

2．年次大会の開催
　第1回JDDネット発足設立記念フォーラムの開催以降、発達障害者福祉法の成立した12月を中心に年次大会を開催しています。年次大会においては、その時代の話題をテーマとして取り上げ、記念講演やシンポジウム等を行っています。
　第1回 2005.12.03、成蹊大学・東京 JDDnet発足設立記念フォーラム
　第2回 2006.12.10、成蹊大学・東京
　第3回 2007.12.02、中京大学・名古屋
　第4回 2008.12.13、目白大学・東京

第 5 回 2009.12.13、成蹊大学・東京
第 6 回 2010.12.05、神戸国際会議場・神戸
第 7 回 2011.12.07、首都大学・東京
第 8 回 2012.12.02、福島大学・福島
第 9 回 2012.12.01、東洋大学・東京
第 10 回 2016.07.25、かでる 2．7 北海道
第 11 回年次大会の詳細を紹介します。
日時：2015 年 11 月 29 日（日） 10：00 〜 16：30
会場：東京ウィメンズプラザ（東京都渋谷区神宮前 5-53-67）
参加者数：約 237 名
内容：映画上映＆トークショー「シンプル・シモン」
　　　シンポジウム　「多職種支援ってなーに？〜小学校編〜」
　　　　　　　　　　「発達障害と合理的配慮」
　　　　　　　　　　「発達障害者支援法改正・障害者差別解消法施行について」

3．発達障害啓発週間への対応

　毎年、発達障害啓発週間においては、さまざまなイベントを実施して、発達障害の理解の促進に努めています。以下は平成 28 年度の発達障害啓発週間の内容です。
　シンポジウム
　日時：平成 28 年 4 月 1 日（金）13：00 〜 16：30
　会場：東京ウィメンズプラザ
　内容：
　　13：00 〜 13：15　「開会の挨拶」
　　　　JDDnet 理事長　市川宏伸
　　13：15 〜 14：45　「改めて考える、発達障害者支援法の意義」
　　　　シンポジスト　JDDnet 理事
　　15：00 〜 16：30　「発達障害と合理的配慮について」
　　　　シンポジスト　JDDnet 理事

4．発達障害普及啓発事業

　JDDnet は、研究者や支援者の専門性を活用して、さまざまな形で地域レベルの発達障害への理解や支援に関する研修を企画・参加しています。以下は、平成

27年度の内容です。

- 2015JDDnet セミナー in ながの
  日時：2015年7月5日（日）　9：30 ～ 16：30
  会場：神戸市立灘区民ホール
  参加者数：約400名
  内容：テーマ「ASD への支援と連携」
  　　　講演「ASD への支援と連携　～最新の動向～」
  　　　シンポジウム「ASD からみた合理的配慮」

- JDD ネットワークセミナー in かごしま
  日時：2015年12月6日（日）　10：00 ～ 16：30
  会場：鹿児島県民交流センター県民ホール
  参加者数：約270名
  内容：テーマ「教育・医療・福祉・保健のつながりを求めて」
  　　　講演「学童期の発達障害児を支える」
  　　　シンポジウム「将来を見据えた発達障害ネットワークを考える

- JDDnet セミナー in さいたま
  日時：2016年3月6日（日）　10：00 ～ 16：30
  会場：さいたま市文化センター
  参加者数：約300名
  内容：テーマ「発達障害の理解と支援　～医療からの発信～」
  　　　講演「臨床医からみた発達障害の診療と連携」
  　　　シンポジウム「発達障害と合理的配慮について」

5. 発達障害支援人材育成研修会

　また、JDDnet は、研究者や支援者の専門性を活用して、さまざまな形で発達障害への支援に関する研修会を企画・運営することにより、地方の関係者をサポートしている。以下は、平成27年度の内容です。

- JDDnet 発達障害支援人材育成研修会2015（前期）
  日時：2015年8月30日（日）　10：00 ～ 16：20

会場：愛媛大学
参加者数：約85名
内容：テーマ「明日から役立つ小学校前半の発達障害支援」
　　講演　「発達障害のとらえ方について、保護者、当事者の立場から」
　　　　　「小学校前半の発達障害支援～作業療法の視点から～」
　　　　　「読み書きの障害に焦点をあてて～STの立場から～」
　　　　　「小学校前半の発達障害支援～心理職の視点から～」

● JDDnet 発達障害支援人材育成研修会 2015（後期）
日時：2016年2月7日（日）　10：00～16：20
会場：江戸東京博物館
参加者数：約130名
内容：テーマ「明日から役立つ小学校前半の発達障害支援」
　　講演　「発達障害のとらえ方について、保護者、当事者の立場から」
　　　　　「小学校前半の発達障害支援～作業療法の視点から～」
　　　　　「小学校前半の発達障害支援～吃音について～」
　　　　　「小学校前半の発達障害支援～特別支援教育の立場から～」

6. 被災地支援

　東日本大震災及び熊本地震における被災地の発達障害者、家族、支援者などをサポートしています。例えば、東日本大震災においては、発達障害児（者）支援の専門知識を有する学識経験者、臨床心理士等からなるチームを編成のうえ被災地に派遣し、その結果を、「JDDnet 災害支援プロジェクト福島～ゆうゆうクラブ支援4年間のまとめ～」として冊子にまとめました。

3　認証事業について

　近年、共稼ぎ家庭の増加などに伴い、発達障害児をその中に含む児童・生徒が学校終了後に放課後児童クラブ、放課後教室、放課後等デイサービスなどを利用する傾向が大きくなり、支援スタッフからは対応の難しさを訴える声も聞かれるようになってきました。
　放課後等デイサービスは、平成24年4月から始まったサービスですが、利用者が増加するとともに、事業者も増加し、その事業も多様化とともに、提供す

るサービスの質についても課題があるとされています。平成 27 年 4 月に国から出された、放課後等デイサービスガイドラインもそのような課題に対応するものでした。

JDDnet では、このような事業所の中で、発達障害児者の支援が十分行われるものを対象に認証を行うこととしました。この事業を通じて、熱心に支援をしている事業所の周知・紹介と支援スキルを向上させ、より専門的な支援をサポートしていきたいと考えて、この事業を立ち上げました。

1．認証事業のプロセスについて

申請 ▶ 調査相談 ▶ 審査認定 ▶ 公表

発達障害を支援する放課後等デイサービス事業に対して、日本発達障害ネットワーク（JDDnet）が認証を行うものです。JDDnet の評価員が放課後等デイサービス事業所に出向き、厚生労働省のガイドラインに沿って作成した認定基準への適合性を実地調査のうえ予備審査します。

実地調査による予備審査と、事業所から提出された『自己評価点検書』による予備審査を踏まえて、JDDnet で審議し認証を決定します。『自己評価点検書』による予備審査を踏まえて、JDDnet で審議し認証を決定します。評価結果は、「適合」・「不適合」・「保留」に区分されます。

2．認証のメリット
①受審者による支援サービス向上
事前相談と指導的審査、並びに発達障害の専門家から個別にアドバイスを受けることで、事業所における支援サービスの改善・向上が期待できます。
②認証による利用者の評判アップ
発達障害における日本を代表し、かつ、第三者的な機関である JDDnet による公正な審査・評定と認証（公表）により、利用者からの信頼と評判アップが期待できます。

3. 具体的な認証までの流れ
①自己点検評価書の提出
　認定基準への適合性については、先ず事業所の方（受審者）から『自己点検評価書』を提出していただき、それをもとに評価員が基準ごとに審査します。
②事前質問の回答
　提出された『自己点検評価書』の不明点・疑問点について、事前に評価員から書面質問を送ります。実地調査をスムーズに行うためにも、指定された期日までに回答を準備してください。
③講習会受講
　講習対象者は、実地調査までに JDDnet の講習を受けることが必要です。会場・日時など詳細については、別途お知らせいたします。
④実地調査
　評価員が事務所を訪問し、実地調査を行います。実地調査では、面接調査及び施設確認を行います。実地調査にて助言した改善対応を含めて審査するため、改善事項などの指摘があった場合は、すみやかに対応してください。
⑤審査結果
　評価員の予備審査後、JDDnet の専門機関が本審査を行い、適合・保留・不適合の評定を行います。審査結果は、申請月のおよそ3ヶ月後に確定します。
⑥認定書交付と公表
　適合と認定された事業所については、JDDnet から認定証を交付するとともに、JDDnet のホームページで公表します（認証）。また、認証された事業所において、認定証と自己点検評価の内容を公表していただきます。

さいごに

　障害者差別解消法及び障害者虐待防止法などの施行により、障害者の権利擁護が大きな課題となっています。障害者差別解消法の附帯決議には、意思の表明について、障害者本人が自ら意思を表明することが困難な場合にはその家族等が本人を補佐して行うことも可能であることを周知することとされています。「障害のある人」が「障害のない人」と同等に活躍していくために、これからは、障害者も意思表明・意思決定を行う主体となるようなエンパワメントによる支援が必要であるかもしれません。JDDnet は、今後も発達障害者を中心に家族や支援者、研究者とともに、その権利が擁護する団体となるよう努めたいと思います。

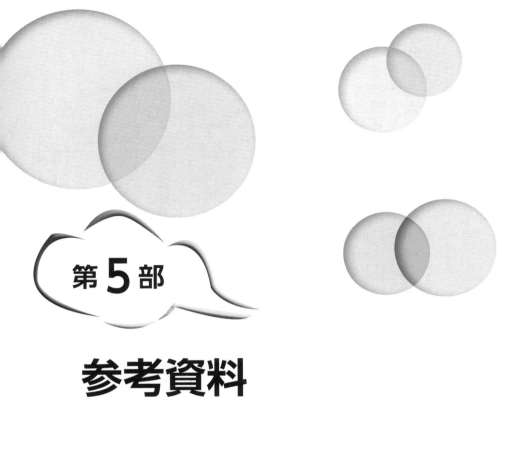

第5部

参考資料

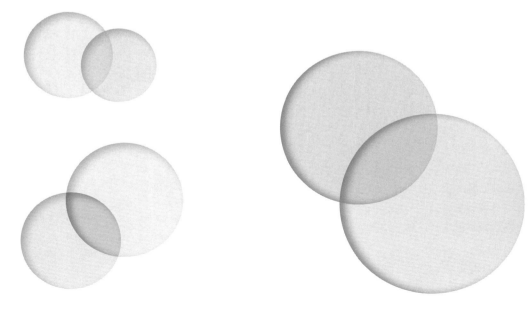

①発達障害の支援を考える議員連盟　名簿

平成29年1月5日更新　190名

会　長　　尾辻　秀久
会長代理　　野田　聖子
副　会　長　　小渕　優子　　馳　浩　　中根　康浩　　松浪　健太　　山本　博司
事務局長　　川田　龍平　　高橋　千鶴子　　阿部　知子　　事務局次長　　奥野　総一郎　　　　　　中島　克仁

衆議院第一議員会館

部屋番号	氏　名	会　派
505	逢沢　一郎	自民
421	あかま　二郎	自民
514	安倍　俊子	自民
424	阿部　知子	民進
1004	伊佐　進一	公明
817	泉　健太	民進
422	稲津　久	公明
507	江田　康幸	公明
703	遠藤　利明	自民
619	大岡　敏孝	自民
923	大西　健介	民進
815	大西　宏幸	自民
406	大畠　章宏	民進
811	小里　泰弘	自民
1119	奥野　総一郎	民進
1121	神山　佐市	自民
1022	亀井　静香	無所属
1006	亀岡　偉民	自民
1023	鴨下　一郎	自民
1222	岸田　文雄	自民
513	木村　弥生	自民
924	奥野　信亮	公明
1205	小林　史明	自民
704	後藤　茂之	自民
315	後藤田　正純	自民
1220	斉藤　和子	共産
412	斉藤　鉄夫	公明
407	齋藤　洋明	自民
1102	塩崎　恭久	自民
719	篠原　孝	民進
723	島田　佳和	自民
523	白石　徹	自民
1215	田嶋　要	民進
1114	谷畑　孝	お維新
1217	玉城　デニー	生活
1104	谷川　とむ	自民
724	豊田　真由子	自民
519	中川　正春	民進
611	西村　康稔	自民
504	野田　聖子	自民
905	野間　健	無所属
812	馳　浩	自民
1112	初鹿　明博	民進
615	藤井　比早之	自民
322	牧島　かれん	自民
1116	牧原　秀樹	自民
414	松浪　健太	お維新
302	松本　純	自民
1011	松本　洋平	自民
401	馬淵　澄夫	民進
1019	宮本　岳志	共産
1106	村井　和則	自民
1210	森　英介	自民
805	山井　和則	民進
408	笠　浩史	民進
801	椎屋　敬悟	公明
516	荒井　聰	民進
707	松本　剛明	自民
1021	宮澤　博行	自民

衆議院第二議員会館

部屋番号	氏　名	会　派
310	赤枝　恒雄	自民
1022	赤澤　亮正	自民
520	穴見　陽一	自民
1024	石田　祝稔	公明
515	石破　茂	自民
615	伊吹　文明	自民
206	岩田　和親	自民
820	浮島　智子	公明
517	逢坂　誠二	民進
308	大口　善德	公明
1005	小川　淳也	民進
1001	奥野　信亮	自民
606	落合　貴之	民進
823	小渕　優子	自民
611	柿沢　未途	民進
307	勝沼　栄明	自民
1104	加藤　勝信	自民
923	金子　めぐみ	自民
410	金子　恭之	自民
305	上川　陽子	自民
417	河野　正美	お維新
302	河村　建夫	自民
911	岸本　周平	民進
714	北村　誠吾	自民
1103	河野　太郎	自民
512	郡　和子	民進
216	古賀　篤	自民
1016	國場　幸之助	自民
814	後藤　祐一	民進
1004	小松　裕	自民
819	近藤　洋介	民進
316	笹川　博義	自民
1117	櫻田　義孝	自民
924	左藤　章	自民
902	佐藤　勉	自民
608	篠原　豪	民進
909	重徳　和彦	民進
622	下村　博文	自民
1020	菅原　一秀	自民
503	高木　美智代	公明
904	高橋　千鶴子	共産
920	高橋　ひなこ	自民
1017	武井　俊輔	自民
1221	竹本　直一	自民
713	棚橋　泰文	自民
1111	土屋　正忠	自民
519	照屋　寛德	社民
421	冨岡　勉	自民
309	富樫　茂之	公明
723	中島　克仁	民進
807	中根　康浩	民進
406	中村　裕之	自民
916	丹羽　秀樹	自民
704	橋本　英教	自民
711	畑野　君枝	共産
315	浜田　靖一	自民
1112	原田　憲治	自民
1006	古川　元久	民進
813	古川　康	自民
502	古屋　範子	公明
407	堀内　詔子	自民
602	升田　世喜男	民進
522	三ッ林　裕巳	自民
1219	宮川　典子	自民
1203	宮崎　政久	自民
1212	武藤　容治	自民
412	山口　俊一	自民
516	横路　孝弘	民進
415	吉田　宣弘	公明
605	船田　元	自民
1102	長尾　敬	自民
203	階　猛	民進
304	角田　秀穂	公明
1223	竹内　譲	公明
504	辻元　清美	民進

参議院議員会館

部屋番号	氏　名	会　派
623	愛知　治郎	自民
613	足立　信也	民進
1015	有村　治子	自民
816	井上　義行	自民
1219	井原　巧	自民
1105	猪口　邦子	自民
918	上野　通子	自民
516	宇都　隆史	自民
1216	衛藤　晟一	自民
515	尾辻　秀久	自民
508	川田　龍平	民進
1109	北村　経夫	自民
1021	倉林　明子	共産
1208	小池　晃	共産
915	小西　洋之	民進
406	小林　正夫	民進
512	櫻井　充	民進
1011	榛葉　賀津也	民進
307	滝波　宏文	自民
517	竹谷　とし子	公明
608	辰巳　孝太郎	共産
922	谷合　正明	公明
908	田村　智子	共産
1114	柘植　芳文	自民
313	鶴保　庸介	自民
709	中野　正志	日本のこころ
801	長沢　広明	公明
1005	西田　実仁	公明
815	仁比　聡平	共産
803	橋本　聖子	自民
818	羽田　雄一郎	民進
422	平木　大作	公明
706	平野　達男	自民
1111	福島　みずほ	社民
808	福山　哲郎	民進
1009	藤末　健三	民進
405	小川　克己	自民
1007	牧山　ひろえ	民進
1222	柳田　稔	民進
1113	山口　和之	元気
1201	山崎　正昭	無所属
1107	山谷　えり子	自民
911	山本　博司	公明
402	横山　信一	公明
712	糸数　慶子	無所属
308	太田　房江	自民
403	石井　みどり	自民
1106	田名部　匡代	民進
514	佐々木　さやか	公明
618	大野　元裕	民進
614	行田　邦子	無所属
そのだ　修光		自民
1209	宮崎　勝	公明
1008	伊藤　孝恵	民進
1118	熊野　正士	公明
315	今井　絵理子	自民

衆議院議員　　　　134名
参議院議員　　　　56名
合　計　　　　　190名

②発達障害者支援法の一部を改正する法律　概要

- 障害者をめぐる国内外の動向…障害者権利条約の署名（平成19年）・批准（平成26年）、障害者基本法の改正（平成23年）等
- 発達障害者支援法の施行の状況…平成17年の施行後、約10年が経過

↓

発達障害者の支援の一層の充実を図るため、法律の全般にわたって改正

第1　総則

(1) 目的（第1条）
切れ目ない支援の重要性に鑑み、障害者基本法の理念にのっとり、共生社会の実現に資することを目的に規定

(2) 発達障害者の定義（第2条）
発達障害がある者であって発達障害及び「社会的障壁」により日常生活・社会生活に制限を受けるもの
※社会的障壁：発達障害がある者にとって日常生活・社会生活を営む上で障壁となるような社会における事物、制度、慣行、観念その他一切のもの

(3) 基本理念（第2条の2）
発達障害者の支援は、
①社会参加の機会の確保、地域社会においても他の人々と共生することを妨げられない
②社会的障壁の除去に資する
③個々の発達障害者の性別、年齢、障害の状態及び生活の実態に応じて、関係機関等の緊密な連携の下に、意思決定の支援に配慮しつつ、切れ目なく行う

(4) 国及び地方公共団体の責務（第3条）
相談が総合的に応じられるよう、関係機関等の有機的な連携の下に相談体制を整備

(5) 国民の責務（第4条）
個々の発達障害の特性等に関する理解を深め、発達障害者の自立及び社会参加に協力するよう努める

第2　発達障害者の支援のための施策

(1) 児童の発達障害の疑いがある場合の支援（第5条）
発達障害の疑いのある児童の保護者への継続的な相談、情報提供及び助言

(2) 教育（第8条）
発達障害児が発達障害児でない児童と共に教育を受けられるよう配慮、個別の教育支援計画・個別の指導計画の作成の推進、いじめの防止等の対策の推進

(3) 情報の共有の促進（第8条の2）
個人情報の保護に十分配慮しつつ、支援に資する情報共有の促進のために必要な措置を講じる

(4) 就労の支援（第10条）
主体に国及び都道府県を規定、就労定着のための支援、雇用の安定を図る

(5) 地域での生活支援（第11条）
障害の状態及び生活の実態に応じた地域生活支援

(6) 権利利益の擁護（第12条）
差別の解消、いじめの防止等及び虐待の防止等のための対策を推進、成年後見制度が適切に行われ又は広く利用されるようにすること

(7) 司法手続における配慮（第12条の2）
司法手続において個々の発達障害者の特性に応じた意思疎通の手段の確保等の適切な配慮

(8) 発達障害者の家族等への支援（第13条）
発達障害者の家族その他の関係者に対し、相談、情報提供、家族が互いに支え合うための活動の支援等

第3　発達障害者支援センター等

(1) センター等による支援を行うに当たり、可能な限り身近な場所で必要な支援が受けられるよう配慮（第14条）

(2) 発達障害者支援地域協議会（第19条の2）
支援体制の課題共有・連携緊密化・体制整備等のため都道府県・指定都市に設置

第4　補則

(1) 国民に対する普及及び啓発（第21条）
学校、地域、家庭、職域等に応じた啓発活動

(2) 専門的知識を有する人材の確保（第23条）
資質の向上を図るため、個々の発達障害の特性等に関する理解を深めるための研修等を実施

(3) 調査研究（第24条）
性別、年齢等を考慮しつつ、発達障害者の実態の把握に努めるとともに、個々の発達障害の原因の究明等に関する調査研究

第5　その他

(1) 施行期日（附則第1項）
公布日から3月以内の政令で定める日

(2) 検討（附則第2項）
国際的動向を勘案し、知的発達の遅いがある者について実態把握を行い、支援の在り方について検討等

③発達障害者支援法

(平成十六年十二月十日法律第百六十七号)

最終改正：平成二八年六月三日法律第六四号

第一章　総則（第一条―第四条）
第二章　児童の発達障害の早期発見及び発達障害者の支援のための施策（第五条―第十三条）
第三章　発達障害者支援センター等（第十四条―第十九条の二）
第四章　補則（第二十条―第二十五条）
附則

第一章　総則

（目的）
第一条　この法律は、発達障害者の心理機能の適正な発達及び円滑な社会生活の促進のために発達障害の症状の発現後できるだけ早期に発達支援を行うとともに、切れ目なく発達障害者の支援を行うことが特に重要であることに鑑み、障害者基本法（昭和四十五年法律第八十四号）の基本的な理念にのっとり、発達障害者が基本的人権を享有する個人としての尊厳にふさわしい日常生活又は社会生活を営むことができるよう、発達障害を早期に発見し、発達支援を行うことに関する国及び地方公共団体の責務を明らかにするとともに、学校教育における発達障害者への支援、発達障害者の就労の支援、発達障害者支援センターの指定等について定めることにより、発達障害者の自立及び社会参加のためのその生活全般にわたる支援を図り、もって全ての国民が、障害の有無によって分け隔てられることなく、相互に人格と個性を尊重し合いながら共生する社会の実現に資することを目的とする。

（定義）
第二条　この法律において「発達障害」とは、自閉症、アスペルガー症候群その他の広汎性発達障害、学習障害、注意欠陥多動性障害その他これに類する脳機能の障害であってその症状が通常低年齢において発現するものとして政令で定めるものをいう。
2　この法律において「発達障害者」とは、発達障害がある者であって発達障害及び社会的障壁により日常生活又は社会生活に制限を受けるものをいい、「発達障害児」とは、発達障害者のうち十八歳未満のものをいう。
3　この法律において「社会的障壁」とは、発達障害がある者にとって日常生活又は社会生活を営む上で障壁となるような社会における事物、制度、慣行、観念その他一切のものをいう。

4　この法律において「発達支援」とは、発達障害者に対し、その心理機能の適正な発達を支援し、及び円滑な社会生活を促進するため行う個々の発達障害者の特性に対応した医療的、福祉的及び教育的援助をいう。
（基本理念）
第二条の二　発達障害者の支援は、全ての発達障害者が社会参加の機会が確保されること及びどこで誰と生活するかについての選択の機会が確保され、地域社会において他の人々と共生することを妨げられないことを旨として、行われなければならない。
2　発達障害者の支援は、社会的障壁の除去に資することを旨として、行われなければならない。
3　発達障害者の支援は、個々の発達障害者の性別、年齢、障害の状態及び生活の実態に応じて、かつ、医療、保健、福祉、教育、労働等に関する業務を行う関係機関及び民間団体相互の緊密な連携の下に、その意思決定の支援に配慮しつつ、切れ目なく行われなければならない。
（国及び地方公共団体の責務）
第三条　国及び地方公共団体は、発達障害者の心理機能の適正な発達及び円滑な社会生活の促進のために発達障害の症状の発現後できるだけ早期に発達支援を行うことが特に重要であることに鑑み、前条の基本理念（次項及び次条において「基本理念」という。）にのっとり、発達障害の早期発見のため必要な措置を講じるものとする。
2　国及び地方公共団体は、基本理念にのっとり、発達障害児に対し、発達障害の症状の発現後できるだけ早期に、その者の状況に応じて適切に、就学前の発達支援、学校における発達支援その他の発達支援が行われるとともに、発達障害者に対する就労、地域における生活等に関する支援及び発達障害者の家族その他の関係者に対する支援が行われるよう、必要な措置を講じるものとする。
3　国及び地方公共団体は、発達障害者及びその家族その他の関係者からの各種の相談に対し、個々の発達障害者の特性に配慮しつつ総合的に応ずることができるようにするため、医療、保健、福祉、教育、労働等に関する業務を行う関係機関及び民間団体相互の有機的連携の下に必要な相談体制の整備を行うものとする。
4　発達障害者の支援等の施策が講じられるに当たっては、発達障害者及び発達障害児の保護者（親権を行う者、未成年後見人その他の者で、児童を現に監護するものをいう。以下同じ。）の意思ができる限り尊重されなければならないものとする。
5　国及び地方公共団体は、発達障害者の支援等の施策を講じるに当たっては、医療、保健、福祉、教育、労働等に関する業務を担当する部局の相互の緊密な連携を確保するとともに、発達障害者が被害を受けること等を防止するため、これらの部局と消費生活、警察等に関する業務を担当する部局その他の関係機関との必要な協力体制の整備を行うものとする。

（国民の責務）
第四条　国民は、個々の発達障害の特性その他発達障害に関する理解を深めるとともに、基本理念にのっとり、発達障害者の自立及び社会参加に協力するように努めなければならない。

第二章　児童の発達障害の早期発見及び発達障害者の支援のための施策

（児童の発達障害の早期発見等）
第五条　市町村は、母子保健法（昭和四十年法律第百四十一号）第十二条及び第十三条に規定する健康診査を行うに当たり、発達障害の早期発見に十分留意しなければならない。
2　市町村の教育委員会は、学校保健安全法（昭和三十三年法律第五十六号）第十一条に規定する健康診断を行うに当たり、発達障害の早期発見に十分留意しなければならない。
3　市町村は、児童に発達障害の疑いがある場合には、適切に支援を行うため、当該児童の保護者に対し、継続的な相談、情報の提供及び助言を行うよう努めるとともに、必要に応じ、当該児童が早期に医学的又は心理学的判定を受けることができるよう、当該児童の保護者に対し、第十四条第一項の発達障害者支援センター、第十九条の規定により都道府県が確保した医療機関その他の機関（次条第一項において「センター等」という。）を紹介し、又は助言を行うものとする。
4　市町村は、前三項の措置を講じるに当たっては、当該措置の対象となる児童及び保護者の意思を尊重するとともに、必要な配慮をしなければならない。
5　都道府県は、市町村の求めに応じ、児童の発達障害の早期発見に関する技術的事項についての指導、助言その他の市町村に対する必要な技術的援助を行うものとする。

（早期の発達支援）
第六条　市町村は、発達障害児が早期の発達支援を受けることができるよう、発達障害児の保護者に対し、その相談に応じ、センター等を紹介し、又は助言を行い、その他適切な措置を講じるものとする。
2　前条第四項の規定は、前項の措置を講じる場合について準用する。
3　都道府県は、発達障害児の早期の発達支援のために必要な体制の整備を行うとともに、発達障害児に対して行われる発達支援の専門性を確保するため必要な措置を講じるものとする。

（保育）
第七条　市町村は、児童福祉法（昭和二十二年法律第百六十四号）第二十四条第一項の規定により保育所における保育を行う場合又は同条第二項の規定による必要な保育を

確保するための措置を講じる場合は、発達障害児の健全な発達が他の児童と共に生活することを通じて図られるよう適切な配慮をするものとする。
　(教育)
第八条　国及び地方公共団体は、発達障害児（十八歳以上の発達障害者であって高等学校、中等教育学校及び特別支援学校並びに専修学校の高等課程に在学する者を含む。以下この項において同じ。）が、その年齢及び能力に応じ、かつ、その特性を踏まえた十分な教育を受けられるようにするため、可能な限り発達障害児が発達障害児でない児童と共に教育を受けられるよう配慮しつつ、適切な教育的支援を行うこと、個別の教育支援計画の作成（教育に関する業務を行う関係機関と医療、保健、福祉、労働等に関する業務を行う関係機関及び民間団体との連携の下に行う個別の長期的な支援に関する計画の作成をいう。）及び個別の指導に関する計画の作成の推進、いじめの防止等のための対策の推進その他の支援体制の整備を行うことその他必要な措置を講じるものとする。
2　大学及び高等専門学校は、個々の発達障害者の特性に応じ、適切な教育上の配慮をするものとする。
　(放課後児童健全育成事業の利用)
第九条　市町村は、放課後児童健全育成事業について、発達障害児の利用の機会の確保を図るため、適切な配慮をするものとする。
　(情報の共有の促進)
第九条の二　国及び地方公共団体は、個人情報の保護に十分配慮しつつ、福祉及び教育に関する業務を行う関係機関及び民間団体が医療、保健、労働等に関する業務を行う関係機関及び民間団体と連携を図りつつ行う発達障害者の支援に資する情報の共有を促進するため必要な措置を講じるものとする。
　(就労の支援)
第十条　国及び都道府県は、発達障害者が就労することができるようにするため、発達障害者の就労を支援するため必要な体制の整備に努めるとともに、公共職業安定所、地域障害者職業センター（障害者の雇用の促進等に関する法律（昭和三十五年法律第百二十三号）第十九条第一項第三号の地域障害者職業センターをいう。）、障害者就業・生活支援センター（同法第二十七条第一項の規定による指定を受けた者をいう。）、社会福祉協議会、教育委員会その他の関係機関及び民間団体相互の連携を確保しつつ、個々の発達障害者の特性に応じた適切な就労の機会の確保、就労の定着のための支援その他の必要な支援に努めなければならない。
2　都道府県及び市町村は、必要に応じ、発達障害者が就労のための準備を適切に行えるようにするための支援が学校において行われるよう必要な措置を講じるものとする。

3　事業主は、発達障害者の雇用に関し、その有する能力を正当に評価し、適切な雇用の機会を確保するとともに、個々の発達障害者の特性に応じた適正な雇用管理を行うことによりその雇用の安定を図るよう努めなければならない。

（地域での生活支援）

第十一条　市町村は、発達障害者が、その希望に応じて、地域において自立した生活を営むことができるようにするため、発達障害者に対し、その性別、年齢、障害の状態及び生活の実態に応じて、社会生活への適応のために必要な訓練を受ける機会の確保、共同生活を営むべき住居その他の地域において生活を営むべき住居の確保その他必要な支援に努めなければならない。

（権利利益の擁護）

第十二条　国及び地方公共団体は、発達障害者が、その発達障害のために差別され、並びにいじめ及び虐待を受けること、消費生活における被害を受けること等権利利益を害されることがないようにするため、その差別の解消、いじめの防止等及び虐待の防止等のための対策を推進すること、成年後見制度が適切に行われ又は広く利用されるようにすることその他の発達障害者の権利利益の擁護のために必要な支援を行うものとする。

（司法手続における配慮）

第十二条の二　国及び地方公共団体は、発達障害者が、刑事事件若しくは少年の保護事件に関する手続その他これに準ずる手続の対象となった場合又は裁判所における民事事件、家事事件若しくは行政事件に関する手続の当事者その他の関係人となった場合において、発達障害者がその権利を円滑に行使できるようにするため、個々の発達障害者の特性に応じた意思疎通の手段の確保のための配慮その他の適切な配慮をするものとする。

（発達障害者の家族等への支援）

第十三条　都道府県及び市町村は、発達障害者の家族その他の関係者が適切な対応をすることができるようにすること等のため、児童相談所等関係機関と連携を図りつつ、発達障害者の家族その他の関係者に対し、相談、情報の提供及び助言、発達障害者の家族が互いに支え合うための活動の支援その他の支援を適切に行うよう努めなければならない。

第三章　発達障害者支援センター等

（発達障害者支援センター等）

第十四条　都道府県知事は、次に掲げる業務を、社会福祉法人その他の政令で定める法人であって当該業務を適正かつ確実に行うことができると認めて指定した者（以下

「発達障害者支援センター」という。）に行わせ、又は自ら行うことができる。
　一　発達障害の早期発見、早期の発達支援等に資するよう、発達障害者及びその家族その他の関係者に対し、専門的に、その相談に応じ、又は情報の提供若しくは助言を行うこと。
　二　発達障害者に対し、専門的な発達支援及び就労の支援を行うこと。
　三　医療、保健、福祉、教育、労働等に関する業務を行う関係機関及び民間団体並びにこれに従事する者に対し発達障害についての情報の提供及び研修を行うこと。
　四　発達障害に関して、医療、保健、福祉、教育、労働等に関する業務を行う関係機関及び民間団体との連絡調整を行うこと。
　五　前各号に掲げる業務に附帯する業務
２　前項の規定による指定は、当該指定を受けようとする者の申請により行う。
３　都道府県は、第一項に規定する業務を発達障害者支援センターに行わせ、又は自ら行うに当たっては、地域の実情を踏まえつつ、発達障害者及びその家族その他の関係者が可能な限りその身近な場所において必要な支援を受けられるよう適切な配慮をするものとする。
　（秘密保持義務）
第十五条　発達障害者支援センターの役員若しくは職員又はこれらの職にあった者は、職務上知ることのできた個人の秘密を漏らしてはならない。
　（報告の徴収等）
第十六条　都道府県知事は、発達障害者支援センターの第十四条第一項に規定する業務の適正な運営を確保するため必要があると認めるときは、当該発達障害者支援センターに対し、その業務の状況に関し必要な報告を求め、又はその職員に、当該発達障害者支援センターの事業所若しくは事務所に立ち入り、その業務の状況に関し必要な調査若しくは質問をさせることができる。
２　前項の規定により立入調査又は質問をする職員は、その身分を示す証明書を携帯し、関係者の請求があるときは、これを提示しなければならない。
３　第一項の規定による立入調査及び質問の権限は、犯罪捜査のために認められたものと解釈してはならない。
　（改善命令）
第十七条　都道府県知事は、発達障害者支援センターの第十四条第一項に規定する業務の適正な運営を確保するため必要があると認めるときは、当該発達障害者支援センターに対し、その改善のために必要な措置をとるべきことを命ずることができる。
　（指定の取消し）
第十八条　都道府県知事は、発達障害者支援センターが第十六条第一項の規定による報告をせず、若しくは虚偽の報告をし、若しくは同項の規定による立入調査を拒み、妨

げ、若しくは忌避し、若しくは質問に対して答弁をせず、若しくは虚偽の答弁をした場合において、その業務の状況の把握に著しい支障が生じたとき、又は発達障害者支援センターが前条の規定による命令に違反したときは、その指定を取り消すことができる。

（専門的な医療機関の確保等）

第十九条　都道府県は、専門的に発達障害の診断及び発達支援を行うことができると認める病院又は診療所を確保しなければならない。

2　国及び地方公共団体は、前項の医療機関の相互協力を推進するとともに、同項の医療機関に対し、発達障害者の発達支援等に関する情報の提供その他必要な援助を行うものとする。

（発達障害者支援地域協議会）

第十九条の二　都道府県は、発達障害者の支援の体制の整備を図るため、発達障害者及びその家族、学識経験者その他の関係者並びに医療、保健、福祉、教育、労働等に関する業務を行う関係機関及び民間団体並びにこれに従事する者（次項において「関係者等」という。）により構成される発達障害者支援地域協議会を置くことができる。

2　前項の発達障害者支援地域協議会は、関係者等が相互の連絡を図ることにより、地域における発達障害者の支援体制に関する課題について情報を共有し、関係者等の連携の緊密化を図るとともに、地域の実情に応じた体制の整備について協議を行うものとする。

第四章　補則

（民間団体への支援）

第二十条　国及び地方公共団体は、発達障害者を支援するために行う民間団体の活動の活性化を図るよう配慮するものとする。

（国民に対する普及及び啓発）

第二十一条　国及び地方公共団体は、個々の発達障害の特性その他発達障害に関する国民の理解を深めるため、学校、地域、家庭、職域その他の様々な場を通じて、必要な広報その他の啓発活動を行うものとする。

（医療又は保健の業務に従事する者に対する知識の普及及び啓発）

第二十二条　国及び地方公共団体は、医療又は保健の業務に従事する者に対し、発達障害の発見のため必要な知識の普及及び啓発に努めなければならない。

（専門的知識を有する人材の確保等）

第二十三条　国及び地方公共団体は、個々の発達障害者の特性に応じた支援を適切に行うことができるよう発達障害に関する専門的知識を有する人材の確保、養成及び資質

の向上を図るため、医療、保健、福祉、教育、労働等並びに捜査及び裁判に関する業務に従事する者に対し、個々の発達障害の特性その他発達障害に関する理解を深め、及び専門性を高めるため研修を実施することその他の必要な措置を講じるものとする。

（調査研究）
第二十四条　国は、性別、年齢その他の事情を考慮しつつ、発達障害者の実態の把握に努めるとともに、個々の発達障害の原因の究明及び診断、発達支援の方法等に関する必要な調査研究を行うものとする。

（大都市等の特例）
第二十五条　この法律中都道府県が処理することとされている事務で政令で定めるものは、地方自治法（昭和二十二年法律第六十七号）第二百五十二条の十九第一項の指定都市（以下「指定都市」という。）においては、政令で定めるところにより、指定都市が処理するものとする。この場合においては、この法律中都道府県に関する規定は、指定都市に関する規定として指定都市に適用があるものとする。

　　　附　則
（施行期日）
1　この法律は、平成十七年四月一日から施行する。
（見直し）
2　政府は、この法律の施行後三年を経過した場合において、この法律の施行の状況について検討を加え、その結果に基づいて必要な見直しを行うものとする。

　　　附　則　（平成一八年六月二一日法律第八〇号）　抄
（施行期日）
第一条　この法律は、平成十九年四月一日から施行する。

　　　附　則　（平成二〇年六月一八日法律第七三号）　抄
（施行期日）
第一条　この法律は、平成二十一年四月一日から施行する。

　　　附　則　（平成二〇年一二月二六日法律第九六号）　抄
（施行期日）
第一条　この法律は、平成二十一年四月一日から施行する。ただし、次の各号に掲げる規定は、当該各号に定める日から施行する。
　二　第三条の規定（次号に掲げる改正規定を除く。）及び附則第八条の規定　平成

二十四年四月一日

　附　　則　（平成二四年八月二二日法律第六七号）　抄
この法律は、子ども・子育て支援法の施行の日から施行する。

　附　　則　（平成二八年六月三日法律第六四号）
（施行期日）
1　この法律は、公布の日から起算して三月を超えない範囲内において政令で定める日から施行する。
（検討）
2　政府は、疾病等の分類に関する国際的動向等を勘案し、知的発達の遅滞の疑いがあり、日常生活を営むのにその一部につき援助が必要で、かつ、社会生活への適応の困難の程度が軽い者等の実態について調査を行い、その結果を踏まえ、これらの者の支援の在り方について、児童、若者、高齢者等の福祉に関する施策、就労の支援に関する施策その他の関連する施策の活用を含めて検討を加え、必要があると認めるときは、その結果に基づいて所要の措置を講ずるものとする。

④発達障害者支援法施行令

$$\begin{pmatrix}平成17年4月1日\\政　令　第　150号\end{pmatrix}$$

（発達障害の定義）
第1条　発達障害者支援法（以下「法」という。）第2条第1項の政令で定める障害は、脳機能の障害であってその症状が通常低年齢において発現するもののうち、言語の障害、協調運動の障害その他厚生労働省令で定める障害とする。

（法第14条第1項の政令で定める法人）
第2条　法第14条第1項の政令で定める法人は、発達障害者の福祉の増進を目的として設立された民法（明治29年法律第89号）第34条の法人、社会福祉法（昭和26年法律第45号）第22条に規定する社会福祉法人又は特定非営利活動促進法（平成10年法律第7号）第2条第2項に規定する特定非営利活動法人とする。

（大都市等の特例）
第3条　地方自治法（昭和22年法律第67号）第252条の19第1項の指定都市（以下「指定都市」という。）において、法第25条の規定により、指定都市が処理する事務については、地方自治法施行令（昭和22年政令第16号）第174条の36の2に定めるところによる。

⑤発達障害者支援法施行規則

$$\begin{pmatrix}平成17年4月1日\\厚生労働省令第81号\end{pmatrix}$$

　発達障害者支援法施行令第1条の厚生労働省令で定める障害は、心理的発達の障害並びに行動及び情緒の障害（自閉症、アスペルガー症候群その他の広汎性発達障害、学習障害、注意欠陥多動性障害、言語の障害及び協調運動の障害を除く。）とする。

⑥発達障害者支援法の一部を改正する法律

(平成 28 年法律第 64 号)

　発達障害者支援法(平成十六年法律第百六十七号)の一部を次のように改正する。
　目次中「第十九条」を「第十九条の二」に改める。
　第一条中「に発達支援を行う」の下に「とともに、切れ目なく発達障害者の支援を行う」を加え、「かんがみ」を「鑑み、障害者基本法(昭和四十五年法律第八十四号)の基本的な理念にのっとり、発達障害者が基本的人権を享有する個人としての尊厳にふさわしい日常生活又は社会生活を営むことができるよう」に、「に資するよう」を「のための」に、「その福祉の増進に寄与する」を「全ての国民が、障害の有無によって分け隔てられることなく、相互に人格と個性を尊重し合いながら共生する社会の実現に資する」に改める。
　第二条第二項中「を有するために」を「がある者であって発達障害及び社会的障壁により」に、「者を」を「ものを」に改め、同条第三項中「発達障害の」を「個々の発達障害者の」に改め、同項を同条第四項とし、同条第二項の次に次の一項を加える。
3　この法律において「社会的障壁」とは、発達障害がある者にとって日常生活又は社会生活を営む上で障壁となるような社会における事物、制度、慣行、観念その他一切のものをいう。
　第二条の次に次の一条を加える。
　　(基本理念)
第二条の二　発達障害者の支援は、全ての発達障害者が社会参加の機会が確保されること及びどこで誰と生活するかについての選択の機会が確保され、地域社会において他の人々と共生することを妨げられないことを旨として、行われなければならない。
2　発達障害者の支援は、社会的障壁の除去に資することを旨として、行われなければならない。
3　発達障害者の支援は、個々の発達障害者の性別、年齢、障害の状態及び生活の実態に応じて、かつ、医療、保健、福祉、教育、労働等に関する業務を行う関係機関及び民間団体相互の緊密な連携の下に、その意思決定の支援に配慮しつつ、切れ目なく行われなければならない。
　第三条第一項中「かんがみ」を「鑑み、前条の基本理念(次項及び次条において「基本理念」という。)にのっとり」に改め、同条第二項中「地方公共団体は」の下に「、基本理念にのっとり」を、「家族」の下に「その他の関係者」を加え、同条第四項中「及び労働」を「、労働等」に改め、「犯罪等により」を削り、「消費生活」の下に「、警察等」を加え、同項を同条第五項とし、同条第三項を同条第四項とし、同条第二項の次に次の一項を加える。

3　国及び地方公共団体は、発達障害者及びその家族その他の関係者からの各種の相談に対し、個々の発達障害者の特性に配慮しつつ総合的に応ずることができるようにするため、医療、保健、福祉、教育、労働等に関する業務を行う関係機関及び民間団体相互の有機的連携の下に必要な相談体制の整備を行うものとする。

　第四条中「発達障害者の福祉について」を「個々の発達障害の特性その他発達障害に関する」に、「社会連帯の理念に基づき」を「基本理念にのっとり」に、「が社会経済活動に参加しようとする努力に対し、」を「の自立及び社会参加に」に改める。

　第五条第三項中「についての」を「の保護者に対し、」に改め、「相談」の下に「、情報の提供及び助言」を加える。

　第八条第一項中「特別支援学校」の下に「並びに専修学校の高等課程」を、「含む」の下に「。以下この項において同じ」を加え、「その障害の状態に応じ、」を「、その年齢及び能力に応じ、かつ、その特性を踏まえた」に改め、「ため」の下に「、可能な限り発達障害児が発達障害児でない児童と共に教育を受けられるよう配慮しつつ」を加え、「、支援体制」を「を行うこと、個別の教育支援計画の作成（教育に関する業務を行う関係機関と医療、保健、福祉、労働等に関する業務を行う関係機関及び民間団体との連携の下に行う個別の長期的な支援に関する計画の作成をいう。）及び個別の指導に関する計画の作成の推進、いじめの防止等のための対策の推進その他の支援体制」に改め、「整備」の下に「を行うこと」を加え、同条第二項中「高等専門学校は、」の下に「個々の」を加え、「障害の状態」を「特性」に改める。

　第九条の次に次の一条を加える。

　　（情報の共有の促進）

第九条の二　国及び地方公共団体は、個人情報の保護に十分配慮しつつ、福祉及び教育に関する業務を行う関係機関及び民間団体が医療、保健、労働等に関する業務を行う関係機関及び民間団体と連携を図りつつ行う発達障害者の支援に資する情報の共有を促進するため必要な措置を講じるものとする。

　第十条第一項中「都道府県は」を「国及び都道府県は、発達障害者が就労することができるようにするため」に改め、「確保しつつ、」の下に「個々の」を、「の確保」の下に「、就労の定着のための支援その他の必要な支援」を加え、同条に次の一項を加える。

3　事業主は、発達障害者の雇用に関し、その有する能力を正当に評価し、適切な雇用の機会を確保するとともに、個々の発達障害者の特性に応じた適正な雇用管理を行うことによりその雇用の安定を図るよう努めなければならない。

　第十一条中「対し」の下に「、その性別、年齢、障害の状態及び生活の実態に応じて」を加える。

　第十二条の見出しを「（権利利益の擁護）」に改め、同条中「差別される」を「差別され、並びにいじめ及び虐待を受けること、消費生活における被害を受ける」に、「権利

擁護」を「その差別の解消、いじめの防止等及び虐待の防止等のための対策を推進すること、成年後見制度が適切に行われ又は広く利用されるようにすることその他の発達障害者の権利利益の擁護」に改め、同条の次に次の一条を加える。
　　（司法手続における配慮）
第十二条の二　国及び地方公共団体は、発達障害者が、刑事事件若しくは少年の保護事件に関する手続その他これに準ずる手続の対象となった場合又は裁判所における民事事件、家事事件若しくは行政事件に関する手続の当事者その他の関係人となった場合において、発達障害者がその権利を円滑に行使できるようにするため、個々の発達障害者の特性に応じた意思疎通の手段の確保のための配慮その他の適切な配慮をするものとする。
　　第十三条の見出し中「家族」を「家族等」に改め、同条中「発達障害児の保護者」を「発達障害者の家族その他の関係者」に、「監護」を「対応」に、「等を通じて発達障害者の福祉の増進に寄与する」を「等の」に改め、「家族」の下に「その他の関係者」を、「、相談」の下に「、情報の提供」を、「助言」の下に「、発達障害者の家族が互いに支え合うための活動の支援」を加える。
　　第十四条第一項第一号中「家族」の下に「その他の関係者」を、「又は」の下に「情報の提供若しくは」を加え、同項第三号中「教育」の下に「、労働」を加え、「（次号において「医療等の業務」という。）」を削り、「情報提供」を「情報の提供」に改め、同項第四号中「医療等の」を「医療、保健、福祉、教育、労働等に関する」に改め、同条に次の一項を加える。
3　都道府県は、第一項に規定する業務を発達障害者支援センターに行わせ、又は自ら行うに当たっては、地域の実情を踏まえつつ、発達障害者及びその家族その他の関係者が可能な限りその身近な場所において必要な支援を受けられるよう適切な配慮をするものとする。
　　第三章中第十九条の次に次の一条を加える。
　　（発達障害者支援地域協議会）
第十九条の二　都道府県は、発達障害者の支援の体制の整備を図るため、発達障害者及びその家族、学識経験者その他の関係者並びに医療、保健、福祉、教育、労働等に関する業務を行う関係機関及び民間団体並びにこれに従事する者（次項において「関係者等」という。）により構成される発達障害者支援地域協議会を置くことができる。
2　前項の発達障害者支援地域協議会は、関係者等が相互の連絡を図ることにより、地域における発達障害者の支援体制に関する課題について情報を共有し、関係者等の連携の緊密化を図るとともに、地域の実情に応じた体制の整備について協議を行うものとする。
　　第二十一条中「地方公共団体は、」の下に「個々の発達障害の特性その他」を、「ため」

の下に「、学校、地域、家庭、職域その他の様々な場を通じて」を加える。

　第二十三条中「地方公共団体は、」の下に「個々の」を加え、「に対する支援」を「の特性に応じた支援」に改め、「、医療、保健、福祉、教育等に関する業務に従事する職員について、」を削り、「を確保するよう努めるとともに、」を「の確保、養成及び資質の向上を図るため、医療、保健、福祉、教育、労働並びに捜査及び裁判に関する業務に従事する者に対し、個々の」に、「に対する理解」を「の特性その他発達障害に関する理解」に、「研修等」を「研修を実施することその他の」に改める。

　第二十四条中「国は」の下に「、性別、年齢その他の事情を考慮しつつ」を、「ともに、」の下に「個々の」を加え、「、発達障害の診断及び治療」を「及び診断」に改める。

　　附　則
　（施行期日）
1　この法律は、公布の日から起算して三月を超えない範囲内において政令で定める日から施行する。
　（検討）
2　政府は、疾病等の分類に関する国際的動向等を勘案し、知的発達の遅滞の疑いがあり、日常生活を営むのにその一部につき援助が必要で、かつ、社会生活への適応の困難の程度が軽い者等の実態について調査を行い、その結果を踏まえ、これらの者の支援の在り方について、児童、若者、高齢者等の福祉に関する施策、就労の支援に関する施策その他の関連する施策の活用を含めて検討を加え、必要があると認めるときは、その結果に基づいて所要の措置を講ずるものとする。

　　理　由

　障害者をめぐる国内外の動向、発達障害者支援法の施行の状況等に鑑み、発達障害者の支援の一層の充実を図るため、目的に、切れ目なく支援を行うことが特に重要であることに鑑みること及び障害者基本法の基本的な理念にのっとること並びに全ての国民が障害の有無によって分け隔てられることなく、相互に人格と個性を尊重し合いながら共生する社会の実現に資することを規定するとともに、発達障害者の定義を見直し、基本理念を定めるほか、発達障害者の教育、就労、地域における生活等に関する支援、発達障害者の家族等の支援その他の発達障害者の支援のための施策を強化し、あわせて、発達障害者支援地域協議会に関する規定の新設等を行う必要がある。これが、この法律案を提出する理由である。

⑦発達障害者支援法の一部を改正する法律　新旧対照表

○発達障害者支援法（平成十六年法律第百六十七号）　抄　　　（傍線部分は改正部分）

改　正	現　行
目次 　第一章　総則（第一条─第四条） 　第二章　児童の発達障害の早期発見及び発達障害者の支援のための施策（第五条─第十三条） 　第三章　発達障害者支援センター等（第十四条─<u>第十九条の二</u>） 　第四章　補則（第二十条─第二十五条） 　附則	目次 　第一章　総則（第一条─第四条） 　第二章　児童の発達障害の早期発見及び発達障害者の支援のための施策（第五条─第十三条） 　第三章　発達障害者支援センター等（第十四条─<u>第十九条</u>） 　第四章　補則（第二十条─第二十五条） 　附則
（目的） 第一条　この法律は、発達障害者の心理機能の適正な発達及び円滑な社会生活の促進のために発達障害の症状の発現後できるだけ早期に発達支援を行う<u>とともに、切れ目なく発達障害者の支援を行う</u>ことが特に重要であることに<u>鑑み、障害者基本法（昭和四十五年法律第八十四号）の基本的な理念にのっとり、発達障害者が基本的人権を享有する個人としての尊厳にふさわしい日常生活又は社会生活を営むことができるよう</u>、発達障害を早期に発見し、発達支援を行うことに関する国及び地方公共団体の責務を明らかにするとともに、学校教育における発達障害者への支援、発達障害者の就労の支援、発達障害者支援センターの指定等について定めることにより、発達障害者の自立及び社会参加<u>のための</u>その生活全般にわたる	（目的） 第一条　この法律は、発達障害者の心理機能の適正な発達及び円滑な社会生活の促進のために発達障害の症状の発現後できるだけ早期に発達支援を行うことが特に重要であることに<u>かんがみ</u>、発達障害を早期に発見し、発達支援を行うことに関する国及び地方公共団体の責務を明らかにするとともに、学校教育における発達障害者への支援、発達障害者の就労の支援、発達障害者支援センターの指定等について定めることにより、発達障害者の自立及び社会参加<u>に資するよう</u>その生活全般にわたる支援を図り、もって<u>その福祉の増進に寄与する</u>ことを目的とする。

支援を図り、もって全ての国民が、障害の有無によって分け隔てられることなく、相互に人格と個性を尊重し合いながら共生する社会の実現に資することを目的とする。

（定義）
第二条　（略）
2　この法律において「発達障害者」とは、発達障害がある者であって発達障害及び社会的障壁により日常生活又は社会生活に制限を受けるものをいい、「発達障害児」とは、発達障害者のうち十八歳未満のものをいう。
3　この法律において「社会的障壁」とは、発達障害がある者にとって日常生活又は社会生活を営む上で障壁となるような社会における事物、制度、慣行、観念その他一切のものをいう。
4　この法律において「発達支援」とは、発達障害者に対し、その心理機能の適正な発達を支援し、及び円滑な社会生活を促進するため行う個々の発達障害者の特性に対応した医療的、福祉的及び教育的援助をいう。

（基本理念）
第二条の二　発達障害者の支援は、全ての発達障害者が社会参加の機会が確保されること及びどこで誰と生活するかについての選択の機会が確保され、地域社会において他の人々と共生することを妨げられないことを旨として、行われなければならない。
2　発達障害者の支援は、社会的障壁の

（定義）
第二条　（略）
2　この法律において「発達障害者」とは、発達障害を有するために日常生活又は社会生活に制限を受ける者をいい、「発達障害児」とは、発達障害者のうち十八歳未満のものをいう。

（新設）

3　この法律において「発達支援」とは、発達障害者に対し、その心理機能の適正な発達を支援し、及び円滑な社会生活を促進するため行う発達障害の特性に対応した医療的、福祉的及び教育的援助をいう。

（新設）

231

除去に資することを旨として、行われなければならない。
3　発達障害者の支援は、個々の発達障害者の性別、年齢、障害の状態及び生活の実態に応じて、かつ、医療、保健、福祉、教育、労働等に関する業務を行う関係機関及び民間団体相互の緊密な連携の下に、その意思決定の支援に配慮しつつ、切れ目なく行われなければならない。

（国及び地方公共団体の責務）
第三条　国及び地方公共団体は、発達障害者の心理機能の適正な発達及び円滑な社会生活の促進のために発達障害の症状の発現後できるだけ早期に発達支援を行うことが特に重要であることに鑑み、前条の基本理念（次項及び次条において「基本理念」という。）にのっとり、発達障害の早期発見のため必要な措置を講じるものとする。
2　国及び地方公共団体は、基本理念にのっとり、発達障害児に対し、発達障害の症状の発現後できるだけ早期に、その者の状況に応じて適切に、就学前の発達支援、学校における発達支援その他の発達支援が行われるとともに、発達障害者に対する就労、地域における生活等に関する支援及び発達障害者の家族その他の関係者に対する支援が行われるよう、必要な措置を講じるものとする。
3　国及び地方公共団体は、発達障害者及びその家族その他の関係者からの各種の相談に対し、個々の発達障害者の

（国及び地方公共団体の責務）
第三条　国及び地方公共団体は、発達障害者の心理機能の適正な発達及び円滑な社会生活の促進のために発達障害の症状の発現後できるだけ早期に発達支援を行うことが特に重要であることにかんがみ、発達障害の早期発見のため必要な措置を講じるものとする。

2　国及び地方公共団体は、発達障害児に対し、発達障害の症状の発現後できるだけ早期に、その者の状況に応じて適切に、就学前の発達支援、学校における発達支援その他の発達支援が行われるとともに、発達障害者に対する就労、地域における生活等に関する支援及び発達障害者の家族に対する支援が行われるよう、必要な措置を講じるものとする。

（新設）

特性に配慮しつつ総合的に応ずることができるようにするため、医療、保健、福祉、教育、労働等に関する業務を行う関係機関及び民間団体相互の有機的連携の下に必要な相談体制の整備を行うものとする。	
4　（略）	3　（略）
5　国及び地方公共団体は、発達障害者の支援等の施策を講じるに当たっては、医療、保健、福祉、教育、労働等に関する業務を担当する部局の相互の緊密な連携を確保するとともに、発達障害者が被害を受けること等を防止するため、これらの部局と消費生活、警察等に関する業務を担当する部局その他の関係機関との必要な協力体制の整備を行うものとする。	4　国及び地方公共団体は、発達障害者の支援等の施策を講じるに当たっては、医療、保健、福祉、教育及び労働に関する業務を担当する部局の相互の緊密な連携を確保するとともに、犯罪等により発達障害者が被害を受けること等を防止するため、これらの部局と消費生活に関する業務を担当する部局その他の関係機関との必要な協力体制の整備を行うものとする。
（国民の責務）	（国民の責務）
第四条　国民は、個々の発達障害の特性その他発達障害に関する理解を深めるとともに、基本理念にのっとり、発達障害者の自立及び社会参加に協力するように努めなければならない。	第四条　国民は、発達障害者の福祉について理解を深めるとともに、社会連帯の理念に基づき、発達障害者が社会経済活動に参加しようとする努力に対し、協力するように努めなければならない。
（児童の発達障害の早期発見等）	（児童の発達障害の早期発見等）
第五条　（略）	第五条　（略）
2　（略）	2　（略）
3　市町村は、児童に発達障害の疑いがある場合には、適切に支援を行うため、当該児童の保護者に対し、継続的な相談、情報の提供及び助言を行うよう努めるとともに、必要に応じ、当該児童が早期に医学的又は心理学的判定を受けることができるよう、当該児童の保	3　市町村は、児童に発達障害の疑いがある場合には、適切に支援を行うため、当該児童についての継続的な相談を行うよう努めるとともに、必要に応じ、当該児童が早期に医学的又は心理学的判定を受けることができるよう、当該児童の保護者に対し、第十四条第一項

護者に対し、第十四条第一項の発達障害者支援センター、第十九条の規定により都道府県が確保した医療機関その他の機関（次条第一項において「センター等」という。）を紹介し、又は助言を行うものとする。
4・5　（略）

（教育）
第八条　国及び地方公共団体は、発達障害児（十八歳以上の発達障害者であって高等学校、中等教育学校及び特別支援学校並びに専修学校の高等課程に在学する者を含む。以下この項において同じ。）が、その年齢及び能力に応じ、かつ、その特性を踏まえた十分な教育を受けられるようにするため、可能な限り発達障害児が発達障害児でない児童と共に教育を受けられるよう配慮しつつ、適切な教育的支援を行うこと、個別の教育支援計画の作成（教育に関する業務を行う関係機関と医療、保健、福祉、労働等に関する業務を行う関係機関及び民間団体との連携の下に行う個別の長期的な支援に関する計画の作成をいう。）及び個別の指導に関する計画の作成の推進、いじめの防止等のための対策の推進その他の支援体制の整備を行うことその他必要な措置を講じるものとする。
2　大学及び高等専門学校は、個々の発達障害者の特性に応じ、適切な教育上の配慮をするものとする。

（情報の共有の促進）

の発達障害者支援センター、第十九条の規定により都道府県が確保した医療機関その他の機関（次条第一項において「センター等」という。）を紹介し、又は助言を行うものとする。
4・5　（略）

（教育）
第八条　国及び地方公共団体は、発達障害児（十八歳以上の発達障害者であって高等学校、中等教育学校及び特別支援学校に在学する者を含む。）がその障害の状態に応じ、十分な教育を受けられるようにするため、適切な教育的支援、支援体制の整備その他必要な措置を講じるものとする。

2　大学及び高等専門学校は、発達障害者の障害の状態に応じ、適切な教育上の配慮をするものとする。

第九条の二　国及び地方公共団体は、個人情報の保護に十分配慮しつつ、福祉及び教育に関する業務を行う関係機関及び民間団体が医療、保健、労働等に関する業務を行う関係機関及び民間団体と連携を図りつつ行う発達障害者の支援に資する情報の共有を促進するため必要な措置を講じるものとする。	（新設）
（就労の支援）	（就労の支援）
第十条　国及び都道府県は、発達障害者が就労することができるようにするため、発達障害者の就労を支援するため必要な体制の整備に努めるとともに、公共職業安定所、地域障害者職業センター（障害者の雇用の促進等に関する法律（昭和三十五年法律第百二十三号）第十九条第一項第三号の地域障害者職業センターをいう。）、障害者就業・生活支援センター（同法第二十七条第一項の規定による指定を受けた者をいう。）、社会福祉協議会、教育委員会その他の関係機関及び民間団体相互の連携を確保しつつ、個々の発達障害者の特性に応じた適切な就労の機会の確保、就労の定着のための支援その他の必要な支援に努めなければならない。	第十条　都道府県は、発達障害者の就労を支援するため必要な体制の整備に努めるとともに、公共職業安定所、地域障害者職業センター（障害者の雇用の促進等に関する法律（昭和三十五年法律第百二十三号）第十九条第一項第三号の地域障害者職業センターをいう。）、障害者就業・生活支援センター（同法第二十七条第一項の規定による指定を受けた者をいう。）、社会福祉協議会、教育委員会その他の関係機関及び民間団体相互の連携を確保しつつ、発達障害者の特性に応じた適切な就労の機会の確保に努めなければならない。
2　（略）	2　（略）
3　事業主は、発達障害者の雇用に関し、その有する能力を正当に評価し、適切な雇用の機会を確保するとともに、個々の発達障害者の特性に応じた適正な雇用管理を行うことによりその雇用の安定を図るよう努めなければならない。	（新設）

(地域での生活支援)
第十一条　市町村は、発達障害者が、その希望に応じて、地域において自立した生活を営むことができるようにするため、発達障害者に対し、その性別、年齢、障害の状態及び生活の実態に応じて、社会生活への適応のために必要な訓練を受ける機会の確保、共同生活を営むべき住居その他の地域において生活を営むべき住居の確保その他必要な支援に努めなければならない。

(権利利益の擁護)
第十二条　国及び地方公共団体は、発達障害者が、その発達障害のために差別され、並びにいじめ及び虐待を受けること、消費生活における被害を受けること等権利利益を害されることがないようにするため、その差別の解消、いじめの防止等及び虐待の防止等のための対策を推進すること、成年後見制度が適切に行われ又は広く利用されるようにすることその他の発達障害者の権利利益の擁護のために必要な支援を行うものとする。

(司法手続における配慮)
第十二条の二　国及び地方公共団体は、発達障害者が、刑事事件若しくは少年の保護事件に関する手続その他これに準ずる手続の対象となった場合又は裁判所における民事事件、家事事件若しくは行政事件に関する手続の当事者その他の関係人となった場合において、発達障害者がその権利を円滑に行使で

(地域での生活支援)
第十一条　市町村は、発達障害者が、その希望に応じて、地域において自立した生活を営むことができるようにするため、発達障害者に対し、社会生活への適応のために必要な訓練を受ける機会の確保、共同生活を営むべき住居その他の地域において生活を営むべき住居の確保その他必要な支援に努めなければならない。

(権利擁護)
第十二条　国及び地方公共団体は、発達障害者が、その発達障害のために差別されること等権利利益を害されることがないようにするため、権利擁護のために必要な支援を行うものとする。

(新設)

きるようにするため、個々の発達障害者の特性に応じた意思疎通の手段の確保のための配慮その他の適切な配慮をするものとする。

（発達障害者の家族等への支援）
第十三条　都道府県及び市町村は、発達障害者の家族その他の関係者が適切な対応をすることができるようにすること等のため、児童相談所等関係機関と連携を図りつつ、発達障害者の家族その他の関係者に対し、相談、情報の提供及び助言、発達障害者の家族が互いに支え合うための活動の支援その他の支援を適切に行うよう努めなければならない。

（発達障害者支援センター等）
第十四条　都道府県知事は、次に掲げる業務を、社会福祉法人その他の政令で定める法人であって当該業務を適正かつ確実に行うことができると認めて指定した者（以下「発達障害者支援センター」という。）に行わせ、又は自ら行うことができる。
一　発達障害の早期発見、早期の発達支援等に資するよう、発達障害者及びその家族その他の関係者に対し、専門的に、その相談に応じ、又は情報の提供若しくは助言を行うこと。
二　（略）
三　医療、保健、福祉、教育、労働等に関する業務を行う関係機関及び民間団体並びにこれに従事する者に対し発達障害についての情報の提供及

（発達障害者の家族への支援）
第十三条　都道府県及び市町村は、発達障害児の保護者が適切な監護をすることができるようにすること等を通じて発達障害者の福祉の増進に寄与するため、児童相談所等関係機関と連携を図りつつ、発達障害者の家族に対し、相談及び助言その他の支援を適切に行うよう努めなければならない。

（発達障害者支援センター等）
第十四条　都道府県知事は、次に掲げる業務を、社会福祉法人その他の政令で定める法人であって当該業務を適正かつ確実に行うことができると認めて指定した者（以下「発達障害者支援センター」という。）に行わせ、又は自ら行うことができる。
一　発達障害の早期発見、早期の発達支援等に資するよう、発達障害者及びその家族に対し、専門的に、その相談に応じ、又は助言を行うこと。
二　（略）
三　医療、保健、福祉、教育等に関する業務（次号において「医療等の業務」という。）を行う関係機関及び民間団体並びにこれに従事する者に対し発

び研修を行うこと。

　四　発達障害に関して、<u>医療、保健、福祉、教育、労働等</u>に関する業務を行う関係機関及び民間団体との連絡調整を行うこと。

　五　（略）
2　（略）
<u>3　都道府県は、第一項に規定する業務を発達障害者支援センターに行わせ、又は自ら行うに当たっては、地域の実情を踏まえつつ、発達障害者及びその家族その他の関係者が可能な限りその身近な場所において必要な支援を受けられるよう適切な配慮をするものとする。</u>

<u>（発達障害者支援地域協議会）
第十九条の二　都道府県は、発達障害者の支援の体制の整備を図るため、発達障害者及びその家族、学識経験者その他の関係者並びに医療、保健、福祉、教育、労働等に関する業務を行う関係機関及び民間団体並びにこれに従事する者（次項において「関係者等」という。）により構成される発達障害者支援地域協議会を置くことができる。</u>
<u>2　前項の発達障害者支援地域協議会は、関係者等が相互の連絡を図ることにより、地域における発達障害者の支援体制に関する課題について情報を共有し、関係者等の連携の緊密化を図るとともに、地域の実情に応じた体制の整備について協議を行うものとする。</u>

達障害についての<u>情報提供</u>及び研修を行うこと。

　四　発達障害に関して、<u>医療等の</u>業務を行う関係機関及び民間団体との連絡調整を行うこと。

　五　（略）
2　（略）
（新設）

（新設）

（国民に対する普及及び啓発） 第二十一条　国及び地方公共団体は、個々の発達障害の特性その他発達障害に関する国民の理解を深めるため、学校、地域、家庭、職域その他の様々な場を通じて、必要な広報その他の啓発活動を行うものとする。 （専門的知識を有する人材の確保等） 第二十三条　国及び地方公共団体は、個々の発達障害者の特性に応じた支援を適切に行うことができるよう発達障害に関する専門的知識を有する人材の確保、養成及び資質の向上を図るため、医療、保健、福祉、教育、労働等並びに捜査及び裁判に関する業務に従事する者に対し、個々の発達障害の特性その他発達障害に関する理解を深め、及び専門性を高めるため研修を実施することその他の必要な措置を講じるものとする。 （調査研究） 第二十四条　国は、性別、年齢その他の事情を考慮しつつ、発達障害者の実態の把握に努めるとともに、個々の発達障害の原因の究明及び診断、発達支援の方法等に関する必要な調査研究を行うものとする。	（国民に対する普及及び啓発） 第二十一条　国及び地方公共団体は、発達障害に関する国民の理解を深めるため、必要な広報その他の啓発活動を行うものとする。 （専門的知識を有する人材の確保等） 第二十三条　国及び地方公共団体は、発達障害者に対する支援を適切に行うことができるよう、医療、保健、福祉、教育等に関する業務に従事する職員について、発達障害に関する専門的知識を有する人材を確保するよう努めるとともに、発達障害に対する理解を深め、及び専門性を高めるため研修等必要な措置を講じるものとする。 （調査研究） 第二十四条　国は、発達障害者の実態の把握に努めるとともに、発達障害の原因の究明、発達障害の診断及び治療、発達支援の方法等に関する必要な調査研究を行うものとする。

⑧発達障害者支援法の一部を改正する法律案に対する附帯決議

(平成28年5月24日)

　政府は、本法の施行に当たり、次の事項について適切な措置を講ずるべきである。
一、発達障害と診断された者及びその家族が適切な支援を受けることができるよう、ペアレントメンター等による心のケアも含めた相談・助言体制構築の支援を強化すること。その際、個々の障害の特性や家庭状況に対応できるよう、夜間等の相談・助言体制の構築についても留意すること。
二、小児の高次脳機能障害を含む発達障害の特性が広く国民に理解されるよう、適正な診断や投薬の重要性も含め、発達障害についての情報を分かりやすく周知すること。特に、教育の場において発達障害に対する無理解から生じるいじめ等を防止するには、まずは教職員が発達障害に対する理解を深めることが肝要であることから、研修等により教職員の専門性を高めた上で、早い段階から発達障害に対する理解を深めるための教育を徹底すること。
三、発達障害者の就労機会の確保及び職場定着のためには、個々の障害の特性に配慮した良好な就労環境の構築が重要であることに鑑み、職場におけるハラスメント予防のための取組やジョブコーチ等を活用した相談・助言体制の一層の充実を図ること。
四、発達障害者が持つ障害の程度は個人によって異なるため、就労及び就学を支援する上では主治医や産業医等の産業保健スタッフ及び学校医等の学校保健スタッフの役割が重要であることに鑑み、これらの関係者が相互に連携を図りながら協力できる体制を整備するとともに、産業保健スタッフ及び学校保健スタッフが受ける発達障害者の雇用や就学に関する研修について必要な検討を行うこと。
五、地方公共団体により障害者手帳の取扱いの状況が異なること及び発達障害者の多くが障害者手帳を所持していないこと等の実情に鑑み、障害者手帳について在り方を検討すること。
六、個々の発達障害の原因究明及び診断、発達支援の方法等に関する調査研究を加速・深化させるとともに、発達障害に関する症例を広く把握することにより、不足している分野における調査研究に重点的に取り組むこと。また、これら調査研究の成果や国際的動向等も踏まえ、常に施策の見直しに努めること。その際、発達障害の定義の見直しにも留意すること。
　右決議する。

⑨発達障害者支援法の一部を改正する法律の施行について

障　発　0 8 0 1　第 1 号
職　発　0 8 0 1　第 1 号
雇児発　0 8 0 1　第 1 号
2 8 文 科 初 第 6 0 9 号
平 成 2 8 年 8 月 1 日

各　都　道　府　県　知　事
各　指　定　都　市　市　長
各都道府県教育委員会教育長
各指定都市教育委員会教育長　　殿
構造改革特別区域法第12条第1項
の認定を受けた各地方公共団体の長
各　国　公　私　立　大　学　長
各　国　公　私　立　高　等　専　門　学　校　長

厚生労働省社会・援護局障害保健福祉部長
（ 公 印 省 略 ）
厚 生 労 働 省 職 業 安 定 局 長
（ 公 印 省 略 ）
厚生労働省雇用均等・児童家庭局長
（ 公 印 省 略 ）
文 部 科 学 省 初 等 中 等 教 育 局 長
（ 公 印 省 略 ）
文 部 科 学 省 生 涯 学 習 政 策 局 長
（ 公 印 省 略 ）
文 部 科 学 省 高 等 教 育 局 長
（ 公 印 省 略 ）

発達障害者支援法の一部を改正する法律の施行について

「発達障害者支援法の一部を改正する法律（平成28年法律第64号）」（以下「改正法」という。）は平成28年6月3日に公布され、「発達障害者支援法の一部を改正する法律の施行期日を定める政令（平成28年7月29日政令第272号）」により、同年8月1日

から施行されたところである。
　改正法の制定の経緯、趣旨及び概要は下記のとおりであるので、管下区市町村、教育委員会、関係団体等にその周知徹底を図るとともに、必要な指導、助言及び援助を行い、本法の運用に遺漏のないようにご配意願いたい。

記

第1　改正法の制定の経緯及び趣旨
　　発達障害者支援法（平成16年法律第167号）が平成16年12月10日に公布され、平成17年4月1日に施行されてから、発達障害者に対する支援は着実に進展し、発達障害に対する国民の理解も広がってきた。一方、発達障害者支援法の施行から10年が経過し、例えば、乳幼児期から高齢期までの切れ目のない支援など、時代の変化に対応したよりきめ細かな支援が求められている。
　　また、我が国においては、障害者基本法の一部を改正する法律（平成23年法律第90号）や障害を理由とする差別の解消の推進に関する法律（平成25年法律第65号）の成立などの法整備が行われるなど、共生社会の実現に向けた新たな取組が進められている。
　　改正法は、こうした状況に鑑み、発達障害者の支援の一層の充実を図るため、所要の措置を講じようとするものであり、平成28年5月11日に衆議院厚生労働委員会において起草され、同月12日に衆議院において、同月25日に参議院において、それぞれ全会一致で可決され成立に至ったものである。

第2　改正法の概要
　1　目的の改正について（第1条関係）
　　　目的に、切れ目なく発達障害者の支援を行うことが特に重要であることに鑑みること及び障害者基本法の基本的な理念にのっとること等を規定するものとしたこと。
　2　定義の改正について（第2条第2項及び第3項関係）
　　(1)　「発達障害者」の定義を、発達障害がある者であって発達障害及び社会的障壁により日常生活又は社会生活に制限を受けるものとしたこと。
　　(2)　「社会的障壁」の定義を、発達障害がある者にとって日常生活又は社会生活を営む上で障壁となるような社会における事物、制度、慣行、観念その他一切のものとしたこと。
　3　基本理念の新設について（第2条の2関係）

(1) 発達障害者の支援は、全ての発達障害者が社会参加の機会が確保されること及びどこで誰と生活するかについての選択の機会が確保され、地域社会において他の人々と共生することを妨げられないことを旨として行われなければならないこととしたこと。
(2) 発達障害者の支援は、社会的障壁の除去に資することを旨として行われなければならないこととしたこと。
(3) 発達障害者の支援は、個々の発達障害者の性別、年齢、障害の状態及び生活の実態に応じて、かつ、医療、保健、福祉、教育、労働等に関する業務を行う関係機関及び民間団体相互の緊密な連携の下に、その意思決定の支援に配慮しつつ、切れ目なく行われなければならないこととしたこと。

4 国及び地方公共団体の責務の追加について（第3条第3項関係）
　国及び地方公共団体の責務として、発達障害者及びその家族その他の関係者からの各種の相談に対し、個々の発達障害者の特性に配慮しつつ総合的に応ずることができるようにするため、医療、保健、福祉、教育、労働等に関する業務を行う関係機関及び民間団体相互の有機的連携の下に必要な相談体制の整備を行うことを規定するものとしたこと。

5 国民の責務の改正について（第4条関係）
　国民は、個々の発達障害の特性その他発達障害に関する理解を深めるとともに、基本理念にのっとり、発達障害者の自立及び社会参加に協力するように努めなければならないものとしたこと。

6 児童に発達障害の疑いがある場合における支援に関する改正について（第5条第3項関係）
　市町村は、児童に発達障害の疑いがある場合には、当該児童の保護者に対し、継続的な相談、情報の提供及び助言を行うよう努めるものとしたこと。

7 教育に関する改正について（第8条第1項関係）
　発達障害児が、その年齢及び能力に応じ、かつ、その特性を踏まえた十分な教育を受けられるようにするため、可能な限り発達障害児が発達障害児でない児童と共に教育を受けられるよう配慮することを規定するとともに、支援体制の整備として、個別の教育支援計画の作成（教育に関する業務を行う関係機関と医療、保健、福祉、労働等に関する業務を行う関係機関及び民間団体との連携の下に行う個別の長期的な支援に関する計画の作成をいう。）及び個別の指導に関する計画の作成の推進並びにいじめの防止等のための対策の推進を規定し、あわせて、専修学校の高等課程に在学する者を教育に関する支援の対象である発達障害児に含まれることを規定するものとしたこと。

8 情報の共有の促進の新設について(第9条の2関係)

　　国及び地方公共団体は、個人情報の保護に十分配慮しつつ、福祉及び教育に関する業務を行う関係機関及び民間団体が医療、保健、労働等に関する業務を行う関係機関及び民間団体と連携を図りつつ行う発達障害者の支援に資する情報の共有を促進するため必要な措置を講じるものとしたこと。

9 就労の支援に関する改正について(第10条第1項及び第3項関係)
(1) 就労の支援について、これまでも国が様々な取組を進めてきたことを踏まえ、その主体に現行の都道府県に加えて国を規定するとともに、国及び都道府県は、個々の発達障害者の特性に応じた適切な就労の機会の確保、就労の定着のための支援その他の必要な支援に努めなければならないことを規定するものとしたこと。
(2) 事業主は、発達障害者の雇用に関し、その有する能力を正当に評価し、適切な雇用の機会を確保するとともに、個々の発達障害者の特性に応じた適正な雇用管理を行うことによりその雇用の安定を図るよう努めなければならないものとしたこと。

10 地域での生活支援に関する改正について(第11条関係)

　　発達障害者に対する地域での生活支援について、その性別、年齢、障害の状態及び生活の実態に応じて行うこととしたこと。

11 権利利益の擁護に関する改正について(第12条関係)

　　権利利益を害されることの例示として、発達障害者がその発達障害のために、いじめ及び虐待を受けること並びに消費生活における被害を受けることを加えるとともに、権利利益の擁護のための必要な支援として、その差別の解消、いじめの防止等及び虐待の防止等のための対策を推進すること並びに成年後見制度が適切に行われ、又は広く利用されるようにすることを規定するものとしたこと。

12 司法手続における配慮の新設について(第12条の2関係)

　　国及び地方公共団体は、発達障害者が、刑事事件若しくは少年の保護事件に関する手続その他これに準ずる手続の対象となった場合又は裁判所における民事事件、家事事件若しくは行政事件に関する手続の当事者その他の関係人となった場合において、発達障害者がその権利を円滑に行使できるようにするため、個々の発達障害者の特性に応じた意思疎通の手段の確保のための配慮その他の適切な配慮をするものとしたこと。

13 発達障害者の家族等への支援に関する改正について(第13条関係)

　　都道府県及び市町村は、発達障害者の家族その他の関係者が適切な対応をするこ

とができるようにすること等のため、児童相談所等関係機関と連携を図りつつ、発達障害者の家族その他の関係者に対し、相談、情報の提供及び助言、発達障害者の家族が互いに支え合うための活動の支援その他の支援を適切に行うよう努めなければならないこととしたこと。

14　発達障害者支援センター等による支援に関する配慮の新設について（第14条第3項関係）

都道府県は、発達障害者に対する専門的な相談支援等の業務を発達障害者支援センターに行わせ、又は自ら行うに当たっては、地域の実情を踏まえつつ、発達障害者及びその家族その他の関係者が可能な限りその身近な場所において必要な支援を受けられるよう適切な配慮をするものとしたこと。

15　発達障害者支援地域協議会の新設について（第19条の2関係）

(1)　都道府県は、発達障害者の支援の体制の整備を図るため、発達障害者及びその家族、学識経験者その他の関係者並びに医療、保健、福祉、教育、労働等に関する業務を行う関係機関及び民間団体並びにこれに従事する者（(2)において「関係者等」という。）により構成される発達障害者支援地域協議会を置くことができるものとしたこと。

(2)　発達障害者支援地域協議会は、関係者等が相互の連絡を図ることにより、地域における発達障害者の支援体制に関する課題について情報を共有し、関係者等の連携の緊密化を図るとともに、地域の実情に応じた体制の整備について協議を行うものとしたこと。

16　国民に対する普及及び啓発に関する改正について（第21条関係）

国及び地方公共団体は、個々の発達障害の特性その他発達障害に関する国民の理解を深めるため、学校、地域、家庭、職域その他の様々な場を通じて、必要な広報その他の啓発活動を行うものとしたこと。

17　専門的知識を有する人材の確保等に関する改正について（第23条関係）

国及び地方公共団体は、個々の発達障害者の特性に応じた支援を適切に行うことができるよう発達障害に関する専門的知識を有する人材の確保、養成及び資質の向上を図るため、医療、保健、福祉、教育、労働等並びに捜査及び裁判に関する業務に従事する者に対し、個々の発達障害の特性その他発達障害に関する理解を深め、及び専門性を高めるための研修を実施することその他の必要な措置を講じるものとしたこと。

18　調査研究に関する改正について（第24条関係）

国は、性別、年齢その他の事情を考慮しつつ、発達障害者の実態の把握に努める

とともに、個々の発達障害の原因の究明及び診断、発達支援の方法等に関する必要な調査研究を行うものとしたこと。

19　大都市等の特例について（第25条関係）

　　発達障害者支援法において、都道府県が処理することとされている事務のうち、第6条第3項、第10条第1項及び第2項、第13条、第14条第1項及び第3項、第16条、第17条、第18条、第19条第1項並びに第19条の2第1項の事務については、発達障害者支援法施行令（平成17年政令第150号）第3条に定めるとおり、地方自治法（昭和22年法律第67号）第252条の19第1項により指定都市が処理するものとしたこと。

20　検討規定について（附則第2項関係）

　　政府は、疾病等の分類に関する国際的動向等を勘案し、知的発達の遅滞の疑いがあり、日常生活を営むのにその一部につき援助が必要で、かつ、社会生活への適応の困難の程度が軽い者等の実態について調査を行い、その結果を踏まえ、これらの者の支援の在り方について、児童、若者、高齢者等の福祉に関する施策、就労の支援に関する施策その他の関連する施策の活用を含めて検討を加え、必要があると認めるときは、その結果に基づいて所要の措置を講ずるものとしたこと。

⑩災害時の発達障害児・者支援について

災害時の発達障害児・者支援について

被災地における、発達障害のある人やご家族の生活には、発達障害を知らない人には理解しにくいさまざまな困難があります。
そんなとき、発達障害児・者への対応について少しでも理解して対応できると、本人も周囲のみんなも助かります。

対応のコツ
★ 発達障害のある人は、見た目では障害があるようには見えないことがあります。対応にはコツが必要です。
コツの探し方：家族など本人の状態をよくわかっている人にかかわり方を確認しましょう。

こんな場合は…　　　　このように対応…

■ 変化が苦手な場合が多いので、不安から奇妙な行動をしたり、働きかけに強い抵抗を示すことがあります。

→
- してほしいことを具体的に、おだやかな声で指示します。
  - 例：○：「このシート（場所）に座ってください。」
  - ×：「そっちへ行ってはダメ」
- スケジュールや場所の変更等を具体的に伝えます。
  - 例1：○：「○○（予定）はありません。□□をします。」
  - ×：強引に手を引く
  - 例2：○：「○○は□□（場所）にあります。」
  - ×：「ここにはない」とだけ言う

■ 感覚刺激
　過敏：周囲が想像する以上に過敏なため、大勢の人がいる環境が苦痛で避難所の中にいられないことがあります。
　鈍感：治療が必要なのに平気な顔をしていることもあります。

→
- 居場所を配慮します。
  - 例：部屋の角や別室、テントの使用など、個別空間の保証
- 健康状態を工夫してチェックします。
  - 例：ケガの有無など、本人の報告や訴えだけでなく、身体状況をひと通りよく見る。

■ 話しことばを聞き取るのが苦手だったり、困っていることを伝えられないことがあります。

→
- 説明の仕方を工夫します。
  - 例：文字や絵、実物を使って目に見える形で説明する
    一斉放送だけでなく、個別に声かける
    簡潔に具体的に話しかける
  - 例：○：お母さんはどこですか？
  - ×：何か困っていませんか？

■ 見通しの立たないことに強い不安を示します。学校や職場などの休み、停電、テレビ番組の変更などで不安になります。

→
- 安定したリズムで日常が送れるように、当面の日課の提案や、空いた時間を過ごす活動の提示が必要です。
  - 例：○：筆記具と紙、パズル、図鑑、ゲーム等の提供
    ○：チラシ配りや清掃などの簡単な作業の割り当て
    ×：何もしないで待たせる

■ 危険な行為がわからないため、地盤のゆるいところなど危ない場所に行ってしまったり、医療機器を触ってしまうことがあります。

→
- ほかに興味のある遊びや手伝いに誘う。
- 行ってはいけないところや触ってはいけない物がはっきりとわかるように、「×」などの印をあらかじめ付ける。

ご家族のかたへ

★ 子どもは、他人に起こったことでも自分のことのように感じることがあります。さらに発達障害がある場合には、想定以上の恐怖体験になってしまうこともあります。子どもには災害のテレビ映像などを見せずに、別のことで時間を過ごせるような工夫をすることが必要です。

★ 災害を経験した子どもは、災害前には自分ひとりでできていたこともしなくなったり、興奮しすぎてしまうことがあります。発達障害がある場合でも、基本的には子どもの甘えを受け入れてあげるのがよいでしょう。叱ったりせず、おだやかな言葉かけをしながら、少しずつ子どもが安心できるようにすることが大切です。

（厚生労働省作成資料）

健康状態や心身の疲れを確認しましょう

からだ
★ 発達障害のある人は、体調不良やケガがあるにもかかわらず、本人自身も気づいていない場合があります。周囲が気づかずにそのまま放置すると、状態が悪化してしまう場合がありますので、ていねいな観察と聞き取りが必要です。

気づくための観察例
- 息切れ、咳などが頻繁でないか。
- やけどや切り傷、打撲などがないか。
- 着衣が濡れていても着替えないでいるか。

気づくための質問例
- いつもより寒くないですか?
- 歩くときにふらふらしませんか?
- 頭のこぶ、腕や足にケガがありませんか?
- 服の着替えがありませんか?

ストレス
★ なにげないことでも、発達障害のある人には日常生活に困難をきたすぐらい苦痛に感じることがあります。そのためストレスの蓄積がより起きやすく、支援を優先的に考えなければならない場合があります。

気づくための観察例
- 好き嫌いによる食べ残しが多くないか。
- 配給のアナウンスがあっても、反応が遅かったり、どこに行っていいかわからず困っていることがないか。
- 耳ふさぎや目閉じなど、刺激が多いことで苦しそうな表情をしていないか。

気づくための質問例
- 食べられない食材はありましたか?
- 配給に並ぶ場所はわかりましたか?
- ほかの場所(避難所内外)へ移動したいという希望はありますか?

家族の状態を確認しましょう

家族へのサポート
★ 災害の影響で子どもと家族が離れられなくなる場合や、避難所の中で理解者が得られない場合などに、家族のストレスは高まります。
本人の支援を一番長い時間担当する、家族のサポートを迅速に行うことは効率的といえます。

- 配給や買い物、役所や銀行などの手続きに行けずに困っている場合
- 水や食料、毛布などの配給時に、ずっと待っていられないで騒いでしまう子どもがいた場合

家族の代わりに子どもの相手をしたり、発達障害の特性を家族の了解のもとで周囲の人たちに説明していただくと、家族はたいへん助かります。

対応に協力してくれる人が周囲にいるか確認しましょう

協力者の確認
★ 発達障害のある人は、ひとりひとりの健康状態や、ストレスの蓄積につながる状況などがさまざまで、対応方法が見つけにくいことがあります。個別的な配慮が必要になる場合は、周囲に本人をよく知っている人がいるか、その人は対応に協力してもらえそうかを確認しておく必要があります。

相談窓口
発達障害者支援センター
　熊本県北部発達障がい者支援センター　わっふる　TEL 096-293-8189 /FAX 096-293-8239
　熊本県南部発達障がい者支援センター　わるつ　TEL 0965-62-8839 /FAX 0965-32-8951
　熊本市発達障がい者支援センター　みなわ　TEL 096-366-1919 /FAX 096-366-1900
　大分県発達障がい者支援センター　ECOAL(イコール) TEL 097-513-1880
　　　　　　　　　　　　　　　　　　　　　　　　　　FAX 097-513-1890

http://www.rehab.go.jp/ddis/

2016.4.19

⑪東南アジア諸国の近年の主要な動き

カンボジア：

　同国政府省庁間の障害者施策調整を役割を担う障害者問題協議会（DAC）とAPCDは、「国家障害戦略計画2014-2018」で協働しています。わけてもカンボジア内の発達障害者・家族の要請を受けて、APCDはカンボジア政府との協議の中で「国家障害戦略計画2014-2018において自閉症を含む発達障害を考慮すること」を促してきました。結果として、「身体、視覚、聴覚、知的、精神あるいはその他障害等」という形で、将来につながる解釈が同計画に盛り込まれています。

　また、APCDはDACおよびJICAと協議を重ね、個々の団体によって進められていた発達障害関連活動について横のつながりを強化すべく、2014年3月、知的障害・自閉症に関連する10以上の団体による「カンボジア知的障害・自閉症ネットワーク（CIDAN）」の設立を支援しました。CIDANはDACの連絡窓口となり、一歩ずつですが様々な発達障害当事者・家族を巻き込む形で、カンボジア政府との間で政策協議を進めています。なお、2009年に制定された障害者権利保護促進法の改正および国家障害戦略計画2014-2018の見直しに関して、APCDは発達障害関連施策について引き続きカンボジア政府と協議しています。

ラオス：

　2014年に「ラオス障害者権利法令」という形で同国における初めて障害基幹法令が出来たところで、発達障害に関する法律・施策については将来のテーマになっています。同法令によると、障害種別に自閉症やその他の発達障害に関する具体的な文言は含まれていません。一方で、同法令を強化した法律の制定につき、2016年から検討されています。

　同国では、障害と開発分野の中心的な役割を担っているラオス障害者協会（LDPA）と連携しつつ、障害種別毎に当事者団体が設立される傾向にあります。APCDは2008年以降、タイ自閉症協会、タイ知的障害者協会およびJICA等と連携して、発達障害関連活動を実施してきました。例えば、当事者・親グループの声を背景に、過去5年間でラオス自閉症協会（AfA）、続いてラオス知的障害協会の設立を支援しました。正式にラオス政府から団体設立の認可を受けることで、ラオス労働福祉省（MLSW）、ラオス保健省（MOH）、ラオス教育スポーツ省（MOES）やLDPA等との連携活動がしやすくなり、発達障害に関する活動の広がりが期待されています。

ミャンマー：

　APCDは知的障害当事者の自助団体であるフューチャースターグループを2010年の

設立から支援してきましたが、近年までミャンマー政府に認可された発達障害関連の当事者・家族団体はありませんでした。2013年になって、APCDで行われた研修参加者を中心にミャンマー自閉症協会（MAA）が設立されました。2016年12月には、APCDがミャンマー社会福祉・救済再復興省社会福祉局（DSW）、MAAおよび日本政府の国際交流基金等と連携して、同国の自閉症当事者・家族が全土から初めて1か所に集まって「第1回ミャンマー自閉症ゲーム」を開催しました。

なお、ミャンマーでは長年議論を続けてきた結果、2015年に障害者権利法が制定されています。同年に設立されたミャンマー障害者協議会（MCPD）によるミャンマー社会福祉・救済再復興省社会福祉局（DSW）と協議では、自閉症を含む発達障害関連団体に属する当事者・家族による政策形成への参画はすべて知的障害関連団体枠で受け付けるとされており、発達障害に関する法律や政策の実施については、今後検討されていく見込みです。

タイ：

発達障害に関する法律や政策に関し、メコン川流域国の中で最も進んでいるのがタイと言えます。1995年以降活発化していったタイ自閉症協会（AU Thai）は、周辺国の関連団体のモデルになっています。APCDによるアセアン域内の自閉症関連活動については、タイ社会開発・人間の安全保障省（MSDHS）に加えて同団体と常に連携しています。その背景の一つに、2007年に制定された障害者エンパワメント法および関連する社会開発・人間の安全保障（MSDHS）省令により、6つの障害種別（視覚、聴覚、身体・移動、精神・認知・自閉症、知的、学習障害）の区分が決められたことがあります。また、その後2012年には、別の同省令により、自閉症は独自の障害種別として区分されることになり、7つの障害種別（視覚、聴覚、身体、精神・認知、知的、学習障害、自閉症）が定められています。2013年に改正された障害者エンパワメント法の障害者雇用率（0.5％→1.0％）の適用も新区分によるものとなっています。また、第4次国家障害者エンパワメント計画2013-2016においては、学習障害者数の増加傾向が明記されています。

なお、全国レベルの障害当事者・関連団体で形成される日本障害者フォーラム（JDF）と類似する団体として、APCDの建物の3階に事務所を構えるタイ障害者団体連合会（DTH）があります。障害種別の全国団体がメンバーとして構成されるDTHですが、学習障害関連団体は地方レベルで点在するに留まっており、全国団体の設立にはしばらく時間がかかると言われています。

ベトナム：

歴史的な背景により、北部・中部・南部にそれぞれ主要団体が存在していましたが、

2010年に制定された障害者法以降、ベトナムでは全国レベルの動きが活発になっています。発達障害関連では、各地域に位置する団体のニーズと意向を最大限尊重した上で、APCDはベトナム労働・傷病兵・社会省（MOLISA）と連携し、2013年8月にベトナム自閉症ネットワーク（VAN）の設立を支援しました。2014年12月には、ベトナムMOLISA、VAN、APCD、JICAにより自閉症関連施策を具体化するワークショップを開催しました。厚生労働省の障害児・発達障害者支援室から講師を招請し、日本の発達障害に関する知識や経験が共有されました。

　ベトナム政府はその後、障害者権利条約を批准（国連記録2015年2月5日）し、同年中には省庁間を横断する形で障害者政策員会（NDC）を立ち上げました。2016年4月には、ベトナムMOLISA、VAN、APCD、JICA等の連携により、「第1回ベトナム自閉症啓発デー（VAAD）」が行われました。Vongthep Arthakaivalvatee事務局次長（社会文化共同体担当）がアセアン事務局を代表して参加した本企画は、ベトナム政府による世界自閉症啓発デーに基づいた初の公式イベントとなりました。なお、アセアン事務局はAPCDと連携して、自閉症フレンドリーなアセアンづくりに向けた企画づくりを進めています。VANはその主要パートナーの一つと想定されています。

⑫世界自閉症啓発デーのシンポジウムの歩み（厚生労働省作成資料）

	全体の動き	シンポジウム（4月2日前後）	
		開催日、会場	登壇者
H19 2007	国連決議採択		
H20 2008	厚生労働大臣メッセージ発出		
H21 2009	日本実行委員会シンポジウム開始	4/2（木）東京ウイメンズプラザ	【鼎談】 　福島豊（衆議院議員） 　石井哲夫（日本自閉症協会） 　須田初枝（日本自閉症協会） 【シンポジウム】(司会) 室山哲也（NHK）山﨑晃資（日本自閉症協会） 　松田文雄（松田病院） 　長谷川安佐子（全国情緒障害研究会） 　伊得正則（けやきの郷） 　戸屋隆（嬉泉） 　熊本葉一（いわて発達障害サポートセンター） 　日詰正文（厚生労働省）
H22 2010		4/2（金）国連大学	【鼎談】(司会) 牧島博子（TBS）、山崎晃資（日本自閉症協会） 　山﨑恒也（TBSドラマ「マラソン」制作者）、 　山下邦仁明（映画「ぼくはうみがみたくなりました」原作者）、 　門野晴子（映画「星の国から孫二人」原作者） 【シンポジウム1】(司会) 寺山千代子（日本自閉症スペクトラム学会） 　町田勉（八百屋さん：柏屋） 　菅原邦子（学校の先生：仙台市粟生小学校） 　奥村ひさ（歯医者さん：全国心身障害児福祉財団） 　佐藤節夫（地域のおじさん：仙台市） 【シンポジウム2】(司会) 渥美義賢（国立特別支援教育研究所） 　田中夕紀子（個人商店：有限会社ビー） 　渡部光三（企業：蛇の目ミシン）

252

			鈴木慶太（ソーシャルビジネス：Kaien） 木村昭一（はるにれの里） 【シンポジウム3】(司会)市川宏伸（日本発達障害ネットワーク） 室山哲也（テレビ：NHK）、 太田康夫（新聞：朝日新聞）、 須田初枝（日本自閉症協会）
H23 2011		6/18（土） 灘尾ホール	【報告会1】(司会)小林真理子（厚生労働省） 藤平俊幸（発達障害者支援センター全国連絡協議会） 熊本葉一　岩手県自閉症協会 柴田和子　宮城県自閉症協会 仲澤隆子　茨城県自閉症協会 酒主照之　福島県自閉症協会会長からのメッセージ 【報告会2】(司会)　柘植雅義（国立特別支援教育総合研究所）市川宏伸（日本発達障害ネットワーク） 河合健彦(市立札幌病院静療院) 森下尊広（(社)日本自閉症協会・全国自閉症者施設協議会） 鈴木さとみ（国立障害者リハビリテーションセンター発達障害情報センター（一般社団法人日本発達障害ネットワーク（JDDネット）被災地派遣チーム）） 柴田洋弥（特定非営利活動法人東京都発達障害支援協会） 松本直美（日本自閉症スペクトラム学会） 【シンポジウム】(司会)山崎晃資（(社)日本自閉症協会）寺山千代子（日本自閉症スペクトラム学会） 近藤直司（山梨県都留児童相談所） 大久保尚洋（(社)日本自閉症協会） 辻誠一（宮城県特別支援教育センター） 五十嵐康郎（全国自閉症者施設協議会） 赤井陽介（朝日新聞社）

H24 2012	東京タワー・ライトアップ点灯式 開始	4/7（土）灘尾ホール	【シンポジウム1】(司会)新保文彦（日本自閉症協会）柘植雅義（国立特別支援教育総合研究所） 石丸晃子（あさけ学園） 大野寛美 ウイ クアン ロン（牛久愛和総合病院） 関水実（東やまた工房、東やまたレジデンス） 【シンポジウム2】(司会)市川宏伸（日本発達障害ネットワーク）小林真理子（厚生労働省） 渡邉久美子、渡邉美穂（宮城県自閉症協会） 高山孝信、高山侑也（茨城県自閉症協会） 古和田茉美、古和田直旗（福島県自閉症協会） 熊本葉一（岩手県自閉症協会） 大関彰久（福島県立富岡養護学校） 赤井陽介（朝日新聞社） 本間博彰（宮城県子ども総合センター） 【アート＆ミュージック】(司会)日本臨床心理研究所 久保貴寛 須郷朋之、角田隆司、渡邉峻佑 トライアングル（代表 妻鹿るみ子）
H25 2013		4/6（土）灘尾ホール	【シンポジウム1】(司会)西尾紀子（全国自閉症者施設協議会）西村浩二（発達障害者支援センター全国連絡協議会） 野口幸弘（西南学院大学） 本田秀夫（山梨県こころの発達総合支援センター） 片岡聡 加藤丕 【映画「ちづる」・ビデオレター】(司会)小林真理子（厚生労働省） 池谷薫（立教大学） 赤崎正和（「ちづる」制作監督） 宇佐亜希子

H26 2014		3/29（土）灘尾ホール	【シンポジウム1】<u>（司会）山崎晃資　（日本自閉症協会）寺山千代子（日本自閉症スペクトラム学会）</u> 宮西義憲（北海道芽室町） 秋山浩保（千葉県柏市） 泉房穂（兵庫県明石市） 上田マリ子（北海道自閉症協会） 本田秀夫（山梨県立こころの発達総合支援センター） 【シンポジウム2】<u>司会：今井忠（日本自閉症協会）日詰正文（厚生労働省）</u> 山本純一郎（発達・精神サポートネットワーク） 武山弥生（発達障害児・障害者及び家族支援の会　シーズ） 金智子（秦野インクルージョン） 熊本葉一（岩手県自閉症協会） 和田康宏（兵庫県発達障害者支援センター　クローバー）
H27 2015		4/4（土）灘尾ホール	【シンポジウム1】<u>（司会）寺山千代子（日本自閉症スペクトラム学会）石坂務（国立特別支援教育総合研究所）</u> 國定勇人（新潟県三条市） 谷畑英吾（滋賀県湖南市） 江口寧子（日本自閉症協会） 日戸由刈（日本発達障害ネットワーク） 有澤直人（全国情緒障害教育研究会） 【シンポジウム2】<u>（司会）日詰正文（厚生労働省）福本康之（日本自閉症協会）</u> 片岡聡一（岡山県総社市） 久元喜造（兵庫県神戸市） 松上利男（全国自閉症者施設協議会） 西村浩二（発達障害者支援センター全国連絡協議会） ソルト（日本自閉症スペクトラム学会）

H28 2016		4/9（土） 灘尾ホール	【シンポジウム1】司会：寺山千代子（日本自閉症スペクトラム学会）市川宏伸（日本発達障害ネットワーク） 　宮本泰介（千葉県習志野市） 　田中誠太（大阪府八尾市） 　小口利幸（長野県塩尻市） 　ソルト（日本自閉症スペクトラム学会） 　村上由美 【シンポジウム2】司会：福本康之（日本自閉症協会）　藤堂栄子（日本発達障害ネットワーク） 海外からのビデオレター紹介 北京市自閉症児リハビリテーション協会（中国） 　解説：水野努（全国自閉症者施設協議会） AOA art（中国） 　解説：小林洋志（日本自閉症協会） Ms. Lauren Cho　Smile Together Foundation, Autism Korea（韓国） 　解説：佐伯比呂美（日本発達障害ネットワーク） ゲスト発表 　Mr. Akiie Ninomiya（アジア太平洋障害者センター（APCD），タイ） 　Ms. Hoang Ngoc Bich（ベトナム自閉症ネットワーク協会（VAN），ベトナム）

おわりに

　発達障害者支援法を約11年ぶりに改正できた背景に、議員連盟の存在があります。所属議員数は、190名（平成29年1月5日現在）となり、全国会議員（717名）に占める割合は約26％、4分の1を占めています。発達障害児（者）を疑いのある段階から支援する政策については、党派や政局を超えて取り組むべき、との姿勢に立って、推進してまいりました。

　平成16年12月3日、発達障害者支援法が成立してから昨年で12年が過ぎ、その間、以下のような主な法律が成立しました。
① 　障害者自立支援法の改正（平成22年12月）
② 　障害者虐待防止法の制定（平成23年6月）
③ 　障害者基本法の改正（平成23年7月）
　　 定義に発達障害を明記、意思決定支援の配慮、消費者としての障がい者の保護など
④ 　障害者総合支援法の制定（平成24年6月）
　　 「重度訪問介護」を知的障がい者、精神障がい者に拡大。「障害程度区分」を「障害支援区分」に修正し、知的、精神障がい者の生活実態を踏まえた判定にする。さらに、附則3条見直し規定を設け、意思決定支援への配慮、成年後見制度利用促進等を検討し結果を得る。
⑤ 　障害者優先調達法の制定（平成24年6月）
⑥ 　障害者差別解消法の制定（平成25年6月）
⑦ 　障害者権利条約の国会承認（平成25年12月）、国連批准（平成26年1月）

　法改正にあたり、これらの法律の中身を反映させることや全ての年代を一貫させる支援（タテ）についての検証、様々な分野にまたがる各省連携（ヨコ）の検証などを主眼にスタートしました。議員連盟検討会（総会）は7回、議連の下の実務者ワーキングチームは13回、役員会3回、その後の法案承認の議連総会はさらに2回を重ねました。

　極力、丁寧な議論を心がけたものの積み残した課題について述べさせていただきます。

① 平成26年の世論調査では約9割の国民が「発達障害」を何らかの形で知っているとなっていますが、発達障害の個々の特徴についての知識や理解は十分には広がっていません。そのため、今回の改正において、発達障害の分類を別表として付記することも実務者WTで検討しました。しかし、発達障害者支援法における発達障害の定義と密接に関係しているICD（疾病及び関連保健問題の国際統計分類）の見直し作業が、WHO（世界保健機関）によって進められていることから、ICD-11の公表（2018年の世界保健総会において最終成果物が採択される予定）を待って対応することとしました。

② 障害者の権利に関する条約第24条のインクルーシブ教育システムについての考え方を反映させるため、改正法の第8条「教育」にその理念を明記し、可能な限り発達障害児がそうでない児童と共に教育を受けられるように配慮するといった方向性を明確にしました。インクルーシブ教育システムの推進に当たっては、特別な教育的支援を必要とする児童に対し、個々のニーズに応じた、多様な学びの場を提供するとともに、専門的な知識を持っている教員だけではなく学校関係者全体、また教育分野以外の関係機関等とも連携し、計画的な支援、情報の共有、支援の引き継ぎ等をより丁寧に行っていくことが必要となります。各自治体において、このような体制整備が進むよう、発達障害者の支援を考える議員連盟としても文部科学省や厚生労働省等に取組の充実を求めていくこととしました。

③ 軽度の知的障害児（者）は、社会的に適応しているように見えるため障害福祉サービスや相談等に結びついていないのが現状ですが、犯罪の被害や加害などに巻き込まれるなどの懸念があり何らかの支援が必要との指摘がありました。実務者WTで検討した結果、軽度の知的障害児（者）の支援スキームとしては、ほぼ同様の状況にある発達障害者支援のスキームを活用することが現実的ではないかと考えられますので、実態調査をふまえ、手立てを講じるべきとの結論に至り、附則の検討項目に明記することとしました。実態調査は、厚生労働科学研究において実施されることとなっています。

さて、法律は改正したものの今後の具体的な取組が重要であることは申し上げるまでもありません。特に地域において、全ての年代と警察・法務関係を含む各分野を網羅したタテヨコ連携を含めた体制整備を進める必要があります。地域支援ネットワーク構築に向けて、この著書をお手に取って下さったお一人お一人のお力を賜り、前に進めることができますよう心よりお願い申し上げます。

私自身、発達障害をもつ方々が安心して生活し、能力を発揮する社会の実現をめざし、全力で取り組んでまいる所存です。

　なお、ここに議連の役員名を掲載させていただきます。
　会長　　　　尾辻秀久（自由民主党、参議院議員）
　会長代理　　野田聖子（自由民主党、衆議院議員）
　副会長　　　小渕優子（自由民主党、衆議院議員）、馳浩（自由民主党、衆議院議員）、<u>中根康浩（民進党、衆議院議員）</u>、川田龍平（民進党、参議院議員）、阿部知子（民進党、衆議院議員）、<u>山本博司（公明党、参議院議員）</u>、高橋千鶴子（日本共産党、衆議院議員）、松浪健太（日本維新の会、衆議院議員）
　事務局長　　<u>高木美智代（公明党、衆議院議員）</u>※下線は、実務者WTメンバー
　事務局次長　奥野総一郎（民進党、衆議院議員）、中島克仁（民進党、衆議院議員）
　また、自民党の取りまとめにおいて、古川康衆議院議員に多大なご尽力をいただいたことを付記させていただきます。

　末尾ながら、法改正にご協力いただいた日本自閉症協会、日本発達障害ネットワーク、全日本自閉症支援者協会、全国特別支援教育推進連盟、NPO法人全国LD親の会、アスペ・エルデの会、NPO法人エッジ、発達障害者支援センター全国連絡協議会、えじそんくらぶ、日本トゥレット協会、全国言友会連絡協議会等の関係諸団体、ご講演いただいた関係者の方々、衆議院法制局、厚生労働省はじめ関係省庁（内閣府、警察庁、法務省、文部科学省、国土交通省、最高裁判所）の担当の方々に、衷心より厚く御礼を申し上げます。

　平成29年1月
　　　　　　　　　　　　　発達障害の支援を考える議員連盟事務局長
　　　　　　　　　　　　　　　　　衆議院議員　高木　美智代

あとがき

　平成16年12月3日に、発達障害者支援法は参議院を通過した。2月から10月まで、国会議員、医療、教育、心理などの専門家が集まって検討会が開かれ、発達障害への良い取組、様々な連携などが話し合われた。この法律は議員立法であって、全会派が賛成するということが前提であり、これがいかに難しいことかを目の当たりにした。参議院を通過した後も、法律の条文については様々な検討が行われ、平成17年4月から施行された。それまでは、役所の窓口で「発達障害があるのですが」、と支援をお願いしても、門前払いであったが、「どんな支援ができるか、考えましょう」に変わった。

　その後、障害者基本法、障害者自立支援法、児童福祉法、障害者虐待防止法、障害者雇用促進法、障害者差別解消法などの法律の中に、精神障害（発達障害を含む）という文言で明記されていった。様々な場面で、発達障害の啓発が行われ、講演会や講習会が行われるようになった。知的障害がなくとも精神保健福祉手帳が取得可能であり、社会適応が著しく困難であると判断されれば、障害基礎年金がもらえるようになった。この11年間に発達障害という言葉は国民に知られるようになってきたが、その内容はまだ十分に知られているとは思えない。障害基礎年金の交付についても、発達障害を十分に理解している医師が診断書を記入するか否かで、あるいは支給の判定は都道府県に任されているため、判定医の発達障害への理解度によって都道府県で判定のバラツキが多いことが知られている。

　一方で、発達障害は様々な社会的話題と関係していることが知られている、あるいは示唆されている。家庭においては、"何を考えているか分からない"子どもとして虐待の対象になりやすい。学校では級友と考え方や行動が異なっているため"からかい"や"いじめ"の対象になりやすく、"不登校"や"ひきこもり"に進展する可能性も指摘されている。また現実が厳しいために現実逃避的な発想に陥り、その延長上に子どものネットやゲーム依存・乱用が指摘されている。成人ではギャンブル、アルコール、買い物などがその対象となっている。最近ではゴミ屋敷、孤独死、認知症などとの関連も示唆されている。これらの社会的課題は、最近になってようやく社会的話題になったため、社会的に認知度が低く、その原因、本質、対応等は十分には理解されていない。多くの発達障害児者は社会生活の中で、だまされやすく、犯罪の被害者になりやすいが、その一方で理解の出来ない犯罪を犯すために、その部分だけがマスメディアで取り上げられ、"加

害者になりやすい"という誤った概念が広がっている。

　発達障害の支援を考える議員連盟に所属する国会議員の先生方は現在190名となっており、議連の先生方が何回も検討会を開かれ、我々当事者団体も意見を述べさせていただき、平成28年の5月に発達障害者支援法の改正が行われ、8月から施行された。この中では、法の目的、定義、基本理念が明記された。また、発達障害の当事者だけでなく、家族も含めた支援の必要性が指摘された。また、発達障害者支援地域協議会を設置して様々な分野が連携して支援していくことの必要性が明記された。

　発達障害児者は、外見だけでは障害の存在に気づかれにくく、時には当事者や家族もその存在に気づいていない。このことは合理的配慮の対象になりにくかったり、支援の開始が遅くなることにつながる。発達障害児者は、置かれる環境や対応の仕方の影響を受けやすく、学校では担任の先生の影響を、社会人であれば職場の上司や同僚の影響を受けやすい。発達障害児者が一方的に自分の生き方を変更して社会に合わせるだけではなく、これまで以上に発達障害について理解のある国民が増加し、発達障害児者にとって合理的配慮がなされ、住みやすい社会になる事が望まれる。

　平成29年1月

日本発達障害ネットワーク理事長
日本自閉症協会会長
　　　　市川　宏伸

改正発達障害者支援法の解説
～正しい理解と支援の拡大を目指して～

平成29年2月15日　第1刷発行

編　著　発達障害の支援を考える議員連盟
発　行　株式会社 ぎょうせい

〒136-8575　東京都江東区新木場1-18-11

電話　編集　03-6892-6508
　　　営業　03-6892-6666
　　　フリーコール　0120-953-431

〈検印省略〉

URL:https://gyosei.jp

印刷／ぎょうせいデジタル㈱　©2017　Printed in Japan.　禁無断転載・複製
※乱丁・落丁本はお取り替えいたします。
ISBN978-4-324-10283-1
(5108320-00-000)
〔略号：改正発達障害〕

ミュージアム（博物館、資料館、美術館、動物園、水族館、植物園など）の"上手な活用法"を大公開！

子どもとミュージアム
学校で使えるミュージアム活用ガイド

【編集】公益財団法人　日本博物館協会
B5判・定価（本体2,000円＋税）

社会科、理科、図画工作・美術科、総合的な学習の時間など、実際の活用事例を多数収録。
意外？──外国語や道徳での活用アイデアもご紹介。
ミュージアムの裏側や基礎知識がわかるQ&Aも収録。

学力向上、授業力・生徒指導力アップ──。
学校改善の決定版！！

「カリマネ」で学校はここまで変わる！
続・学びを起こす授業改革

村川雅弘・野口　徹・田村知子・西留安雄【編著】
B5判・定価（本体2,000円＋税）

「カリキュラムマネジメント」で実際に学校改善を果たした選りすぐりの実践校を紹介。
すぐに役立つ理論と手法を提案します。
学力向上、授業力や生徒指導の充実など学校の喫緊な課題に対応した実践的な内容を提供！

カウンセリング・テクニックで教師力をアップ！

学級がうまくまとまらない。不登校や特別支援の秘策はないの？…
教師の"つまずき"にすぐ効くテクニックがひと目でわかるチャートつき！

カウンセリング・テクニック
で高める「教師力」　全5巻

B5判・セット定価（本体10,000円＋税）各巻定価（2,000円＋税）

編集代表：諸富　祥彦

第❶巻	学級づくりと授業に生かすカウンセリング	編著：会沢信彦・赤坂真二
第❷巻	気になる子と関わるカウンセリング	編著：黒沢幸子・金山健一
第❸巻	特別支援教育に生かせるカウンセリング	編著：曽山和彦・岸田優代
第❹巻	保護者との信頼関係をつくるカウンセリング	編著：土田雄一・小柴孝子
第❺巻	教師のチーム力を高めるカウンセリング	編著：水野治久・梅川康治

 株式会社ぎょうせい　〒136-8575 東京都江東区新木場1-18-11　URL：http://gyosei.jp

TEL：0120-953-431　[平日9～17時]
FAX：0120-953-495　[24時間受付]
フリーコール

ご注文は…書店様、お電話・FAX・インターネットでも承っております。

新しい地域づくりをめざす、すべてのPublic Workerのために

月刊 ガバナンス
Governance

ユニーク政策から耳寄り情報まで先進自治体の「いま」がわかる月刊誌

5つのお勧めポイント

1 喫緊の政策課題をタイムリーに特集
行政改革や災害対策、社会保障、まちづくりなど、自治体の重要テーマを取り上げます。

2 公務員の仕事力を高める！スキルアップ特集＆連載
クレーム対応やファシリテーションなど、実務に役立つ仕事術をわかりやすく紹介します。

3 自治体の最新情報が満載の「DATA BANK2015」
記事数は毎月、約70本！自治体の先進施策がコンパクトに読めます。

4 現場を徹底取材！読みごたえあるリポート記事
先進的な政策や議会改革リポートなど、自治の最前線をリポートします。

5 連載記事も充実のラインナップ！
「市民の常識vs役所のジョウシキ」
「公務職場の人・間・模・様」など、
人気連載がたくさんあります。

＊年度始めには、公務員必読の別冊付録がつく予定です。

ぎょうせい／編集　A4変型判
年間購読料〈1年〉12,312円 〈2年〉22,032円 〈3年〉29,160円　※8%税・送料込

株式会社 ぎょうせい
〒136-8575　東京都江東区新木場1丁目18-11

フリーコール　TEL：0120-953-431　［平日9〜17時］
　　　　　　　FAX：0120-953-495　［24時間受付］
Web　http://gyosei.jp　［オンライン販売］

ぎょうせい 創業120周年記念企画

WEB LINK

地方公共団体総覧

WEB ➕ 冊子
（B5判・全8巻・各巻とも約1,000ページ・冊子入替方式）

第1巻 北海道編　第2巻 東北編　第3巻 関東編　第4巻 甲信越・北陸編
第5巻 東海編　第6巻 関西編　第7巻 中国・四国編　第8巻 九州・沖縄編

冊子（全8巻）＋WEB（1ID）
定価（本体300,000円+税）

※次年度以降の更新とあわせてのお申し込み。※グローバルIP接続をご希望の場合はご相談ください。

▶ **自治体の「今の姿」が数字で見える！**
▶ **最新の政策やユニークな取り組みが一目でわかる！**
▶ **WEBとの連動で使いやすい！比較しやすい！**

- 1,800に及ぶ全国都道府県・市区町村について、自治体ごとに行財政の基礎情報を300項目以上収録。
- 冊子には自治体ごとの詳細な行財政情報と最新の政策・条例ニュースを掲載。
- 各自治体の政策情報満載！（情報源＝月刊『ガバナンス』〈ぎょうせい〉、『官庁速報』〈時事通信社〉、『全国都市の特色ある施策集（23年度版）』〈全国市議会議長会〉）
- 先進条例は名称、制定年月日、コメント付きで約250本。
- WEB版で各自治体基礎数値の比較が容易に可能（例えば「住民1人当たり福祉費が多い市町村順」といった検索が可能）。

ご注文・お問合せ・資料請求は右記まで

株式会社 ぎょうせい
〒136-8575　東京都江東区新木場1丁目18-11

フリーコール　TEL：**0120-953-431**［平日9～17時］
　　　　　　　FAX：**0120-953-495**［24時間受付］
Web　http://gyosei.jp ［オンライン販売］